L 32
La.137.

La.1900
57.F.6

HISTOIRE

DE

LA RÉVOLUTION

FRANÇAISE.

—

TOME VIII.

TYPOGRAPHIE DE FIRMIN DIDOT FRÈRES,
RUE JACOB, Nº 24.

HISTOIRE
DE
LA RÉVOLUTION
FRANÇAISE,

PAR M. A. THIERS,

DE L'ACADÉMIE FRANÇAISE, MINISTRE ET DÉPUTÉ.

TOME HUITIÈME.

Quatrième Édition.

PARIS,
CHEZ LECOINTE, ÉDITEUR,
QUAI DES AUGUSTINS, N° 49.

MDCCCXXXIV.

HISTOIRE
DE
LA RÉVOLUTION
FRANÇAISE.

CHAPITRE PREMIER.

Menées du parti royaliste dans les sections. — Rentrée des émigrés. — Persécution des patriotes. — Constitution directoriale, dite de l'an III, et décrets des 5 et 13 fructidor. — Acceptation de la constitution et des décrets par les assemblées primaires de la France. — Révolte des sections de Paris contre les décrets de fructidor et contre la convention. Journée du 13 vendémiaire; défaite des sections insurgées. — Clôture de la convention nationale.

Battu sur les frontières, et abandonné par la cour d'Espagne, sur laquelle il comptait le plus, le parti royaliste fut réduit à intriguer dans l'intérieur; et il faut convenir que dans le moment, Paris offrait un champ vaste à ses intrigues. L'œuvre de la constitution avançait; le moment où la convention déposerait ses pouvoirs, où la France se réunirait pour élire de nouveaux représentants, où une assemblée toute neuve remplacerait celle qui avait régné si long-temps, était plus favorable qu'aucun autre aux menées contre-révolutionnaires.

Les passions les plus vives fermentaient dans les sections de Paris. On n'y était pas royaliste, mais on servait le royalisme sans s'en douter. On s'était attaché à combattre les terroristes; on s'était animé par la lutte, on voulait persécuter aussi, et on s'irritait contre la convention, qui ne voulait pas laisser pousser la persécution trop loin. On était toujours prêt à se souvenir que la terreur était sortie de son sein; on lui demandait une constitution et des lois, et la fin de sa longue dictature. La plupart des hommes qui réclamaient tout cela ne songeaient guère aux Bourbons. C'était le riche tiers-état de 89; c'étaient des négociants, des marchands, des propriétaires, des avocats, des écrivains, qui voulaient enfin l'établissement des lois et la jouissance de leurs droits; c'étaient des jeunes gens sincèrement républicains, mais aveuglés par leur ardeur contre le système révolutionnaire; c'étaient beaucoup d'ambitieux, écrivains de journaux ou orateurs de sections, qui, pour prendre aussi leur place, désiraient que la convention se retirât devant eux. Les royalistes se cachaient derrière cette masse. On comptait parmi ceux-ci quelques émigrés, quelques prêtres rentrés, quelques créatures de l'ancienne cour, qui avaient perdu des places, et beaucoup d'indifférents et de poltrons qui redoutaient une liberté orageuse. Ces derniers n'allaient pas dans les sections; mais les premiers y étaient assidus, et employaient tous les moyens pour les agiter. L'instruction donnée par les agents royalistes à leurs affidés était de prendre le langage des sectionnaires, de réclamer les mêmes choses, de demander comme eux la punition des terroristes, l'achèvement de la constitution, le procès des députés montagnards; mais à demander tout cela avec plus de violence, de manière à compromettre les sections avec la convention, et à provoquer de nouveaux mouvements; car tout mouvement était une chance, et pouvait du moins dégoûter d'une république si tumultueuse.

De telles menées n'étaient heureusement possibles qu'à Paris, car c'est toujours la ville de France la plus agitée; c'est celle où l'on discute le plus chaudement sur les intérêts publics, où l'on a le goût et la prétention d'influer sur le gouvernement, et où commence toujours l'opposition. Excepté Lyon, Marseille et Toulon, où l'on s'égorgeait, le reste de la France prenait à ces agitations politiques infiniment moins de part que les sections de Paris.

A tout ce qu'ils disaient ou faisaient dire dans les sections, les intrigants au service du royalisme ajoutaient des pamphlets et des articles de journaux. Ils mentaient ensuite selon leur usage, se donnaient une importance qu'ils n'avaient pas, et écrivaient à l'étranger qu'ils avaient séduit les principaux chefs du gouvernement. C'est avec ces mensonges qu'ils se procuraient de l'argent, et qu'ils venaient d'obtenir quelques mille livres sterling de l'Angleterre. Il est constant néanmoins que, s'ils n'avaient gagné ni Tallien, ni Hoche, comme ils le disaient, ils avaient réussi pourtant auprès de quelques conventionnels, deux ou trois, peut-être. On nommait Rovère et Saladin, deux fougueux révolutionnaires, devenus maintenant de fougueux réacteurs. On croit aussi qu'ils avaient touché, par des moyens plus délicats, quelques-uns de ces députés d'opinion moyenne, qui se sentaient quelque penchant pour une monarchie représentative,

c'est-à-dire pour un Bourbon, soi-disant lié
par des lois à l'anglaise. A Pichegru, on avait offert un château, des canons et de l'argent; à
quelques législateurs ou membres des comités,
on avait pu dire : « La France est trop grande
« pour être république; elle serait bien plus
« heureuse avec un roi, des ministres respon-
« sables, des pairs héréditaires et des députés. »
Cette idée, sans être suggérée, devait naturellement venir à plus d'un personnage, surtout
à ceux qui étaient propres à remplir les fonctions de députés ou de pairs héréditaires. On regardait alors comme royalistes secrets MM. Lanjuinais et Boissy-d'Anglas, Henri Larivière,
Lesage (d'Eure-et-Loir).

On voit que les moyens de l'agence n'étaient
pas très-puissants; mais ils suffisaient pour
troubler la tranquillité publique, pour inquiéter les esprits, pour rappeler surtout à la mémoire des Français, ces Bourbons, les seuls
ennemis qu'eût encore la république, et que
ses armes n'eussent pu vaincre, car on ne détruit pas les souvenirs avec des baïonnettes.

Parmi les soixante-treize, il y avait plus d'un
monarchien; mais en général ils étaient républicains; les girondins l'étaient tous, ou presque tous. Cependant les journaux de la contre-révolution les louaient avec affectation, et

avaient ainsi réussi à les rendre suspects aux thermidoriens. Pour se défendre de ces éloges, les soixante-treize et les vingt-deux protestaient de leur attachement à la république; car personne alors n'eût osé parler froidement de cette république. Quelle affreuse contradiction, en effet, si on ne l'eût pas aimée, que d'avoir sacrifié tant de trésors, tant de sang à son établissement! que d'avoir immolé des milliers de Français soit dans la guerre civile, soit dans la guerre étrangère! Il fallait donc bien l'aimer, ou du moins le dire! Cependant, malgré ces protestations, les thermidoriens étaient en défiance; ils ne comptaient que sur M. Daunou, dont on connaissait la probité et les principes sévères, et sur Louvet, dont l'ame ardente était restée républicaine. Celui-ci, en effet, après avoir perdu tant d'illustres amis, couru tant de dangers, ne comprenait pas que ce pût être en vain; il ne comprenait pas que tant de belles vies eussent été détruites pour aboutir à la royauté; il s'était tout-à-fait rattaché aux thermidoriens. Les thermidoriens se rattachaient eux-mêmes de jour en jour aux montagnards, à cette masse de républicains inébranlables, dont ils avaient sacrifié un assez grand nombre.

Ils voulaient provoquer d'abord des mesures contre la rentrée des émigrés, qui continuaient de reparaître en foule, les uns avec de faux passe-ports et sous des noms supposés, les autres sous le prétexte de venir demander leur radiation. Presque tous présentaient de faux certificats de résidence, disaient n'être pas sortis de France, et s'être seulement cachés, ou n'avoir été poursuivis qu'à l'occasion des événements du 31 mai. Sous le prétexte de solliciter auprès du comité de sûreté générale, ils remplissaient Paris, et quelques-uns contribuaient aux agitations des sections. Parmi les personnages les plus marquants rentrés à Paris, était madame de Staël, qui venait de reparaître en France à la suite de son mari, ambassadeur de Suède. Elle avait ouvert son salon, où elle satisfaisait le besoin de déployer ses facultés brillantes. Une république était loin de déplaire à la hardiesse de son esprit, mais elle ne l'eût acceptée qu'à condition d'y voir briller ses amis proscrits, à condition de n'y plus voir ces révolutionnaires qui passaient sans doute pour des hommes énergiques, mais grossiers et dépourvus d'esprit. On voulait bien en effet recevoir de leurs mains la république sauvée, mais en les excluant bien vite de la tribune et du gouvernement. Des étrangers de distinction, tous les ambassadeurs des puissances, les gens de lettres les plus renommés par leur esprit, se réunissaient chez madame de Staël. Ce n'était plus le salon de madame Tallien, c'était le sien qui maintenant attirait toute l'attention, et on pouvait mesurer par là le changement que la société française avait subi depuis six mois. On disait que madame de Staël intercédait pour des émigrés; on prétendait qu'elle voulait faire rappeler Narbonne, Jaucourt et plusieurs autres. Legendre la dénonça formellement à la tribune. On se plaignit dans les journaux, de l'influence que voulaient exercer les coteries formées autour des ambassadeurs étrangers, enfin on demanda la suspension des radiations. Les thermidoriens firent décréter de plus, que tout émigré rentré pour demander sa radiation, serait tenu de retourner dans sa commune, et d'y attendre la décision du comité de sûreté générale*. On espérait, par ce moyen, délivrer la capitale d'une foule d'intrigants qui contribuaient à l'agiter.

Les thermidoriens voulaient en même temps arrêter les persécutions dont les patriotes étaient l'objet; ils avaient fait élargir par le comité de sûreté générale, Pache, Bourbotte, le fameux Héron, et un grand nombre d'autres.

---

* Décret du 18 août.

il faut convenir qu'ils auraient pu mieux choisir que ce dernier pour rendre justice aux patriotes. Les sections avaient déjà fait des pétitions, comme on l'a vu, au sujet de ces élargissements; elles en firent de nouvelles. Les comités répondirent qu'il faudrait enfin juger les patriotes renfermés, et ne pas les détenir plus long-temps s'ils étaient innocents. Proposer leur jugement, c'était proposer leur élargissement, car leurs délits étaient pour la plupart de ces délits politiques, insaisissables de leur nature. Excepté quelques membres des comités révolutionnaires, signalés par des excès atroces, la plupart ne pouvaient être légalement condamnés. Plusieurs sections vinrent demander qu'on leur accordât quelques jours de permanence, pour motiver l'arrestation et le désarmement de ceux qu'elles avaient enfermés; elles dirent que dans le premier moment elles n'avaient pu ni rechercher les preuves, ni donner des motifs; mais elles offraient de les fournir. On n'écouta pas ces propositions, qui cachaient le désir de s'assembler et d'obtenir la permanence; et on demanda aux comités un projet pour mettre en jugement les patriotes détenus.

Une violente dispute s'éleva sur ce projet. Les uns voulaient envoyer les patriotes par-devant les tribunaux des départements; les autres, se défiant des passions locales, s'opposaient à ce mode de jugement, et voulaient qu'on choisît dans la convention une commission de douze membres, pour faire le triage des détenus, pour élargir ceux contre lesquels ne s'élevaient pas des charges suffisantes, et traduire les autres devant les tribunaux criminels. Ils disaient que cette commission, étrangere aux haines qui fermentaient dans les départements, ferait meilleure justice, et ne confondrait pas les patriotes compromis par l'ardeur de leur zèle, avec les hommes coupables qui avaient pris part aux cruautés de la tyrannie décemvirale. Tous les ennemis opiniâtres des patriotes se soulevèrent à l'idée de cette commission, qui allait agir comme le comité de sûreté générale renouvelé après le 9 thermidor, c'est-à-dire élargir en masse. Ils demandèrent comment cette commission de douze membres pourrait juger vingt ou vingt-cinq mille affaires. On répondit tout simplement qu'elle ferait comme le comité de sûreté générale, qui en avait jugé quatre-vingt ou cent mille, lors de l'ouverture des prisons. Mais c'était justement de cette manière de juger qu'on ne voulait pas. Après plusieurs jours de débats, entremêlés de pétitions plus hardies les unes que les autres, on décida enfin que les patriotes seraient jugés par les tribunaux des départements, et on renvoya le décret aux comités pour en modifier certaines dispositions secondaires. Il fallut consentir aussi à la continuation du rapport sur les députés compromis dans leurs missions. On décréta d'arrestation* Lequinio, Lanot, Lefiot, Dupin, Bô, Piorry, Maxieu, Chaudron-Rousseau, Laplanche, Fouché; et on commença le procès de Lebon. Dans cet instant, la convention avait autant de ses membres en prison qu'au temps de la terreur. Ainsi les partisans de la clémence n'avaient rien à regretter, et avaient rendu le mal pour le mal.

La constitution avait été présentée par la commission des onze; elle fut discutée pendant les trois mois de messidor, thermidor et fructidor an III, et fut successivement décrétée avec peu de changements. Ses auteurs étaient Lesage, Daunou, Boissy-d'Anglas, Creuzé-Latouche, Berlier, Louvet, Larévellière-Lépaux, Lanjuinais, Durand-Maillane, Baudin (des Ardennes) et Thibaudeau. Sieyes n'avait pas voulu faire partie de cette commission; car en fait de constitution il était encore plus absolu que sur tout le reste. Les constitutions étaient

* Décrets des 8 et 9 août.

l'objet des réflexions de toute sa vie, elles étaient sa vocation particulière. Il en avait une toute prête dans sa tête; et il n'était pas homme à en faire le sacrifice. Il vint la proposer en son nom et sans l'intermédiaire de la commission. L'assemblée, par égard pour son génie, voulut bien l'écouter, mais n'adopta pas son projet. On la verra reparaître plus tard, et il sera temps alors de faire connaître cette conception, remarquable dans l'histoire de l'esprit humain. Celle qui fut adoptée était analogue aux progrès qu'avaient faits les esprits. En 91, on était à la fois si novice et si bienveillant, qu'on n'avait pas pu concevoir l'existence d'un corps aristocratique contrôlant les volontés de la représentation nationale, et on avait cependant admis, conservé avec respect, et presque avec amour, le pouvoir royal. Pourtant, en y réfléchissant mieux, on aurait vu qu'un corps aristocratique est de tous les pays, et même qu'il convient plus particulièrement aux républiques; qu'un grand état se passe très-bien d'un roi, mais jamais d'un sénat. En 1795, on venait de voir à quels désordres est exposée une assemblée unique; on consentit à l'établissement d'un corps législatif partagé en deux assemblées. On était alors moins irrité contre l'aristocratie que contre la royauté, parce qu'en effet on redoutait davantage la dernière. Aussi mit-on plus de soin à s'en défendre dans la composition d'un pouvoir exécutif. Il y avait dans la commission un parti monarchique, composé de Lesage, Lanjuinais, Durand-Maillane et Boissy-d'Anglas. Ce parti proposait un président; on n'en voulut pas. « Peut-être un jour, dit Louvet, on vous nom- « merait un Bourbon. » Baudin (des Ardennes) et Daunou proposaient deux consuls; d'autres en demandaient trois. On préféra cinq directeurs délibérant à la majorité. On ne donna à ce pouvoir exécutif aucun des attributs essentiels de la royauté, comme l'inviolabilité, la sanction des lois, le pouvoir judiciaire, le droit de paix et de guerre. Il avait la simple inviolabilité des députés, la promulgation et l'exécution des lois, la direction, mais non le vote de la guerre, la négociation, mais non la ratification des traités.

Telles furent les bases sur lesquelles reposa la constitution directoriale. En conséquence on décréta :

Un conseil, dit *des Cinq-Cents*, composé de cinq cents membres, âgés de trente ans au moins, ayant seuls la proposition des lois, se renouvelant par tiers tous les ans;

Un conseil, dit *des Anciens*, composé de

deux cent cinquante membres, âgés de quarante ans au moins, tous ou veufs ou mariés, ayant la sanction des lois, se renouvelant aussi par tiers;

Enfin, un directoire exécutif, composé de cinq membres, délibérant à la majorité, se renouvelant tous les ans par cinquième, ayant des ministres responsables, promulguant les lois et les faisant exécuter, ayant la disposition des forces de terre et de mer, les relations extérieures, la faculté de repousser les premières hostilités, mais ne pouvant faire la guerre sans le consentement du corps législatif; négociant les traités et les soumettant à la ratification du corps législatif, sauf les articles secrets, qu'il avait la faculté de stipuler s'ils n'étaient pas destructifs des articles patents.

Tous ces pouvoirs étaient nommés de la manière suivante :

Tous les citoyens âgés de vingt-un ans se réunissaient de droit en assemblée primaire tous les premiers du mois de prairial, et nommaient des assemblées électorales. Ces assemblées électorales se réunissaient tous les 20 de prairial, et nommaient les deux conseils. Les deux conseils nommaient le directoire. On avait pensé que le pouvoir exécutif étant nommé par le pouvoir législatif, en serait plus dépendant; on fut déterminé aussi par une raison tirée des circonstances. La république n'étant pas encore dans les habitudes de la France, et étant plutôt une opinion des hommes éclairés ou compromis dans la révolution qu'un sentiment général, on ne voulut pas confier la composition du pouvoir exécutif aux masses. On pensait donc que, dans les premières années surtout, les auteurs de la révolution, devant dominer naturellement dans le corps législatif, choisiraient des directeurs capables de défendre leur ouvrage.

Le pouvoir judiciaire fut confié à des juges électifs. On institua des juges de paix. On établit un tribunal civil par département, jugeant en première instance les causes du département, et en appel celles des départements voisins. On ajouta une cour criminelle composée de cinq membres et d'un jury.

On n'admit point d'assemblées communales, mais des administrations municipales et départementales composées de trois ou cinq membres et davantage, suivant la population; elles devaient être formées par la voie d'élection. L'expérience fit adopter des dispositions accessoires et d'une grande importance. Ainsi le corps législatif désignait lui-même sa résidence, et pouvait se transporter dans la commune qu'il lui plaisait de choisir. Aucune loi ne pouvait être discutée sans trois lectures préalables, à moins qu'elle ne fût qualifiée de mesure d'urgence, et reconnue telle par le conseil des anciens. C'était un moyen de prévenir ces résolutions si rapides et sitôt rapportées, que la convention avait prises si souvent. Enfin, toute société se qualifiant de populaire, tenant des séances publiques, ayant un bureau, des tribunes, des affiliations, était interdite. La presse était entièrement libre. Les émigrés étaient expulsés à jamais du territoire de la république; les biens nationaux irrévocablement acquis aux acheteurs; tous les cultes furent déclarés libres, quoique non reconnus, ni salariés par l'état.

Telle fut la constitution par laquelle on espérait maintenir la France en république. Il se présentait une question importante : la constituante, par ostentation de désintéressement, s'était exclue du corps législatif qui la remplaça; la convention ferait-elle de même? Il faut en convenir, une pareille détermination eût été d'une grande imprudence. Chez un peuple mobile, qui, après avoir vécu quatorze siècles sous la monarchie, l'avait renversée dans un moment d'enthousiasme, la république n'était pas tellement dans les mœurs, qu'on pût en abandonner l'établissement au seul cours des choses. La révolution ne pouvait être bien défendue que par ses auteurs. La convention était composée en grande partie de constituants et de membres de la législative; elle réunissait les hommes qui avaient aboli l'ancienne constitution féodale le 14 juillet et le 4 août 1789, qui avaient renversé le trône au 10 août, qui avaient, le 21 janvier, immolé le chef de la dynastie des Bourbons, et qui, pendant trois ans, avaient fait contre l'Europe des efforts inouïs pour soutenir leur ouvrage; eux seuls étaient capables de bien défendre la révolution, consacrée dans la constitution directoriale. Aussi, ne se targuant pas d'un vain désintéressement, ils décrétèrent, le 5 fructidor (22 août), que le nouveau corps législatif se composerait des deux tiers de la convention, et qu'il ne serait nommé qu'un nouveau tiers. La question était de savoir si la convention désignerait elle-même les deux tiers à conserver, ou si elle laisserait ce soin aux assemblées électorales. Après une dispute épouvantable, il fut convenu, le 13 fructidor, (30 août), que les assemblées électorales seraient chargées de ce choix. On décida que les assemblées primaires se réuniraient le 20 fructidor (6 septembre) pour accepter la constitution et les deux décrets des 5 et 13 fructidor. On décréta, en outre, qu'après avoir émis leur vote sur la constitution et les décrets, les assemblées primaires se réuniraient de nouveau, et feraient actuellement, c'est-à-dire en l'an III (1795), les élections du 1er prairial de l'année suivante. La convention annonçait par là qu'elle allait déposer la dictature, et mettre la constitution en activité. Elle décréta aussi que les armées, quoique privées ordinairement du droit de délibérer, se réuniraient cependant sur le champ de bataille qu'elles occuperaient dans le moment, pour voter la constitution. Il fallait, disait-on, que ceux qui devaient la défendre pussent la consentir. C'était intéresser les armées à la révolution par leur vote même.

A peine ces résolutions furent-elles prises, que les ennemis si nombreux et si divers de la convention s'en montrèrent désolés. Peu importait la constitution à la plupart d'entre eux. Toute constitution leur convenait, pourvu qu'elle donnât lieu à un renouvellement général de tous les membres du gouvernement. Les royalistes voulaient ce renouvellement pour amener du trouble, pour réunir le plus grand nombre possible d'hommes de leur choix, et pour se servir de la république même au profit de la royauté; ils le voulaient surtout pour écarter les conventionnels, si intéressés à combattre la contre-révolution, et pour appeler des hommes nouveaux, inexpérimentés, non compromis, et plus aisés à séduire. Beaucoup de gens de lettres, d'écrivains, d'hommes inconnus, empressés de s'élancer dans la carrière politique, non par esprit de contre-révolution, mais par ambition personnelle, désiraient aussi ce renouvellement complet, pour avoir un plus grand nombre de places à occuper. Les uns et les autres se répandirent dans les sections, et les excitèrent contre les décrets. La convention, disaient-ils, voulait se perpétuer au pouvoir; elle parlait des droits du peuple, et cependant elle en ajournait indéfiniment l'exercice; elle lui commandait ses choix, elle ne lui permettait pas de préférer les hommes qui étaient restés purs de crimes; elle voulait conserver forcément une majorité composée d'hommes qui avaient couvert la France d'échafauds. Ainsi, ajoutaient-ils, la nouvelle législature ne serait pas purgée de tous les terroristes; ainsi la France ne serait pas entièrement rassurée sur son avenir, et n'aurait pas la certitude de ne jamais voir renaître un régime affreux. Ces déclamations agissaient sur un grand nombre d'esprits : toute la bourgeoisie des sections, qui voulait bien les nouvelles institutions telles qu'on les lui donnait, mais qui avait une peur excessive du retour de la terreur; des hommes sincères, mais irréfléchis, qui rêvaient une république sans tache, et qui souhaitaient placer au pouvoir une génération nouvelle et pure; des jeunes gens, épris de ces mêmes chimères, beaucoup d'imaginations avides de nouveauté, voyaient avec le plus vif regret la convention se perpétuer ainsi pendant deux ou trois ans. La cohue des journalistes se souleva. Une foule d'hommes, qui avaient rang dans la littérature, ou qui avaient figuré dans les anciennes assemblées, parurent aux tribunes des sections. MM. Suard, Morellet, Lacretelle jeune, Fiévée, Vaublanc, Pastoret, Dupont de Nemours, Quatremère de Quincy, Delalot, le fougueux converti La Harpe, le général Miranda, échappé des prisons où l'avait fait enfermer sa conduite à Nerwinde, l'Espanol Marchenna, soustrait à la proscription de ses amis les girondins, le chef de l'agence royaliste Lemaître, se signalèrent par des pamphlets ou des discours véhéments dans les sections : le déchaînement fut universel.

Le plan à suivre était tout simple, c'était d'accepter la constitution et de rejeter les décrets. C'est ce qu'on proposa de faire à Paris, et ce qu'on engagea toutes les sections de la France à faire aussi. Mais les intrigants qui agitaient les sections, et qui voulaient pousser l'opposition jusqu'à l'insurrection, desiraient un plan plus étendu. Ils voulaient que les assemblées primaires, après avoir accepté la constitution et rejeté les décrets des 5 et 13 fructidor, se constituassent en permanence; qu'elles déclarassent les pouvoirs de la convention expirés, et les assemblées électorales libres de choisir leurs députés partout où il leur plairait de les prendre; enfin, qu'elles ne consentissent à se séparer qu'après l'installation du nouveau corps législatif. Les agents de Lemaitre firent parvenir ce plan dans les environs de Paris; ils écrivirent en Normandie, où l'on intriguait beaucoup pour le régime de 91; en Bretagne, dans la Gironde, partout où ils avaient des relations. L'une de leurs lettres fut saisie, et publiée à la tribune. La convention vit sans effroi les préparatifs qu'on faisait contre elle, et attendit avec calme la décision des assemblées primaires de toute la France, certaine que la majorité se prononcerait en sa faveur. Cependant, soupçonnant l'intention d'une nouvelle journée, elle fit avancer quelques troupes, et les réunit dans le camp des Sablons, sous Paris.

La section Lepelletier, autrefois Saint-Thomas, ne pouvait manquer de se distinguer ici; elle vint, avec celles du Mail, de la Butte-des-Moulins, des Champs-Élysées, du Théâtre-Français (l'Odéon), adresser des pétitions à l'assemblée. Elles s'accordaient toutes à demander si les Parisiens avaient démérité, si on se défiait d'eux, puisqu'on appelait des troupes; elles se plaignaient de la prétendue violence faite à leurs choix, et se servaient de ces expressions insolentes : « Méritez nos choix, et ne les com-« mandez pas. » La convention répondit d'une manière ferme à toutes ces adresses, et se borna à dire qu'elle attendait avec respect la manifestation de la volonté nationale, qu'elle s'y soumettrait dès qu'elle serait connue, et qu'elle obligerait tout le monde à s'y soumettre.

Ce qu'on voulait surtout, c'était établir un point central pour communiquer avec toutes les sections, pour leur donner une impulsion commune, et pour organiser ainsi la révolte. On avait eu assez d'exemples sous les yeux, pour savoir que c'était là le premier besoin. La section Lepelletier s'institua centre; elle avait droit à cet honneur, car elle avait toujours été la plus ardente. Elle commença par publier un acte de garantie aussi maladroit qu'inutile. Les pouvoirs du corps constituant, disait-elle, cessaient en présence du peuple souverain; les assemblées primaires représentaient le peuple souverain; elles avaient le droit d'exprimer une opinion quelconque sur la constitution et sur les décrets; elles étaient sous la sauvegarde les unes des autres; elles se devaient la garantie réciproque de leur indépendance. Personne ne niait cela, sauf une modification qu'il fallait ajouter à ces maximes; c'est que le corps constituant conservait ses pouvoirs jusqu'à ce que la décision de la majorité fût connue. Du reste, ces vaines généralités n'étaient qu'un moyen pour arriver à une autre mesure. La section Lepelletier proposa aux quarante-huit sections de Paris de désigner chacune un commissaire, pour exprimer les sentiments des citoyens de la capitale sur la constitution et les décrets. Ici commençait l'infraction aux lois; car il était défendu aux assemblées primaires de communiquer entre elles, de s'envoyer des commissaires ou des adresses. La convention cassa l'arrêté, et déclara qu'elle considérait son exécution comme un attentat à la sûreté publique.

Les sections n'étant pas encore assez enhardies cédèrent, et se mirent à recueillir les votes sur la constitution et les décrets. Elles commencèrent par chasser, sans aucune forme légale, les patriotes qui venaient voter dans leur sein. Dans les unes, on les mit tout simplement à la porte de la salle; dans les autres, on leur signifia, par des placards, qu'ils eussent à rester chez eux, car s'ils paraissaient à la section on les en chasserait ignominieusement. Les individus privés ainsi d'exercer leurs droits étaient fort nombreux; ils accoururent à la convention pour réclamer contre la violence qui leur était faite. La convention désapprouva la conduite des sections, mais refusa d'intervenir, pour ne point paraître recruter des votes, et pour que l'abus même prouvât la liberté de la délibération. Les patriotes, chassés de leurs sections, s'étaient réfugiés dans les tribunes de la convention; ils les occupaient en grand nombre, et tous les jours ils demandaient aux comités de leur rendre leurs armes, assurant qu'ils étaient prêts à les employer à la défense de la république.

Toutes les sections de Paris, excepté celle des Quinze-Vingts, acceptèrent la constitution, et rejetèrent les décrets. Il n'en fut point de même dans le reste de la France. L'opposition, comme il arrive toujours, était moins ardente dans les provinces que dans la capitale. Les royalistes, les intrigants, les ambitieux, qui avaient intérêt à presser le renouvellement du corps législatif et du gouvernement, n'étaient nombreux qu'à Paris; aussi, dans les provinces, les assemblées furent-elles calmes, quoique parfaitement libres; elles adoptèrent la constitution à la presque unanimité, et les décrets à une grande majorité. Quant aux armées, elles reçurent la constitution avec enthousiasme dans la Bretagne et la Vendée, aux Alpes et sur le Rhin. Les camps, changés en assemblées primaires, retentirent d'acclamations. Ils étaient pleins d'hommes dévoués à la révolution, et qui lui étaient attachés par les sacrifices mêmes qu'ils avaient faits pour elle. Ce déchaînement qu'on montrait à Paris contre le gouvernement révolutionnaire était tout-à-fait inconnu dans les armées. Les réquisitionnaires de 1793, dont elles étaient remplies, conservaient le plus grand souvenir de ce fameux comité, qui les avait bien mieux conduits et nourris que le nouveau gouvernement. Arrachés à la vie privée, habitués à braver les fatigues et la mort, nourris de gloire et d'illusions, ils avaient encore cet enthousiasme qui, dans l'intérieur de la France, commençait à se dissiper; ils étaient fiers de se dire soldats d'une république défendue par eux contre tous les rois de l'Europe, et qui, en quelque sorte, était leur ouvrage. Ils juraient avec sincérité de ne pas la laisser périr. L'armée de Sambre-et-Meuse, que commandait Jourdan, partageait les nobles sentiments de son brave chef. C'était elle qui avait vaincu à Watignies et débloqué Maubeuge; c'était elle qui avait vaincu à Fleurus et donné la Belgique à la France; c'était elle enfin, qui, par les victoires de l'Ourthe et de la Roër, venait de lui assurer la ligne du Rhin. Cette armée, qui avait le mieux mérité de la république, lui était aussi le plus attachée. Elle venait de passer le Rhin; elle s'arrêta sur le champ de bataille, et on vit soixante mille hommes accepter à la fois la nouvelle constitution républicaine.

Ces nouvelles, arrivant successivement à Paris, réjouissaient la convention et attristaient fort les sectionnaires. Chaque jour, ils venaient présenter des adresses, où ils déclaraient le vote de leur assemblée, et annonçaient avec une joie insultante que la constitution était acceptée et les décrets rejetés. Les patriotes amassés dans les tribunes murmuraient; mais dans le même instant on lisait des procès-verbaux envoyés des départements, qui, presque tous, annonçaient l'acceptation et de la constitution et des décrets. Alors les patriotes éclataient en applaudissements furibonds, et narguaient de leurs éclats de joie les pétitionnaires des sections assis à la barre. Les derniers jours de fructidor se passèrent en scènes de ce genre. Enfin, le 1ᵉʳ vendémiaire de l'an IV (23 septembre 1795), le résultat général des votes fut proclamé.

La constitution était acceptée à la presque unanimité des votants, et les décrets à une immense majorité. Quelques mille voix cependant s'étaient prononcées contre les décrets, et çà et là quelques-unes avaient osé demander un roi : c'était une preuve suffisante que la plus parfaite liberté avait régné dans les assemblées primaires. Ce même jour, la constitution et les décrets furent solennellement déclarés par la convention, lois de l'état. Cette déclaration fut suivie d'applaudissements prolongés. La convention décréta ensuite que les assemblées primaires qui n'avaient pas encore nommé leurs électeurs, devraient achever cette nomination avant le 10 vendémiaire (2 octobre); que les assemblées électorales se formeraient le 20, et devraient finir leurs opérations au plus tard le 29 (21 octobre); qu'enfin le nouveau corps législatif se réunirait le 15 brumaire (6 novembre).

Cette nouvelle fut un coup de foudre pour les sectionnaires. Ils avaient espéré jusqu'au dernier moment que la France donnerait un vote semblable à celui de Paris, et qu'ils seraient délivrés de ce qu'ils appelaient les deux tiers; mais le dernier décret ne leur permettait plus aucun espoir. Affectant de ne pas croire à une loyale supputation des votes, ils envoyèrent des commissaires au comité des décrets, pour vérifier les procès-verbaux. Cette injurieuse démarche ne fut point mal accueillie. On consentit à leur montrer les procès-verbaux et à leur laisser faire le compte des votes; ils le trouvèrent exact. Dès lors ils n'eurent plus même cette malheureuse objection d'une erreur de calcul ou d'un mensonge; il ne leur resta plus que l'insurrection. Mais c'était un parti violent, et il n'était pas aisé de s'y résoudre. Les ambitieux, qui désiraient éloigner les hommes de la révolution, pour prendre leur place dans le gouvernement républicain; les jeunes gens qui voulaient étaler leur courage, et qui avaient même servi pour la plupart; les royalistes enfin qui n'avaient d'autre ressource qu'une attaque de vive force, pouvaient s'exposer volontiers à la chance d'un combat; mais cette masse d'hommes paisibles, entraînés à figurer dans les sections par peur des terroristes plutôt que par courage politique, n'étaient pas faciles à décider. D'abord l'insurrection ne convenait pas à leurs principes ; comment, en effet, des ennemis de l'anarchie pouvaient-ils attaquer le pouvoir établi et reconnu ? Les partis, il est vrai, craignent peu les contradictions : mais comment des bourgeois, qui n'étaient jamais sortis de leurs comptoirs ou de leurs maisons, oseraient-ils attaquer des troupes de ligne, armées de canons ? Cependant les intrigants royalistes, les ambitieux, se jetèrent dans les sections, parlèrent d'intérêt public et d'honneur ; ils dirent qu'il n'y avait pas de sûreté à être gouverné encore par des conventionnels ; qu'on resterait toujours exposé au terrorisme ; que du reste il était honteux de reculer et de se laisser soumettre. On s'adressa à la vanité. Les jeunes gens qui revenaient des armées firent grand bruit, entraînèrent les timides, les empêchèrent de manifester leurs craintes, et tout se prépara pour un coup d'éclat. Des groupes de jeunes gens parcouraient les rues en criant : *A bas les deux tiers !* Lorsque les soldats de la convention voulaient les disperser et les empêcher de proférer des cris séditieux, ils ripostaient à coups de fusil. Il y eut différentes émeutes, et plusieurs coups de feu au milieu même du Palais-Royal.

Lemaître et ses collègues, voyant le succès de leurs projets, avaient fait venir à Paris plusieurs chefs de chouans et un certain nombre d'émigrés ; ils les tenaient cachés, et n'attendaient que le premier signal pour les faire paraître. Ils avaient réussi à provoquer des mouvements à Orléans, à Chartres, à Dreux, à Verneuil et à Nonancourt. A Chartres, un représentant, Letellier, n'ayant pu empêcher une émeute, s'était brûlé la cervelle. Quoique ces mouvements eussent été réprimés, un succès à Paris pouvait entraîner un mouvement général. Rien ne fut oublié pour le fomenter, et bientôt le succès des conspirateurs parut complet.

Le projet de l'insurrection n'était pas encore résolu ; mais les honnêtes bourgeois de Paris se laissaient peu à peu entraîner par des jeunes gens et des intrigants. Bientôt ils allaient, de bravades en bravades, se trouver engagés irrévocablement. La section Lepelletier était toujours la plus agitée. Ce qu'il fallait, avant de songer à aucune tentative, c'était, comme nous l'avons dit, établir une direction centrale. On en cherchait depuis long-temps le moyen. On pensa que l'assemblée des électeurs, nommée par toutes les assemblées primaires de Paris, pourrait devenir cette autorité centrale ; mais, d'après le dernier décret, cette assemblée ne devait pas se réunir avant le 20 ; et on ne voulait pas attendre aussi long-temps. La section Lepelletier imagina alors un arrêté, fondé sur un motif assez singulier. La constitution, disait-elle, ne mettait que vingt jours d'intervalle entre la réunion des assemblées primaires et celle des assemblées électorales. Les assemblées primaires s'étaient réunies cette fois le 20 fructidor, les assemblées électorales devaient donc se réunir le 10 vendémiaire. La convention n'avait fixé cette réunion que pour le 20; mais c'était évidemment pour retarder encore la mise en activité de la constitution et le partage du pouvoir avec le nouveau tiers. En conséquence, pour sauvegarder les droits des citoyens, la section Lepelletier arrêtait que les électeurs déjà nommés se réuniraient sur-le-champ; elle communiqua l'arrêté aux autres sections pour le leur faire approuver. Il le fut par plusieurs d'entre elles. La réunion fut fixée pour le 11, au Théâtre-Français (salle de l'Odéon).

Le 11 vendémiaire (3 octobre), une partie des électeurs se rassembla dans la salle du théâtre, sous la protection de quelques bataillons de la garde nationale. Une multitude de curieux accoururent sur la place de l'Odéon, et formèrent bientôt un rassemblement considérable. Les comités de sûreté générale et de salut public, les trois représentants qui depuis le 4 prairial avaient conservé la direction de la force armée, étaient toujours réunis dans les occasions importantes. Ils coururent à la convention lui dénoncer cette première démarche, qui dénotait évidemment un projet d'insurrection. La convention était assemblée pour célébrer une fête funèbre dans la salle de ses séances, en l'honneur des malheureux girondins. On voulait remettre la fête; Tallien s'y opposa; il dit qu'il ne serait pas digne de l'assemblée de l'interrompre, et qu'elle devait vaquer à ses travaux accoutumés, au milieu de tous les périls. On rendit un décret portant l'ordre de se séparer, à toute réunion d'électeurs, formée où d'une manière illégale, ou avant le terme prescrit, ou pour un objet étranger à ses fonctions électorales. Pour ouvrir une issue à ceux qui auraient envie de reculer, on ajouta au décret que tous ceux qui, entraînés à des démarches illégales, rentreraient immédiatement dans le devoir, seraient exempts de poursuites. Sur-le-champ, des officiers de police, escortés seulement de six dragons, furent envoyés sur la place de l'Odéon pour faire la proclamation du décret. Les comités voulaient autant que possible éviter l'emploi de la force. La foule s'était augmentée à l'Odéon, surtout vers la nuit. L'intérieur du théâtre était mal éclairé; une multitude de sectionnaires occupaient les loges; ceux qui prenaient une part active à l'événement se promenaient sur le théâtre avec agitation. On n'osait rien délibérer, rien décider. En apprenant l'arrivée des officiers de police chargés de lire le décret, on courut sur la place de l'Odéon. Déjà la foule les avait entourés; on se précipita sur eux, on éteignit les torches qu'ils portaient, et on obligea les dragons à s'enfuir. On rentra alors dans la salle du théâtre, en s'applaudissant de ce succès; on fit des discours, on se promit avec serment de résister à la tyrannie; mais aucune mesure ne fut prise pour appuyer la démarche décisive qu'on venait de faire. La nuit s'avançait : beaucoup de curieux et de sectionnaires se retiraient; la salle commença à se dégarnir, et finit par être abandonnée tout-à-fait à l'approche de la force armée, qui arriva bientôt. En effet, les comités avaient ordonné au général Menou, nommé, depuis le 4 prairial, général de l'armée de l'intérieur, de faire avancer une colonne du camp des Sablons. La colonne arriva avec deux pièces de canon, et ne trouva plus personne ni sur la place, ni dans la salle de l'Odéon.

Cette scène, quoique sans résultat, causa

néanmoins une grande émotion. Les sectionnaires venaient d'essayer leurs forces, et avaient pris quelque courage, comme il arrive toujours après une première incartade. La convention et ses partisans avaient vu avec effroi les événements de cette journée, et, plus prompts à croire aux résolutions de leurs adversaires, que leurs adversaires à les former, ils n'avaient plus douté de l'insurrection. Les patriotes, mécontents de la convention, qui les avait si rudement traités, mais pleins de leur ardeur accoutumée, sentirent qu'il fallait immoler leurs ressentiments à leur cause; et, dans la nuit même, ils accoururent en foule auprès des comités pour offrir leurs bras et demander des armes. Les uns étaient sortis la veille des prisons, les autres venaient d'être exclus des assemblées primaires : tous avaient les plus grands motifs de zèle. A eux se joignaient une foule d'officiers rayés des rôles de l'armée par le réacteur Aubry. Les thermidoriens, dominant toujours dans les comités, et entièrement revenus à la Montagne, n'hésitèrent pas à accueillir les offres des patriotes, et leur avis fut appuyé par plus d'un girondin. Louvet, dans des réunions qui avaient lieu chez un ami commun des girondins et des thermidoriens, avait déjà proposé de réarmer les faubourgs, de rouvrir même les Jacobins, sauf à les fermer ensuite si cela devenait encore nécessaire. On n'hésita donc pas à délivrer des armes à tous les citoyens qui se présentèrent ; on leur donna pour officiers les militaires qui étaient à Paris sans emploi. Le vieux et brave général Berruyer fut chargé de les commander. Cet armement se fit dans la matinée même du 12. Le bruit s'en répandit sur-le-champ dans tous les quartiers. Ce fut un excellent prétexte pour les agitateurs des sections, qui cherchaient à compromettre les paisibles citoyens de Paris. La convention voulait, disaient-ils, recommencer la terreur ; elle venait de réarmer les terroristes ; elle allait les lancer sur les honnêtes gens ; les propriétaires, les personnes, n'étaient plus en sûreté ; il fallait courir aux armes pour se défendre. En effet, les sections de Lepelletier, de la Butte-des-Moulins, du Contrat-Social, du Théâtre-Français, du Luxembourg, de la rue Poissonnière, de Brutus, du Temple, se déclarèrent en rébellion, firent battre la générale dans leurs quartiers, et enjoignirent à tous les citoyens de la garde nationale de se rendre à leurs bataillons, pour veiller à la sûreté publique, menacée par les terroristes. La section Lepelletier se constitua aussitôt en permanence, et devint le centre de toutes les intrigues contre-révolutionnaires.

Les tambours et les proclamateurs des sections se répandirent dans Paris avec une singulière audace, et donnèrent le signal du soulèvement. Les citoyens, ainsi excités par les bruits qu'on répandait, se rendirent en armes à leurs sections, prêts à céder à toutes les suggestions d'une jeunesse imprudente et d'une faction perfide.

La convention se déclara aussitôt en permanence, et somma ses comités de veiller à la sûreté publique et à l'exécution de ses décrets. Elle rapporta la loi qui ordonnait le désarmement des patriotes, et légalisa ainsi les mesures prises par ses comités; mais elle fit en même temps une proclamation pour calmer les habitants de Paris, et pour les rassurer sur les intentions et le patriotisme des hommes auxquels on venait de rendre leurs armes.

Les comités, voyant que la section Lepelletier devenait le foyer de toutes les intrigues, et serait peut-être bientôt le quartier-général des rebelles, arrêtèrent que la section serait entourée et désarmée le jour même. Menou reçut de nouveau l'ordre de quitter les Sablons avec un corps de troupes et des canons. Ce général Menou, bon officier, citoyen doux et modéré, avait eu pendant la révolution l'existence la plus pénible et la plus agitée. Chargé de combattre dans la Vendée, il avait été en butte à toutes les vexations du parti Ronsin. Traduit à Paris, menacé d'un jugement, il n'avait dû la vie qu'au 9 thermidor. Nommé général de l'armée de l'intérieur au 4 prairial, et chargé de marcher sur les faubourgs, il avait eu alors à combattre des hommes qui étaient ses ennemis naturels, qui étaient d'ailleurs poursuivis par l'opinion, qui enfin, dans leur énergie, ménageaient trop peu la vie des autres pour qu'on se fît scrupule de sacrifier la leur; mais aujourd'hui c'était la brillante population de la capitale, c'était la jeunesse des meilleures familles, c'était la classe enfin qui faisait l'opinion, qu'il lui fallait mitrailler si elle persistait dans son imprudence. Il était donc dans une cruelle perplexité, comme il arrive toujours à l'homme faible, qui ne sait ni renoncer à sa place, ni se résoudre à une commission rigoureuse. Il fit marcher ses colonnes fort tard; il laissa les sections proclamer tout ce qu'elles voulurent pendant la journée du 12; il se mit ensuite à parlementer secrètement avec quelques-uns de leurs chefs, au lieu d'agir; il déclara même aux trois représentants chargés de diriger la force armée, qu'il ne voulait pas avoir sous ses ordres le bataillon des patriotes. Les représentants lui répondirent que ce bataillon était sous les ordres du général Berruyer seul. Ils le pressèrent d'agir, sans dénoncer encore aux deux comités ses hésitations et sa mollesse. Ils virent d'ailleurs la même répugnance chez plus d'un officier, et entre autres chez les deux généraux de brigade Despierre et Debar, qui, prétextant une maladie, ne se trouvaient pas à leur poste. Enfin, vers la nuit, Menou s'avança avec le représentant Laporte sur la section Lepelletier. Elle siégeait au couvent des Filles-Saint-Thomas, qui a été remplacé depuis par le bel édifice de la Bourse. On s'y rendait par la rue Vivienne. Menou entassa son infanterie, sa cavalerie, ses canons, dans cette rue, et se mit dans une position où il aurait combattu avec peine, enveloppé par la multitude des sectionnaires qui fermaient toutes les issues, et qui remplissaient les fenêtres des maisons. Menou fit rouler ses canons jusqu'à la porte du couvent, et entra avec le représentant Laporte et un bataillon dans la salle même de la section. Les membres de la section, au lieu d'être formés en assemblée délibérante, étaient armés, rangés en ligne, ayant leur président en tête; c'était M. Delalot. Le général et le représentant les sommèrent de rendre leurs armes; ils s'y refusèrent. Le président Delalot, voyant l'hésitation avec laquelle on faisait cette sommation, y répondit avec chaleur, parla aux soldats de Menou avec à-propos et présence d'esprit, et déclara qu'il faudrait en venir aux dernières extrémités pour arracher les armes à la section. Combattre dans cet espace étroit, ou se retirer pour foudroyer la salle à coups de canon, était une alternative douloureuse. Cependant, si Menou eût parlé avec fermeté, et braqué son artillerie, il est douteux que la résolution des sectionnaires se fût maintenue jusqu'au bout. Menou et Laporte aimèrent mieux une capitulation; ils promirent de faire retirer les troupes conventionnelles, à condition que la section se séparerait sur-le-champ; elle promit, ou feignit de le promettre. Une partie du bataillon défila comme pour se retirer. Menou, de son côté, sortit avec sa troupe, et fit rebrousser chemin à ses colonnes, qui eurent peine à traverser la foule amassée dans les quartiers environnants. Tandis qu'il avait la faiblesse de céder devant la fermeté de la section Lepelletier, celle-ci était rentrée dans le lieu de ses séances, et, fière d'avoir résisté, s'enhardissait davantage dans sa rébellion. Le bruit se répandit sur-le-champ que les décrets n'étaient pas exécutés, que l'insurrection restait victorieuse; que les troupes revenaient sans avoir fait triompher l'autorité de la convention. Une foule de témoins de cette scène coururent aux tribunes de l'assemblée, qui était en permanence, avertirent les députés, et on entendit crier de tous côtés: *Nous sommes trahis! nous sommes trahis! à la barre le général Menou!* — On somma les comités de venir donner des explications.

Dans ce moment, les comités, avertis de ce qui venait de se passer, étaient dans la plus grande agitation. On voulait arrêter Menou, et le juger sur-le-champ. Cependant cela ne remédiait à rien; il fallait suppléer à ce qu'il n'avait pas fait. Mais quarante membres, discutant des mesures d'exécution, étaient peu propres à s'entendre et à agir avec la vigueur et la précision nécessaires. Trois représentants, chargés de diriger la force armée, n'étaient pas non plus une autorité assez énergique. On songea à nommer un chef comme dans toutes les occasions décisives; et dans cet instant, qui rappelait tous les dangers de thermidor, on songea au député Barras, qui, en sa qualité de général de brigade, avait reçu le commandement dans cette journée fameuse, et s'en était acquitté avec toute l'énergie désirable. Le député Barras avait une grande taille, une voix forte; il ne pouvait pas faire de longs discours, mais il excellait à improviser quelques phrases énergiques et véhémentes, qui donnaient de lui l'idée d'un homme résolu et dévoué. On le nomma général de l'armée de l'intérieur, et on lui donna comme adjoints les trois représentants chargés avant lui de diriger la force armée. Une circonstance rendait ce choix fort heureux. Barras avait auprès de lui un officier très-capable de commander, et il n'aurait pas eu la petitesse d'esprit de vouloir écarter un homme plus habile que lui. Tous les députés, envoyés en mission à l'armée d'Italie, connaissaient le jeune officier d'artillerie qui avait décidé la prise de Toulon, et fait tomber Saorgio et les lignes de la Roya. Ce jeune officier, devenu général de brigade, avait été destitué par Aubry, et se trouvait à Paris en non-activité, réduit presque à l'indigence. Il avait été introduit chez madame Tallien, qui l'accueillit avec sa bonté accoutumée, et qui même sollicitait pour lui. Sa taille était grêle et peu élevée, ses joues caves et livides; mais ses beaux traits, ses yeux fixes et perçants, son langage ferme et original, attiraient l'attention. Souvent il parlait d'un théâtre de guerre décisif, où la république trouverait des victoires et la paix : c'était l'Italie. Il y revenait constamment. Aussi, lorsque les lignes de l'Apennin furent perdues sous Kellermann, on l'appela au comité pour lui demander son avis. On lui confia dès lors la rédaction des dépêches, et il demeura attaché à la direction des opérations militaires. Barras songea à lui le 12 vendémiaire dans la nuit; il le demanda pour commandant en second, ce qui fut accordé. Les deux choix, soumis à la convention dans la nuit même, furent approuvés sur-le-champ. Barras confia le soin des dispositions militaires au jeune général, qui à l'instant se chargea de tout, et se mit à donner des ordres avec une extrême activité.

La générale avait continué de battre dans tous les quartiers. Des émissaires étaient allés de tous côtés vanter la résistance et le succès de la section Lepelletier, exagérer ses dangers, persuader que ces dangers étaient communs à toutes les sections, les piquer d'honneur, les exciter à égaler les grenadiers du quartier Saint-Thomas. On était accouru de toutes parts, et un comité central et militaire s'était formé enfin dans la section Lepelletier, sous la présidence du journaliste Richer-Serizy. Le projet d'une insurrection était arrêté : les bataillons se formaient, tous les hommes irrésolus étaient entraînés, et la bourgeoisie tout entière de Paris, égarée par un faux point d'honneur, allait jouer un rôle qui convenait peu à ses habitudes et à ses intérêts.

Il n'était plus temps de songer à marcher sur la section Lepelletier pour étouffer l'insurrection dans sa naissance. La convention avait environ cinq mille hommes de troupes de ligne. Si toutes les sections déployaient le même zèle, elles pouvaient réunir quarante mille hommes, bien armés et bien organisés; et ce n'était pas avec cinq mille hommes que la convention pouvait marcher contre quarante mille, à travers les rues d'une grande capitale. On pouvait tout au plus espérer de défendre la convention, et d'en faire un camp bien retranché. C'est à quoi songea le général Bonaparte. Les sections étaient sans canons; elles les avaient toutes déposés lors du 4 prairial; et les plus ardentes aujourd'hui furent alors les premières à donner cet exemple, pour assurer le désarmement du faubourg Saint-Antoine. C'était un grand avantage pour la convention. Le parc entier se trouvait au camp des Sablons. Bonaparte ordonna sur-le-champ au chef d'escadron Murat d'aller le chercher à la tête de trois cents chevaux. Ce chef d'escadron arriva au moment même où un bataillon de la section Lepelletier venait pour s'emparer du parc; il devança ce bataillon, fit atteler les pièces, et les amena aux

Tuileries. Bonaparte s'occupa ensuite d'armer toutes les issues. Il avait cinq mille soldats de ligne, une troupe de patriotes qui, depuis la veille, s'était élevée à environ quinze cents, quelques gendarmes des tribunaux, désarmés en prairial et réarmés dans cette occasion, enfin la légion de police et quelques invalides, le tout faisant à peu près huit mille hommes. Il distribua son artillerie et ses troupes dans les rues cul-de-sac Dauphin, l'Échelle, Rohan, Saint-Nicaise, au Pont-Neuf, Pont-Royal, Pont-Louis XVI, sur les places Louis XV et Vendôme, sur tous les points enfin où la convention était accessible. Il plaça son corps de cavalerie et une partie de son infanterie en réserve au Carrousel et dans le jardin des Tuileries. Il ordonna que tous les vivres qui étaient dans Paris fussent transportés aux Tuileries, qu'il y fût établi un dépôt de munitions et une ambulance pour les blessés; il envoya un détachement s'emparer du dépôt de Meudon, et en occuper les hauteurs, pour s'y retirer avec la convention en cas d'échec; il fit intercepter la route de Saint-Germain, pour empêcher qu'on amenât des canons aux révoltés; et transporter des caisses d'armes au faubourg Saint-Antoine, pour armer la section des Quinze-Vingts, qui avait seule voté pour les décrets, et dont

Fréron était allé réveiller le zèle. Ces dispositions étaient achevées dans la matinée du 13. Ordre fut donné aux troupes républicaines d'attendre l'agression et de ne pas la provoquer.

Dans cet intervalle de temps, le comité d'insurrection établi à la section Lepelletier avait fait aussi ses dispositions. Il avait mis les comités de gouvernement hors la loi, et créé une espèce de tribunal pour juger ceux qui résisteraient à la souveraineté des sections. Plusieurs généraux étaient venus lui offrir leurs services : un Vendéen, connu sous le nom de comte de Maulevrier, et un jeune émigré, appelé Lafond, sortirent de leur retraite pour diriger le mouvement. Les généraux Duhoux et Danican, qui avaient commandé les armées républicaines en Vendée, s'étaient joints à eux. Danican était un esprit inquiet, plus propre à déclamer dans un club qu'à commander une armée; il avait été ami de Hoche, qui le gourmandait souvent pour ses inconséquences. Destitué, il était à Paris, fort mécontent du gouvernement, et prêt à entrer dans les plus mauvais projets; il fut fait général en chef des sections. Le parti étant pris de se battre, tous les citoyens se trouvant engagés malgré eux, on forma une espèce de plan. Les sections du faubourg Saint-Germain, sous les ordres du comte de Maulevrier, devaient partir de l'Odéon pour attaquer les Tuileries par les ponts; les sections de la rive droite devaient attaquer par la rue Saint-Honoré et par toutes les rues transversales qui aboutissent de la rue Saint-Honoré aux Tuileries. Un détachement, sous les ordres du jeune Lafond, devait s'emparer du Pont-Neuf, afin de mettre en communication les deux divisions de l'armée sectionnaire. On plaça en tête des colonnes les jeunes gens qui avaient servi dans les armées, et qui étaient les plus capables de braver le feu. Sur les quarante mille hommes de la garde nationale, vingt ou vingt-sept mille hommes au plus étaient présents sous les armes. Il y avait une manœuvre beaucoup plus sûre que celle de se présenter en colonnes profondes au feu des batteries; c'était de faire des barricades dans les rues, d'enfermer ainsi l'assemblée et ses troupes dans les Tuileries, de s'emparer des maisons environnantes, de diriger de là un feu meurtrier, de tuer un à un les défenseurs de la convention, et de les réduire bientôt ainsi par la faim et les balles. Mais les sectionnaires ne songeaient qu'à un coup de main, et croyaient, par une seule charge, arriver jusqu'au palais et s'en faire ouvrir les portes.

Dans la matinée même, la section Poissonnière arrêta les chevaux de l'artillerie et les armes dirigées vers la section des Quinze-Vingts; celle du Mont-Blanc enleva les subsistances destinées aux Tuileries; un détachement de la section Lepelletier s'empara de la trésorerie. Le jeune Lafond, à la tête de plusieurs compagnies, se porta vers le Pont-Neuf, tandis que d'autres bataillons venaient par la rue Dauphine. Le général Carteaux était chargé de garder ce pont avec quatre cents hommes et quatre pièces de canon. Ne voulant pas engager le combat, il se retira sur le quai du Louvre. Les bataillons des sections vinrent partout se ranger à quelques pas des postes de la convention, et assez près pour s'entretenir avec les sentinelles.

Les troupes de la convention auraient eu un grand avantage à prendre l'initiative, et probablement, en faisant une attaque brusque, elles auraient mis le désordre parmi les assaillants; mais il avait été recommandé aux généraux d'attendre l'agression. En conséquence, malgré les actes d'hostilité déjà commis, malgré l'enlèvement des chevaux de l'artillerie, malgré la saisie des subsistances destinées à la convention, et des armes envoyées aux Quinze-Vingts, malgré la mort d'un hussard d'ordonnance, tué dans la rue Saint-Honoré, on persista encore à ne pas attaquer.

La matinée s'était écoulée en préparatifs de la part des sections, en attente de la part de l'armée conventionnelle, lorsque Danican, avant de commencer le combat, crut devoir envoyer un parlementaire aux comités pour leur offrir des conditions. Barras et Bonaparte parcouraient les postes, lorsque le parlementaire leur fut amené les yeux bandés, comme dans une place de guerre. Ils le firent conduire devant les comités. Le parlementaire s'exprima d'une manière fort menaçante, et offrit la paix, à condition qu'on désarmerait les patriotes, et que les décrets des 5 et 13 fructidor seraient rapportés. De telles conditions n'étaient pas acceptables, et d'ailleurs il n'y en avait point à écouter. Cependant les comités, tout en délibérant de ne pas répondre, résolurent de nommer vingt-quatre députés pour aller fraterniser avec les sections, moyen qui avait souvent réussi, car la parole touche beaucoup lorsqu'on est prêt à en venir aux mains, et on se prête volontiers à un arrangement qui dispense de s'égorger. Cependant Danican, ne recevant pas de réponse, ordonna l'attaque. On entendit des coups de feu; Bonaparte fit apporter huit cents fusils et gibernes dans une des salles de la convention, pour en armer les représentants eux-mêmes, qui serviraient, en cas de besoin, comme un corps de réserve. Cette précaution fit sentir toute l'étendue du péril. Chaque député courut prendre sa place, et, suivant l'usage dans les moments de danger, l'assemblée attendit dans le plus profond silence le résultat de ce combat, le premier combat en règle qu'elle eût encore livré contre les factions révoltées.

Il était quatre heures et demie; Bonaparte, accompagné de Barras, monte à cheval dans la cour des Tuileries, et court au poste du cul-de-sac Dauphin, faisant face à l'église Saint-Roch. Les bataillons sectionnaires remplissaient la rue Saint-Honoré, et venaient aboutir jusqu'à l'entrée du cul-de-sac. Un de leurs meilleurs bataillons s'était posté sur les degrés de l'église Saint-Roch, et il était placé là d'une manière avantageuse pour tirailler sur les canonniers conventionnels. Bonaparte, qui savait apprécier la puissance des premiers coups, fait sur-le-champ avancer ses pièces, et ordonne une première décharge. Les sectionnaires répondent par un feu de mousqueterie très-vif; mais Bonaparte, les couvrant de mitraille, les oblige à se replier sur les degrés de l'église Saint-Roch; il débouche sur-le-champ dans la rue Saint-Honoré, et lance sur l'église même une troupe de patriotes qui se battaient à ses côtés avec la plus grande valeur, et qui avaient de cruelles injures à venger. Les sectionnaires, après une vive résistance, sont délogés. Bonaparte, tournant aussitôt ses pièces à droite et à gauche, fait tirer dans toute la longueur de la rue Saint-Honoré. Les assaillants fuient aussitôt de toutes parts, et se retirent dans le plus grand désordre. Bonaparte laisse alors à un officier le soin de continuer le feu et d'achever la défaite; il remonte vers le Carrousel, et court aux autres postes. Partout il fait tirer à mitraille, et voit partout fuir ces malheureux sectionnaires imprudemment exposés en colonnes profondes aux effets de l'artillerie. Les sectionnaires, quoique ayant en tête de leurs colonnes des hommes fort braves, fuient en toute hâte vers le quartier-général des Filles-Saint-Thomas. Danican et les chefs reconnaissent alors la faute qu'ils ont faite en marchant sur les pièces, au lieu de se barricader et de se loger dans les maisons voisines des Tuileries. Cependant ils ne perdent pas courage, et se décident à un nouvel effort. Ils imaginent de se joindre aux colonnes qui viennent du faubourg Saint-Germain, pour faire une attaque commune sur les ponts. En effet, ils rallient six à huit mille hommes, les dirigent vers le Pont-Neuf, où était posté Lafond avec sa troupe, et se réunissent aux bataillons venant de la rue Dauphine, sous le commandement du comte Maulevrier. Tous ensemble s'avancent en colonne serrée, du Pont-Neuf sur le Pont-Royal, en suivant le quai Voltaire. Bonaparte, présent partout où le danger l'exige, est accouru sur les lieux. Il place plusieurs batteries sur le quai des Tuileries, qui est parallèle au quai Voltaire; il fait avancer les canons placés à la tête du Pont-Royal, et les fait pointer de manière à enfiler le quai par lequel arrivent les assaillants. Ces mesures prises, il laisse approcher les sectionnaires; puis tout-à-coup il ordonne le feu. La mitraille part du pont, et prend les sectionnaires de front; elle part en même temps du quai des Tuileries, et les prend en écharpe; elle porte la terreur et la mort dans leurs rangs. Le jeune Lafond, plein de bravoure, rallie autour de lui ses hommes les plus fermes, et marche de nouveau sur le pont, pour s'emparer des pièces. Un feu redoublé emporte sa colonne. Il veut en vain la ramener une dernière fois, elle fuit et se disperse sous les coups d'une artillerie bien dirigée.

A six heures, le combat commencé à quatre heures et demie, était achevé. Bonaparte alors, qui avait mis une impitoyable énergie dans l'action, et qui avait tiré sur la population de la capitale comme sur des bataillons autrichiens, ordonne de charger les canons à poudre, pour achever de chasser la révolte devant lui. Quelques sectionnaires s'étaient retranchés à la place Vendôme, dans l'église Saint-Roch et dans le Palais-Royal; il fait déboucher ses troupes par toutes les issues de la rue Saint-Honoré, et détache un corps qui, partant de la place Louis XV, traverse la rue Royale et longe les boulevarts. Il balaie ainsi la place Vendôme, dégage l'église Saint-Roch, investit le Palais-Royal, et le bloque pour éviter un combat de nuit.

Le lendemain matin, quelques coups de fusil suffirent pour faire évacuer le Palais-Royal et la section Lepelletier, où les rebelles avaient formé le projet de se retrancher. Bonaparte fit enlever quelques barricades formées près de la barrière des Sergents, et arrêter un détachement qui venait de Saint-Germain amener des canons aux sectionnaires. La tranquillité fut entièrement rétablie dans la journée du 14. Les morts furent enlevés sur-le-champ pour faire disparaître toutes les traces de ce combat. Il y avait eu, de part et d'autre, trois à quatre cents morts ou blessés.

Cette victoire causa une grande joie à tous les amis sincères de la république, qui n'avaient pu s'empêcher de reconnaître dans ce mouvement l'influence du royalisme ; elle rendit à la convention menacée, c'est-à-dire à la révolution et à ses auteurs, l'autorité dont ils avaient besoin pour l'établissement des institutions nouvelles. Cependant l'avis unanime fut de ne point user sévèrement de la victoire. Un reproche était tout prêt contre la convention ; on allait dire qu'elle n'avait combattu qu'au profit du terrorisme, et pour le rétablir. Il importait qu'on ne pût pas lui imputer le projet de verser du sang. D'ailleurs les sectionnaires prouvaient qu'ils étaient de médiocres conspirateurs, et qu'ils étaient loin d'avoir l'énergie des patriotes ; ils s'étaient hâtés de rentrer dans leurs maisons, satisfaits d'en être quittes à si bon marché, et tout fiers d'avoir bravé un instant ces canons, qui avaient si souvent rompu les lignes de Brunswick et de Cobourg. Pourvu qu'on les laissât s'applaudir chez eux de leur courage, ils n'étaient plus guère dangereux. En conséquence, la convention se contenta de destituer l'état-major de la garde nationale, de dissoudre les compagnies de grenadiers et de chasseurs, qui étaient les mieux organisées et qui renfermaient presque tous les jeunes gens à cadenettes, de mettre à l'avenir la garde nationale sous les ordres du général commandant l'armée de l'intérieur, d'ordonner le désarmement de la section Lepelletier et de celle du Théâtre-Français, et de former trois commissions pour juger les chefs de la rébellion, qui, du reste, avaient presque tous disparu.

Les compagnies de grenadiers et de chasseurs se laissèrent dissoudre; les deux sections Lepelletier et du Théâtre-Français remirent leurs armes sans résistance; chacun se soumit. Les comités, entrant dans ces vues de clémence, laissèrent s'évader tous les coupables, ou souffrirent qu'ils restassent dans Paris, où ils se cachaient à peine. Les commissions ne prononcèrent que des jugements par contumace. Un seul des chefs fut arrêté : c'était le jeune Lafond. Il avait inspiré quelque intérêt par son courage; on voulait le sauver, mais il s'obstina à déclarer sa qualité d'émigré, à avouer sa rébellion, et on ne put lui faire grace. La tolérance fut telle, que l'un des membres de la commission formée à la section Lepelletier, M. de Castellane, rencontrant la nuit une patrouille qui lui criait *qui vive!* répondit : *Cas-*

tellane, contumace! Les suites du 13 vendémiaire ne furent donc point sanglantes, et la capitale n'en fut nullement attristée. Les coupables se retiraient ou se promenaient librement, et les salons n'étaient occupés que du récit des exploits qu'ils osaient avouer. Sans punir ceux qui l'avaient attaquée, la convention se contentait de récompenser ceux qui l'avaient défendue; elle déclara qu'ils avaient bien mérité de la patrie; elle leur vota des secours, et fit un accueil brillant à Barras et à Bonaparte. Barras, déja célèbre depuis le 9 thermidor, le devint beaucoup plus encore par la journée de vendémiaire; on lui attribua le salut de la convention. Cependant il ne craignit pas de faire part d'une portion de sa gloire à son jeune lieutenant. « C'est le général Bonaparte, dit-il, dont les « dispositions promptes et savantes ont sauvé « cette enceinte. » On applaudit ces paroles. Le commandement de l'armée de l'intérieur fut confirmé à Barras, et le commandement en second à Bonaparte.

Les intrigants royalistes éprouvèrent un singulier mécompte en voyant l'issue de l'insurrection du 13. Ils se hâtèrent d'écrire à Vérone qu'ils avaient été trompés par tout le monde; que l'argent avait manqué; que *là où il fallait de l'or, on avait à peine du vieux linge;*

que *les députés monarchiens, ceux desquels ils avaient des promesses, les avaient trompés, et avaient joué un jeu infâme;* que *c'était une race jacobinaire* à laquelle il ne fallait pas se fier; que malheureusement on n'avait pas assez *compromis* et *engagé* ceux qui voulaient servir la cause; que *les royalistes de Paris à collet noir, à collet vert et à cadenettes, qui étalaient leurs fanfaronnades aux foyers des spectacles, étaient allés, au premier coup de fusil, se cacher sous le lit des femmes qui les souffraient.*

Lemaître, leur chef, venait d'être arrêté avec d'autres instigateurs de la section Lepelletier. On avait saisi chez lui une quantité de papiers : les royalistes craignaient que ces papiers ne trahissent le secret du complot, et surtout que Lemaître ne parlât lui-même. Cependant ils ne perdirent pas courage; leurs affidés continuèrent d'agir auprès des sectionnaires. L'espèce d'impunité dont ceux-ci jouissaient, les avait enhardis. Puisque la convention, quoique victorieuse, n'osait pas les frapper, elle reconnaissait donc que l'opinion était pour eux; elle n'était donc pas sûre de la justice de sa cause, puisqu'elle hésitait. Quoique vaincus, ils étaient plus fiers et plus hauts qu'elle, et ils reparurent dans les assemblées électorales, pour y faire des élections conformes à leurs vœux. Les assemblées devaient se former le 20 vendémiaire, et durer jusqu'au 30; le nouveau corps législatif devait être réuni le 5 brumaire. A Paris, les agents royalistes firent nommer le conventionnel Saladin, qu'ils avaient déja gagné. Dans quelques départements, ils provoquèrent des rixes; on vit des assemblées électorales faire scission, et se partager en deux.

Ces menées, ce retour de hardiesse contribuèrent à irriter beaucoup les patriotes qui avaient vu, dans la journée du 13, se réaliser tous leurs pronostics; ils étaient fiers à la fois d'avoir deviné juste, et d'avoir vaincu par leur courage le danger qu'ils avaient si bien prévu. Ils voulaient que la victoire ne fût pas inutile pour eux, qu'elle amenât des sévérités contre leurs adversaires, et des réparations pour leurs amis détenus dans les prisons; ils firent des pétitions, dans lesquelles ils demandaient l'élargissement des détenus, la destitution des officiers nommés par Aubry, le rétablissement dans leurs grades de ceux qui avaient été destitués, le jugement des députés enfermés, et leur réintégration sur les listes électorales, s'ils étaient innocents. La Montagne, appuyée par les tribunes toutes remplies de patriotes, applaudissait à ces demandes, et réclamait avec énergie leur adoption. Tallien, qui s'était rapproché d'elle, et qui était le chef civil du parti dominant, comme Barras en était le chef militaire, Tallien tâchait de la contenir; il fit écarter la dernière demande relative à la réintégration sur les listes des députés détenus, comme contraire aux décrets des 5 et 13 fructidor. Ces décrets, en effet, déclaraient inéligibles les députés actuellement suspendus de leurs fonctions. Cependant la Montagne n'était pas plus facile à contenir que les sectionnaires; et les derniers jours de cette assemblée, qui n'avait plus qu'une décade à siéger, semblaient ne pouvoir pas se passer sans orage.

Les nouvelles des frontières contribuaient aussi à augmenter l'agitation, en excitant les défiances des patriotes et les espérances inextinguibles des royalistes. On a vu que Jourdan avait passé le Rhin à Dusseldorf, et s'était avancé sur la Sieg; que Pichegru était entré dans Manheim, et avait jeté une division au-delà du Rhin. Des événements aussi heureux n'avaient inspiré aucune grande pensée à ce Pichegru tant vanté, et il avait prouvé ici ou sa perfidie ou son incapacité. D'après les analogies ordinaires, c'est à son incapacité qu'il faudrait attribuer ses fautes; car, même avec le désir de trahir, on ne refuse jamais l'occasion de grandes victoires; elles servent toujours à se mettre à plus haut prix. Cependant des contemporains dignes de foi ont pensé qu'il fallait attribuer ses fausses manœuvres à sa trahison; il est ainsi le seul général connu dans l'histoire qui se soit fait battre volontairement. Ce n'est pas un corps seulement qu'il devait jeter au-delà de Manheim, mais toute son armée, pour s'emparer d'Heidelberg, qui est le point essentiel où se croisent les routes pour aller du Haut-Rhin dans les vallées du Necker et du Mein. C'était s'emparer ainsi du point par lequel Wurmser aurait pu se joindre à Clerfayt; c'était séparer pour jamais ces deux généraux; c'était s'assurer la position par laquelle on pouvait se joindre à Jourdan, et former avec lui une masse qui aurait accablé successivement Clerfayt et Wurmser. Clerfayt, sentant le danger, quitta les bords du Mein pour courir à Heidelberg; mais son lieutenant Kwasdanovich, aidé de Wurmser, était parvenu à déloger d'Heidelberg la division que Pichegru y avait laissée. Pichegru était renfermé dans Manheim; et Clerfayt, ne craignant plus pour ses communications avec Wurmser, avait marché aussitôt sur Jourdan. Celui-ci, serré entre le Rhin et la ligne de neutralité, ne pouvant pas y vivre comme en pays ennemi, et n'ayant aucun service organisé pour tirer ses ressources des Pays-Bas, se trouvait, dès qu'il ne pouvait ni marcher en avant, ni se réunir à Pichegru, dans une position des plus critiques. Clerfayt d'ailleurs, ne respectant pas la neutralité, s'était placé de manière à tourner sa gauche et à le jeter dans le Rhin. Jourdan ne pouvait donc pas tenir là. Il fut résolu par les représentants, et de l'avis de tous les généraux, qu'il se replierait sur Mayence pour en faire le blocus sur la rive droite. Mais cette position ne valait pas mieux que la précédente; elle le laissait dans la même pénurie; elle l'exposait aux coups de Clerfayt dans une situation désavantageuse; elle le mettait dans le cas de perdre sa route vers Dusseldorf; en conséquence on finit par décider qu'il battrait en retraite pour regagner le Bas-Rhin, ce qu'il fit en bon ordre, et sans être inquiété par Clerfayt, qui, nourrissant un grand projet, revint sur le Mein pour s'approcher de Mayence.

A cette nouvelle de la marche rétrograde de l'armée de Sambre-et-Meuse, se joignaient des bruits fâcheux sur l'armée d'Italie. Schérer y était arrivé avec deux belles divisions des Pyrénées orientales, devenues disponibles par la paix avec l'Espagne : néanmoins on disait que ce général ne se croyait pas sûr de sa position, et qu'il demandait en matériel et en approvisionnements des secours qu'on ne pouvait lui fournir, et sans lesquels il menaçait de faire un mouvement rétrograde. Enfin on parlait d'une seconde expédition anglaise qui portait le comte d'Artois et de nouvelles troupes de débarquement.

Ces nouvelles, qui sans doute n'avaient rien de menaçant pour l'existence de la république, qui était toujours maîtresse du cours du Rhin, qui avait deux armées de plus à envoyer, l'une en Italie, l'autre en Vendée, qui venait d'apprendre par l'événement de Quiberon à compter sur Hoche, et à ne pas craindre les expéditions des émigrés; ces nouvelles n'en contribuèrent pas moins à réveiller les royalistes terrifiés par vendémiaire, et à irriter les patriotes peu satisfaits de la manière dont on avait usé de la victoire. La découverte de la correspondance de Lemaître produisit surtout le plus fâcheux effet. On y vit tout entier le complot que l'on soupçonnait depuis long-temps; on y acquit la certitude de l'existence d'une agence secrète établie à Paris, communiquant avec Vérone, avec la Vendée, avec toutes les provinces de la France, y excitant des mouvements contre-révolutionnaires, et ayant des intelligences avec plusieurs membres de la convention et des comités. La vanterie même de ces misérables agents, qui se flattaient d'avoir gagné tantôt des généraux, tantôt des députés, qui disaient avoir eu des liaisons avec les monarchiens et les thermidoriens, contribua à exciter davantage les soupçons, et à les faire planer sur la tête des députés du côté droit.

Déjà on désignait Rovère et Saladin, et on s'était procuré contre eux des preuves convaincantes. Ce dernier avait publié une brochure contre les décrets des 5 et 13 fructidor, et venait d'en être récompensé par les suffrages des électeurs parisiens. On signalait encore comme complices secrets de l'agence royaliste, Lesage (d'Eure-et-Loir), La Rivière, Boissy-d'Anglas et Lanjuinais. Leur silence dans les journées des 11, 12 et 13 vendémiaire, les avait fort compromis. Les journaux contre-révolutionnaires, en les louant avec affectation, contribuaient à les compromettre davantage encore. Ces mêmes journaux, qui louaient si fort les soixante-treize, accablaient d'outrages les thermidoriens. Il était difficile qu'une rupture ne s'ensuivît pas. Les soixante-treize et les thermidoriens continuaient toujours de se réunir chez un ami commun, mais il y avait entre eux de l'humeur et peu de confiance. Vers les derniers jours de la session, on parla, dans cette réunion, des nouvelles élections, des intrigues du royalisme pour les corrompre, et du silence de Boissy, Lanjuinais, La Rivière et Lesage, pendant les scènes de vendémiaire. Legendre, avec sa pétulance ordinaire, reprocha ce silence aux quatre députés qui étaient présents. Ceux-ci essayèrent de se justifier. Lanjuinais laissa échapper le mot fort étrange de *massacre du 13 vendémiaire*, et prouva ainsi ou un grand désordre d'idées ou des sentiments bien peu républicains. Tallien, à ce mot, entra dans une violente colère, et voulut sortir, en disant qu'il ne pouvait pas rester plus long-temps avec des royalistes, et qu'il allait les dénoncer à la convention. On l'entoura, on le calma, et on tâcha de pallier le mot de Lanjuinais. Néanmoins on se sépara tout-à-fait brouillé.

Cependant l'agitation allait croissant dans Paris, les méfiances s'augmentaient de toutes parts, les soupçons de royalisme s'étendaient sur tout le monde. Tallien demanda que la convention se formât en comité secret, et il dénonça formellement Lesage, La Rivière, Boissy-d'Anglas et Lanjuinais. Ses preuves n'étaient pas suffisantes, elles ne reposaient que sur des inductions plus ou moins probables, et l'accusation ne fut point appuyée. Louvet, quoique attaché aux thermidoriens, n'appuya pas cependant l'accusation contre les quatre députés, qui étaient ses amis; mais il accusa Rovère et Saladin, et peignit à grands traits leur conduite. Il retraça leurs variations du plus fougueux terrorisme au plus fougueux royalisme, et fit décréter leur arrestation. On arrêta aussi Lhomond, compromis par Lemaître, et Aubry, auteur de la réaction militaire.

Les adversaires de Tallien demandèrent en représaille, la publication d'une lettre du prétendant au duc d'Harcourt, où, parlant de ce qu'on lui mandait de Paris, il disait : *Je ne puis croire que Tallien soit un royaliste de la bonne espèce.* On doit se souvenir que les agents de Paris se flattaient d'avoir gagné Tallien et Hoche. Leurs vanteries habituelles, et leurs calomnies à l'égard de Hoche, suffisent pour justifier Tallien. Cette lettre fit peu d'effet, car Tallien, depuis Quiberon, et depuis sa conduite en vendémiaire, loin de passer pour royaliste, était considéré comme un terroriste sanguinaire. Ainsi, des hommes qui auraient dû s'entendre pour sauver à efforts communs une révolution qui était leur ouvrage, se défiaient les uns des autres, et se laissaient compromettre, sinon gagner par le royalisme. Grace aux calomnies des royalistes, les derniers jours de cette illustre assemblée finissaient comme ils avaient commencé, dans le trouble et les orages.

Tallien demanda enfin la nomination d'une commission de cinq membres, chargée de proposer des mesures efficaces pour sauver la révolution pendant la transition d'un gouvernement à l'autre. La convention nomma Tallien, Dubois-Crancé, Florent Guyot, Roux (de la Marne), et Pons (de Verdun). Le but de cette commission était de prévenir les manœuvres des royalistes dans les élections, et de rassurer les républicains sur la composition du nouveau gouvernement. La Montagne, pleine d'ardeur, et s'imaginant que cette commission allait réaliser tous ses vœux, crut un instant et répandit le bruit qu'on allait annuler toutes les élections, et suspendre pour quelque temps encore la mise en activité de la constitution. Elle s'était persuadé, en effet, que le moment n'était pas venu d'abandonner la république à elle-même, que les royalistes n'étaient pas assez abattus, et qu'il fallait continuer quelque temps encore le gouvernement révolutionnaire pour les abattre. Les contre-révolutionnaires affectèrent de répandre les mêmes bruits.

Le député Thibaudeau, qui jusque-là n'avait marché ni avec la Montagne, ni avec les thermidoriens, ni avec les monarchiens, mais qui avait paru néanmoins un républicain sincère, et sur lequel trente-deux départements venaient de fixer leur choix, car on avait l'avantage en le nommant de ne se déclarer pour aucun parti, le député Thibaudeau ne devait pas naturellement se défier de l'état des esprits autant que les thermidoriens. Il croyait que Tallien et son parti calomniaient la nation en voulant prendre tant de précautions contre elle; il supposa même que Tallien avait des projets personnels, qu'il voulait se placer à la tête de la Montagne, et se donner une dictature, sous le prétexte de préserver la république des royalistes. Il dénonça d'une manière virulente et amère ce prétendu projet de dictature, et fit contre Tallien une sortie imprévue, dont tous les républicains furent surpris, car ils n'en comprenaient pas le motif. Cette sortie même compromit Thibaudeau dans l'esprit des plus défiants, et lui fit supposer des intentions qu'il n'avait pas. Quoiqu'il rappelât qu'il était régicide, on savait bien par les lettres saisies [*], que la mort de Louis XVI pouvait

[*] *Moniteur* de l'an IV, page 150, lettre de d'Entraigues à Lemaître datée du 10 octobre 1795.

être rachetée par de grands services rendus à ses héritiers, et cette qualité ne paraissait plus une garantie complète. Aussi, quoique ferme républicain, sa sortie contre Tallien lui nuisit dans l'esprit des patriotes, et lui valut de la part des royalistes, des éloges extraordinaires. On l'appela *Barre-de-fer*.

La convention passa à l'ordre du jour, et attendit le rapport de Tallien au nom de la commission des cinq. Le résultat des travaux de cette commission fut un projet de décret qui contenait les mesures suivantes :

Exclusion de toutes fonctions civiles, municipales, législatives, judiciaires et militaires, des émigrés et parents d'émigrés, jusqu'à la paix générale;

Permission de quitter la France, en emportant leurs biens, à tous ceux qui ne voudraient pas vivre sous les lois de la république;

Destitution de tous les officiers qui n'avaient pas servi pendant le régime révolutionnaire, c'est-à-dire depuis le 10 août, et qui avaient été remplacés depuis le 15 germinal, c'est-à-dire depuis le travail d'Aubry.

Ces dispositions furent adoptées.

La convention décréta ensuite d'une manière solennelle la réunion de la Belgique à la France, et sa division en départements. Enfin le 4 brumaire, au moment de se séparer, elle voulut terminer par un grand acte de clémence sa longue et orageuse carrière. Elle décréta que la peine de mort serait abolie dans la république française, à dater de la paix générale; elle changea le nom de la place de la *Révolution* en celui de place de la *Concorde;* enfin elle prononça une amnistie pour tous les faits relatifs à la révolution, excepté pour la révolte du 13 vendémiaire. C'était mettre en liberté les hommes de tous les partis, excepté Lemaître, qui était le seul des conspirateurs de vendémiaire contre lequel il existât des preuves suffisantes. La déportation prononcée contre Billaud-Varennes, Collot-d'Herbois et Barrère, qui avait été révoquée pour les faire juger de nouveau, c'est-à-dire pour les faire condamner à mort, fut confirmée. Barrère, qui seul n'était pas encore embarqué, dut l'être. Toutes les prisons durent s'ouvrir. Il était deux heures et demie, 4 brumaire an IV (26 octobre 1795); le président de la convention prononça ces mots : « La convention nationale déclare que « sa mission est remplie, et que sa session est « terminée. » Les cris mille fois répétés de *Vive la République!* accompagnèrent ces dernières paroles.

Ainsi se termina la longue et mémorable

session de la convention nationale. L'assemblée constituante avait eu l'ancienne organisation féodale à détruire, et une organisation nouvelle à fonder : l'assemblée législative avait eu cette organisation à essayer, en présence du roi laissé dans la constitution. Après un essai de quelques mois, elle reconnut et déclara l'incompatibilité du roi avec les institutions nouvelles, et sa complicité avec l'Europe conjurée ; elle suspendit le roi et la constitution, et se démit. La convention trouva donc un roi détrôné, une constitution annulée, la guerre déclarée à l'Europe, et, pour toute ressource, une administration entièrement détruite, un papier-monnaie discrédité, de vieux cadres de régiments usés et vides. Ainsi, ce n'était point la liberté qu'elle avait à proclamer en présence d'un trône affaibli et méprisé, c'était la liberté qu'elle avait à défendre contre l'Europe entière ; et cette tâche était bien autre ! Sans s'épouvanter un instant, elle proclama la république à la face des armées ennemies ; puis elle immola le roi pour se fermer toute retraite ; elle s'empara ensuite de tous les pouvoirs, et se constitua en dictature. Des voix s'élevèrent dans son sein, qui parlaient d'humanité quand elle ne voulait entendre parler que d'énergie ; elle les étouffa. Bientôt cette dictature qu'elle s'était arrogée sur la France par le besoin de la conservation commune, douze membres se l'arrogèrent sur elle, par la même raison et par le même besoin. Des Alpes à la mer, des Pyrénées au Rhin, ces douze dictateurs s'emparèrent de tout, hommes et choses, et commencèrent avec les nations de l'Europe la lutte la plus terrible et la plus grande dont l'histoire fasse mention. Pour rester directeurs suprêmes de cette œuvre immense, ils immolèrent alternativement tous les partis; et, suivant la condition humaine, ils eurent les excès de leurs qualités. Ces qualités étaient la force et l'énergie, l'excès fut la cruauté. Ils versèrent des torrents de sang, jusqu'à ce que, devenus inutiles par la victoire, et odieux par l'abus de la force, ils succombèrent. La convention reprit alors pour elle la dictature, et commença peu à peu à relâcher les ressorts de son administration terrible. Rassurée par la victoire, elle écouta l'humanité, et se livra à son esprit de régénération. Tout ce qu'il y a de bon et de grand, elle le souhaita, et l'essaya pendant une année; mais les partis, écrasés sous une autorité impitoyable, renaquirent sous une autorité clémente. Deux factions, dans lesquelles se confondaient, sous des nuances infinies, les amis et les ennemis de la révolution, l'attaquèrent tour à tour. Elle vainquit les uns en germinal et prairial, les autres en vendémiaire, et jusqu'au dernier jour se montra héroïque au milieu des dangers. Elle rédigea enfin une constitution républicaine, et, après trois ans de lutte avec l'Europe, avec les factions, avec elle-même, sanglante et mutilée, elle se démit, et transmit la France au directoire.

Son souvenir est demeuré terrible; mais pour elle il n'y a qu'un fait à alléguer, un seul, et tous les reproches tombent devant ce fait immense : elle nous a sauvés de l'invasion étrangère! Les précédentes assemblées lui avaient légué la France compromise, elle légua la France sauvée au directoire et à l'empire. Si en 1793 l'émigration fût rentrée en France, il ne restait pas trace des œuvres de la constituante et des bienfaits de la révolution; au lieu de ces admirables institutions civiles, de ces magnifiques exploits qui signalèrent la constituante, la convention, le directoire, le consulat et l'empire, nous avions l'anarchie sanglante et basse que nous voyons aujourd'hui au-delà des Pyrénées. En repoussant l'invasion des rois conjurés contre notre république, la convention a assuré à la révolution une action non interrompue de trente années sur le sol de la France, et a donné à ses œuvres le temps de se consolider, et d'acquérir cette force qui leur fait braver l'impuissante colère des ennemis de l'humanité.

Aux hommes qui s'appellent avec orgueil patriotes de 89, la convention pourra toujours dire : « Vous aviez provoqué la lutte, c'est moi « qui l'ai soutenue et terminée. »

CHAPITRE II.

Nomination des cinq directeurs. — Installation du corps législatif et du directoire. — Position difficile du nouveau gouvernement. Détresse des finances; discrédit du papier-monnaie. — Premiers travaux du directoire. — Perte des lignes de Mayence. — Reprise des hostilités en Bretagne et en Vendée. Approche d'une nouvelle escadre anglaise sur les côtes de l'Ouest. — Plan de finances proposé par le directoire; nouvel emprunt forcé. — Condamnation de quelques agents royalistes. — La fille de Louis XVI est rendue aux Autrichiens en échange des représentants livrés par Dumouriez. — Situation des partis à la fin de 1795. — Armistice conclu sur le Rhin. — Opérations de l'armée d'Italie. Bataille de Loano. — Expédition de l'Ile-Dieu. Départ de l'escadre anglaise. Derniers efforts de Charette; mesures du général Hoche pour opérer la pacification de la Vendée. — Résultats de la campagne de 1795.

Le 5 brumaire an IV (27 octobre 1795) était le jour fixé pour la mise en vigueur de la constitution directoriale. Ce jour-là, les deux tiers de la convention, conservés au corps législatif, devaient se réunir au tiers nouvellement élu par les assemblées électorales, se diviser en deux conseils, se constituer, et procéder ensuite à la nomination des cinq directeurs chargés du pouvoir exécutif. Pendant ces premiers instants consacrés à organiser le corps législatif et le directoire, les anciens comités de gouvernement devaient demeurer en activité, et conserver le dépôt de tous les pouvoirs. Les membres de la convention, envoyés soit aux armées, soit dans les départements, devaient continuer leur mission jusqu'à ce que l'installation du directoire leur fût notifiée.

Une grande agitation régnait dans les esprits. Les patriotes modérés et les patriotes exaltés montraient une même irritation contre le parti qui avait attaqué la convention au 13 vendémiaire; ils étaient remplis de craintes; ils s'encourageaient à s'unir, à se serrer pour résister au royalisme; ils disaient hautement qu'il ne fallait appeler au directoire et à toutes les places que des hommes engagés irrévocablement à la cause de la révolution; ils se défiaient beaucoup des députés du nouveau tiers, et recherchaient avec inquiétude leurs noms, leur vie passée, et leurs opinions connues ou présumées.

Les sectionnaires, mitraillés le 13 vendémiaire, mais traités avec la plus grande clémence après la victoire, étaient redevenus insolents. Fiers d'avoir un instant supporté le feu, ils semblaient croire que la convention, en les épargnant, avait ménagé leurs forces et reconnu tacitement la justice de leur cause. Ils se montraient partout, vantaient leurs hauts faits, débitaient dans les salons les mêmes impertinences contre la grande assemblée qui venait d'abandonner le pouvoir, et affectaient de compter beaucoup sur les députés du nouveau tiers.

Ces députés, qui devaient venir s'asseoir au milieu des vétérans de la révolution, et y représenter la nouvelle opinion qui s'était formée en France à la suite de longs orages, étaient loin de justifier toutes les défiances des républicains et toutes les espérances des contre-révolutionnaires. On comptait parmi eux quelques membres des anciennes assemblées, tels que Vaublanc, Pastoret, Dumas, Dupont (de Nemours), et l'honnête et savant Tronchet, qui avait rendu de si grands services à notre législation. On y voyait ensuite beaucoup d'hommes nouveaux, non pas de ces hommes extraordinaires qui brillent au début des révolutions, mais quelques-uns de ces mérites solides qui, dans la carrière de la politique, comme dans celle des arts, succèdent au génie; et par exemple des jurisconsultes, des administrateurs, tels que Portalis, Siméon, Barbé-Marbois, Tronçon-Ducoudray. En général, ces nouveaux élus, à part quelques contre-révolutionnaires signalés, appartenaient à cette classe d'hommes modérés qui, n'ayant pris aucune part aux événements, et n'ayant pu par conséquent ni mal faire ni se tromper, prétendaient aimer la révolution, mais en la séparant de ce qu'ils appelaient ses crimes. Naturellement ils devaient être assez disposés à censurer le passé; mais ils étaient déjà un peu réconciliés avec la convention et la république par leur élection; car on pardonne volontiers à un ordre de choses dans lequel on a trouvé place. Du reste, étrangers à Paris et à la politique, timides encore sur ce théâtre nouveau, ils recherchaient, ils visitaient les membres les plus considérés de la convention nationale.

Telle était la disposition des esprits le 5 brumaire an IV. Les membres de la convention réélus se rapprochaient, et cherchaient à concerter les nominations qui restaient à faire, afin de rester maîtres du gouvernement. En vertu des célèbres décrets des 5 et 13 fructidor, le nombre des députés dans le nouveau corps législatif devait être de cinq cents. Si ce nombre n'était pas complété par les réélections, les membres présents le 5 brumaire devaient se former en corps électoral pour le compléter. On arrêta un projet de liste au comité de salut public, dans laquelle on fit entrer beaucoup de montagnards prononcés. La liste ne fut pas approuvée en entier. Cependant on n'y plaça que des patriotes connus. Le 5, tous les députés présents, réunis en une seule assemblée, se constituèrent en corps électoral. D'abord ils complétèrent les deux tiers de conventionnels qui devaient siéger dans le corps législatif; ensuite ils formèrent une liste de tous les députés mariés et âgés de plus de quarante ans, et en prirent au sort deux cent cinquante, pour composer le conseil des anciens.

Le lendemain, le conseil des cinq-cents réuni au Manége, dans l'ancienne salle de l'assemblée constituante, choisit Daunou pour président, et Rewbell, Chénier, Cambacérès et Thibaudeau, pour secrétaires. Le conseil des anciens se réunit dans l'ancienne salle de la convention, appela Larévellière-Lépaux au fauteuil, et Baudin, Lanjuinais, Bréard, Charles Lacroix au bureau. Ces choix étaient convenables et prouvaient que, dans les deux conseils, la majorité était acquise à la cause républicaine. Les conseils déclarèrent qu'ils étaient constitués, s'en donnèrent avis réciproquement par des messages, confirmèrent provisoirement les pouvoirs des députés, et en renvoyèrent la vérification après l'organisation du gouvernement.

La plus importante de toutes les élections restait à faire, c'était celle des cinq magistrats chargés du pouvoir exécutif. De ce choix dépendaient à la fois le sort de la république et la fortune des individus. Les cinq directeurs, en effet, ayant la nomination de tous les fonctionnaires publics, de tous les officiers des armées, pouvaient composer le gouvernement à leur gré, et le remplir d'hommes attachés ou contraires à la république. Ils étaient maîtres en outre de la destinée des individus; ils pouvaient leur ouvrir ou leur fermer la carrière des emplois publics, récompenser ou décourager les talents fidèles à la cause de la révolution. L'influence qu'ils devaient exercer était donc immense. Aussi les esprits étaient-ils singulièrement préoccupés du choix qu'on allait faire.

Les conventionnels se réunirent pour se concerter sur ce choix. Leur avis à tous fut de choisir des régicides, afin de se donner plus de garanties. Les opinions, après avoir flotté quelque temps, se réunirent en faveur de Barras, Rewbell, Siéyes, Larévellière-Lépaux et Letourneur. Barras avait rendu de grands services en thermidor, prairial et vendémiaire; il avait été en quelque sorte le législateur général opposé à toutes les factions; la dernière bataille du 13 vendémiaire lui avait surtout donné une grande importance, quoique le mérite des dispositions militaires de cette journée appartînt au jeune Bonaparte. Rewbell, enfermé à Mayence pendant le siége, et souvent appelé dans les comités depuis le 9 thermidor, avait adopté l'opinion des thermidoriens, montré de l'aptitude et de l'application aux affaires, et une certaine vigueur de caractère. Siéyes était regardé comme le premier génie spéculatif de l'époque. Larévellière-Lépaux s'était volontairement associé aux girondins le jour de leur proscription, était revenu le 9 thermidor au milieu de ses collègues, et y avait combattu de tous ses moyens les deux factions qui avaient alternativement attaqué la convention. Patriote doux et humain, il était le seul girondin que la Montagne ne suspectât pas, et le seul patriote dont les contre-révolutionnaires n'osassent pas nier les vertus. Il n'avait qu'un inconvénient au dire de certaines gens : c'était la difformité de son corps; on prétendait qu'il porterait mal le manteau directorial. Letourneur enfin, connu pour patriote, estimé pour son caractère, était un ancien officier du génie qui avait, dans les derniers temps, remplacé Carnot au comité de salut public, mais qui était loin d'en avoir les talents. Quelques conventionnels auraient voulu qu'on plaçât parmi les cinq directeurs l'un des généraux qui s'étaient le plus distingués à la tête des armées, comme Kléber, Moreau, Pichegru ou Hoche; mais on craignait de donner trop d'influence aux militaires, et on ne voulut en appeler aucun au pouvoir suprême. Pour rendre les choix certains, les conventionnels convinrent entre eux d'employer un moyen qui, sans être illégal, ressemblait fort à une supercherie. D'après la constitution, le conseil des cinq-cents devait, pour tous les choix, présenter une liste décuple de candidats au conseil des anciens. Ce dernier, sur dix candidats, en choisissait un. Pour les cinq directeurs, il fallait donc présenter cinquante candidats. Les conventionnels, qui avaient la majorité dans les cinq-cents, convinrent de placer Barras, Rewbell, Siéyes, Larévellière-Lépaux et Letourneur en tête de la liste, et d'y ajouter ensuite quarante-cinq noms inconnus, sur lesquels il serait impossible de fixer un choix. De cette manière, la préférence était forcée pour les cinq candidats que les conventionnels voulaient appeler au directoire.

Ce plan fut fidèlement suivi ; seulement un nom venant à manquer sur les quarante-cinq, on ajouta Cambacérès, qui plaisait fort au nouveau tiers et à tous les modérés. Quand la liste fut présentée aux anciens, ils parurent assez mécontents de cette manière de forcer leur choix. Dupont (de Nemours), qui avait déjà figuré dans les précédentes assemblées, et qui était un adversaire déclaré, sinon de la république, au moins de la convention, Dupont (de Nemours) demanda un ajournement. « Sans doute, dit-il, les quarante-cinq individus qui complètent cette liste, ne sont pas indignes de votre choix, car, dans le cas contraire, on conviendrait qu'on a voulu vous faire violence en faveur de cinq personnages. Sans doute ces noms, qui arrivent pour la première fois jusqu'à vous, appartiennent à des hommes d'une vertu modeste, et qui sont dignes aussi de représenter une grande république ; mais il faut du temps pour parvenir à les connaître. Leur modestie même, qui les a laissés cachés, nous oblige à des recherches pour apprécier leur mérite, et nous autorise à demander un ajournement. » Les anciens, quoique mécontents de ce procédé, partageaient les sentiments de la majorité des cinq-cents, et confirmèrent les cinq choix qu'on avait voulu leur imposer. Larévellière-Lépaux, sur deux cent dix-huit votants, obtint deux cent seize voix, tant il y avait unanimité d'estime pour cet homme de bien; Letourneur en obtint cent quatre-vingt-neuf, Rewbell cent soixante-seize, Sièyes cent cinquante-six, Barras cent vingt-neuf. Ce dernier, qui était plus homme de parti que les autres, devait exciter plus de dissentiments, et réunir moins de voix.

Ces cinq nominations causèrent une grande satisfaction aux révolutionnaires, qui se voyaient assurés du gouvernement. Il s'agissait de savoir si les cinq directeurs accepteraient. Il n'y avait pas de doute pour trois d'entre eux, mais il y en avait deux auxquels on connaissait peu de goût pour la puissance. Larévellière-Lépaux, homme simple, modeste, peu propre au maniement des affaires et des hommes, ne trouvait et ne cherchait de plaisir qu'au Jardin des Plantes, avec les frères Thouin; il était douteux qu'on le décidât à accepter les fonctions de directeur. Sièyes, avec un esprit puissant qui pouvait tout concevoir, une affaire comme un principe, était cependant incapable par caractère des soins du gouvernement. Peut-être aussi, plein d'humeur contre une république qui n'était pas constituée à son gré, il paraissait peu disposé à en accepter la direction. Quant à Larévellière-Lépaux, on fit valoir une considération toute puissante sur son cœur honnête : on lui dit que son association aux magistrats qui allaient gouverner la république, était utile et nécessaire. Il céda. En effet, parmi ces cinq individus, hommes d'affaires ou d'action, il fallait une vertu pure et renommée ; elle s'y trouva par l'acceptation de Larévellière-Lépaux. Quant à Siéyes, on ne put vaincre sa répugnance ; il refusa, en assurant qu'il se croyait impropre au gouvernement.

Il fallut pourvoir à son remplacement. Il y avait un homme qui jouissait en Europe d'une considération immense, c'était Carnot. On exagérait ses services militaires, qui cependant étaient réels ; on lui attribuait toutes nos victoires, et bien qu'il eût été membre du grand comité de salut public, collègue de Robespierre, de Saint-Just et de Couthon, on savait qu'il les avait combattus avec une grande énergie. On voyait en lui l'union d'un grand génie militaire à un caractère stoïque. La renommée de Siéyes et la sienne étaient les deux plus grandes de l'époque. On ne pouvait mieux faire, pour la considération du directoire, que de remplacer l'une de ces deux réputations par l'autre. Carnot fut en effet porté sur la nouvelle liste, à côté d'hommes qui rendaient sa nomination forcée. Cambacérès fut encore ajouté à la liste, qui ne renferma que huit inconnus. Les anciens cependant n'hésitèrent pas à préférer Carnot; il obtint cent dix-sept voix sur deux cent treize, et devint l'un des cinq directeurs.

Ainsi Barras, Rewbell, Larévellière-Lépaux, Letourneur et Carnot, furent les cinq magistrats chargés du gouvernement de la république. Parmi ces cinq individus, il ne se trouvait aucun homme de génie, ni même aucun homme d'une renommée imposante, excepté Carnot. Mais comment faire à la fin d'une révolution sanglante, qui, en quelques années, avait dévoré plusieurs générations d'hommes de génie en tout genre? Il n'y avait plus dans les assemblées aucun orateur extraordinaire; dans la diplomatie, il n'y avait encore aucun négociateur célèbre. Barthélemy seul, par les traités avec la Prusse et l'Espagne, s'était attiré une espèce de considération, mais il n'inspirait aucune confiance aux patriotes. Dans les armées, il se formait déjà de grands généraux, et il s'en préparait de plus grands encore; mais il n'y avait maintenant aucune supériorité décidée, et on se défiait d'ailleurs des militaires. Il n'existait donc, comme nous venons de le dire, que deux grandes renommées, Sièyes et Carnot. Dans l'impossibilité d'avoir l'une, on avait acquis l'autre. Barras avait de l'action, Rewbell, Letourneur étaient des travailleurs, Larévellière-Lépaux était un homme sage et probe. Il eût été difficile, dans le moment, de composer autrement la magistrature suprême.

La situation dans laquelle ces cinq magistrats arrivaient au pouvoir était déplorable; et il fallait aux uns beaucoup de courage et de vertu, aux autres beaucoup d'ambition, pour accepter une semblable tâche. On était au lendemain d'un combat dans lequel il avait fallu appeler une faction pour en combattre une autre. Les patriotes qui venaient de verser leur sang se montraient exigeants; les sectionnaires n'avaient point cessé d'être hardis. La journée du 13 vendémiaire, en un mot, n'avait pas été une de ces victoires suivies de terreur, qui, tout en soumettant le gouvernement au joug de la faction victorieuse, le délivrent au moins de la faction vaincue. Les patriotes s'étaient relevés, les sectionnaires ne s'étaient pas soumis. Paris était rempli des intrigants de tous les partis, agité par toutes les ambitions, et livré à une affreuse misère.

Aujourd'hui, comme en prairial, les subsistances manquaient dans toutes les grandes communes; le papier-monnaie apportait le désordre dans les transactions, et laissait le gouvernement sans ressources. La convention n'ayant pas voulu céder les biens nationaux pour trois fois leur valeur de 1790, en papier, les ventes avaient été suspendues; le papier, qui ne pouvait rentrer que par les ventes, était resté en circulation, et sa dépréciation avait fait d'effrayants progrès. Vainement avait-on imaginé l'échelle de proportion pour diminuer la perte de ceux qui recevaient les assignats: cette échelle ne les réduisait qu'au cinquième, tandis qu'ils ne conservaient pas même le cent cinquantième de leur valeur primitive. L'état, ne percevant que du papier par l'impôt, était ruiné comme les particuliers. Il percevait, il est vrai, une moitié de la contribution foncière en nature, ce qui lui procurait quelques denrées pour nourrir les armées; mais souvent les moyens de transport lui manquaient, et ces denrées pourrissaient dans les magasins. Pour surcroît de dépenses, il était obligé, comme on sait, de nourrir Paris. Il livrait la ration pour un prix en assignat, qui couvrait à peine le centième des frais. Ce moyen, du reste, était le seul possible, pour fournir au moins du pain aux rentiers et aux fonctionnaires publics payés en assignats ; mais cette nécessité avait porté les dépenses à un taux énorme. N'ayant que du papier pour y suffire, l'état avait émis des assignats sans mesure, et avait porté en quelques mois l'émission de 12 milliards à 29. Par les anciennes rentrées et les encaisses, la somme en circulation réelle s'élevait à 19 milliards, ce qui dépassait tous les chiffres connus en finances. Pour ne pas multiplier davantage les émissions, la commission des cinq, instituée dans les derniers jours de la convention, pour proposer des moyens extraordinaires de police et de finances, avait fait décréter en principe une contribution extraordinaire de guerre de vingt fois la contribution foncière et dix fois l'impôt des patentes, ce qui pouvait produire de 6 à 7 milliards en papier. Mais cette contribution n'était décrétée qu'en principe ; en attendant on donnait aux fournisseurs des inscriptions de rentes, qu'ils recevaient à un taux ruineux. Cinq francs de rente étaient reçus pour dix francs de capital. On essayait en outre d'un emprunt volontaire à trois pour cent, qui était ruineux aussi et mal rempli.

Dans cette détresse épouvantable, les fonctionnaires publics, ne pouvant pas vivre de leurs appointements, donnaient leur démission; les soldats quittaient les armées, qui avaient perdu un tiers de leur effectif, et revenaient dans les villes, où la faiblesse du gouvernement leur permettait de rester impunément. Ainsi, cinq armées et une capitale immense à nourrir, avec la simple faculté d'émettre des assignats sans valeur; ces armées à recruter, le gouvernement entier à reconstituer au milieu de deux factions ennemies, telle était la tâche des cinq magistrats qui venaient d'être appelés à l'administration suprême de la république.

Le besoin d'ordre est si grand dans les sociétés humaines, qu'elles se prêtent elles-mêmes à son rétablissement, et secondent merveilleusement ceux qui se chargent du soin de les réorganiser; il serait impossible de les réorganiser si elles ne s'y prêtaient pas, mais il n'en faut pas moins reconnaître le courage et les efforts de ceux qui osent se charger de pareilles entreprises. Les cinq directeurs, en se rendant au Luxembourg, n'y trouvèrent pas un seul meuble. Le concierge leur prêta une table boiteuse, une feuille de papier à lettre, une écritoire, pour écrire le premier message, qui annonçait aux deux conseils que le directoire était constitué. Il n'y avait pas un sou en numéraire à la trésorerie. Chaque nuit on imprimait les assignats nécessaires au service du lendemain, et ils sortaient tout humides des presse de la république. La plus grande incertitude régnait sur les approvisionnements, et pendant plusieurs jours on n'avait pu distribuer que quelques onces de pain ou de riz au peuple.

La première demande fut une demande de fonds. D'après la constitution nouvelle, il fallait que toute dépense fût précédée d'une demande de fonds, avec allocation à chaque ministère. Les deux conseils accordaient la demande, et alors la trésorerie, qui avait été rendue indépendante du directoire, comptait les fonds accordés par le décret des deux conseils. Le directoire demanda d'abord trois milliards en assignats, qu'on lui accorda, et qu'il fallut échanger sur-le-champ contre du numéraire. Était-ce la trésorerie ou le directoire qui devait faire la négociation en numéraire? c'était là une première difficulté. La trésorerie, en faisant elle-même des marchés, sortait de ses attributions de simple surveillance. On résolut cependant la difficulté en lui attribuant la négociation du papier. Les trois milliards pouvaient produire au plus vingt ou vingt-cinq millions écus. Ainsi ils pouvaient suffire tout au plus aux premiers besoins courants. Sur-le-champ on se mit à travailler à un plan de finances, et le directoire annonça aux deux conseils qu'il le lui soumettrait sous quelques jours. En attendant il fallait faire vivre Paris, qui manquait de tout. Il n'y avait plus de système organisé de réquisition; le directoire demanda la faculté d'exiger, par voie de sommation, dans les départements voisins de celui de la Seine, la quantité de deux cent cinquante mille quintaux de blé, à compte sur l'impôt foncier payable en nature. Le directoire songea ensuite à demander une foule de lois pour la répression des désordres de toute espèce, et particulièrement de la désertion, qui diminuait chaque jour la force des armées. En même temps il se met à choisir les individus qui devaient composer l'administration. Merlin (de Douai) fut appelé au ministère de la justice; on fit venir Aubert-Dubayet de l'armée des côtes de Cherbourg pour lui donner le portefeuille de la guerre; Charles Lacroix fut placé aux affaires étrangères; Faypoult aux finances; Benezech, administrateur éclairé, à l'intérieur. Le directoire s'étudia ensuite à trouver, dans la multitude de solliciteurs qui l'assiégeaient, les hommes les plus capables de remplir les fonctions publiques. Il n'était pas possible que dans cette précipitation il ne fît de très-mauvais choix. Il employa surtout beaucoup de patriotes, trop signalés pour être impartiaux et sages. Le 13 vendémiaire les avait rendus nécessaires, et avait fait oublier la crainte qu'ils inspiraient. Le gouvernement entier, directeurs, ministres, agents de toute espèce, fut donc formé en haine du 13 vendémiaire, et du parti qui avait provoqué cette journée. Les députés conventionnels eux-mêmes ne furent pas encore rappelés de leurs missions; et pour cela le directoire n'eut qu'à ne pas leur notifier son installation; il voulait ainsi leur donner le temps d'achever leur ouvrage. Fréron, envoyé dans le Midi pour y réprimer les fureurs contre-révolutionnaires, put continuer sa tournée dans ces contrées malheureuses. Les cinq directeurs travaillaient sans relâche, et déployaient dans ces premiers momens le même zèle qu'on avait vu déployer aux membres du grand comité de salut public, dans les jours à jamais mémorables de septembre et octobre 1793.

Malheureusement, les difficultés de cette tâche étaient aggravées par des défaites. La retraite à laquelle l'armée de Sambre-et-Meuse avait été obligée, donnait lieu aux bruits les plus alarmants. Par le plus vicieux de tous les plans, et la trahison de Pichegru, l'invasion projetée en Allemagne n'avait pas du tout réussi, comme on l'a vu. On avait voulu passer le Rhin sur deux points, et occuper la rive droite par deux armées. Jourdan, parti de Dusseldorf après avoir passé le fleuve avec beaucoup de bonheur, s'était trouvé sur la Lahn, serré entre la ligne prussienne et le Rhin, et manquant de tout dans un pays neutre, où il ne pouvait pas vivre à discrétion. Cependant cette détresse n'aurait duré que quelques jours s'il avait pu s'avancer dans le pays ennemi, et se joindre à Pichegru, qui avait trouvé, par l'occupation de Manheim, un moyen si facile et si peu attendu de passer le Rhin. Jourdan aurait réparé, par cette jonction, le vice du plan de campagne qui lui était imposé; mais Pichegru, qui débattait encore les conditions de sa défection avec les agents du prince de Condé, n'avait jeté au delà du Rhin qu'un corps insuffisant. Il s'obstinait à ne pas passer le fleuve avec le gros de son armée, et laissait Jourdan seul en flèche au milieu de l'Allemagne. Cette position ne pouvait pas durer. Tous ceux qui avaient la moindre notion de la guerre tremblaient pour Jourdan. Hoche, qui, tout en commandant en Bretagne, jetait un regard d'intérêt sur les opérations des autres armées, en écrivait à tout le monde. Jourdan fut donc obligé de se retirer et de repasser le Rhin; et il agit en cela avec une grande sagesse, et mérita l'estime par la manière dont il conduisit sa retraite.

Les ennemis de la république triomphaient de ce mouvement rétrograde, et répandaient les bruits les plus alarmants. Leurs malveillantes prédictions se réalisèrent au moment même de l'installation du directoire. Le vice du plan adopté par le comité de salut public consistait à diviser nos forces, à laisser ainsi à l'ennemi, qui occupait Mayence, l'avantage d'une position centrale, et à lui inspirer par là l'idée de réunir ses troupes, et d'en porter la masse entière sur l'une ou l'autre de nos deux armées. Le général Clerfayt dut à cette situation une inspiration heureuse, et qui attestait plus de génie qu'il n'en avait montré jusqu'ici, et qu'il n'en montra aussi dans l'exécution. Un corps d'environ trente mille Français bloquait Mayence. Maître de cette place, Clerfayt pouvait en déboucher, et accabler ce corps de blocus, avant que Jourdan et Pichegru eussent le temps d'accourir. Il saisit, en effet, l'instant convenable avec beaucoup d'à-propos. A peine Jourdan s'était-il retiré sur le Bas-Rhin, par Dusseldorf et Neuwied, que Clerfayt, laissant un détachement pour l'observer, se rendit à Mayence, et y concentra ses forces, pour déboucher subitement sur le corps de blocus. Ce corps, sous les ordres du général Schaal, s'étendait en demi-cercle autour de Mayence, et formait une ligne de près de quatre lieues. Quoiqu'on eût mis beaucoup de soin à la fortifier, son étendue ne permettait pas de la fermer exactement. Clerfayt, qui l'avait bien observée, avait découvert plus d'un point facilement accessible. L'extrémité de cette ligne demi-circulaire, qui devait s'appuyer sur le cours supérieur du Rhin, laissait entre les derniers retranchements et le fleuve, une vaste prairie. C'est sur ce point que Clerfayt résolut de porter son principal effort. Le 7 brumaire (29 octobre), il déboucha par Mayence avec des forces imposantes, mais point assez considérables cependant pour rendre l'opération décisive. Les militaires lui ont reproché, en effet, d'avoir laissé sur la rive droite un corps qui, employé à agir sur la rive gauche, aurait inévitablement amené la ruine d'une partie de l'armée française. Clerfayt dirigea, le long de la prairie qui remplissait l'intervalle entre le Rhin et la ligne de blocus, une colonne qui s'avança l'arme au bras. En même temps, une flottille de chaloupes canonnières remontait le fleuve pour seconder le mouvement de cette colonne. Il fit marcher le reste de son armée sur le front des lignes, et ordonna une attaque prompte et vigoureuse. La division française placée à l'extrémité du demi-cercle, se voyant à la fois attaquée de front, tournée par un corps qui filait le long du fleuve, et canonnée par une flottille dont les boulets arrivaient sur ses derrières, prit l'épouvante et s'enfuit en désordre. La division de Saint-Cyr, qui était placée immédiatement après celle-ci, se trouva découverte alors, et menacée d'être débordée. Heureusement l'aplomb et le coup d'œil de son général la tirèrent de péril. Il fit un changement de front en arrière, et exécuta sa retraite en bon ordre, en avertissant les autres divisions d'en faire autant. Dès cet instant, tout le demi-cercle fut abandonné; la division Saint-Cyr fit son mouvement de retraite sur l'armée du Haut-Rhin; les divisions Mengaud et Renaud, qui occupaient l'autre partie de la ligne, se trouvant séparées, se replièrent sur l'armée de Sambre-et-Meuse, dont, par bonheur, une colonne, commandée par Marceau, s'avançait dans le Hunds-Ruck. La retraite de ces deux dernières divisions fut extrêmement difficile, et aurait pu devenir impossible, si Clerfayt, comprenant bien toute l'importance de sa belle manœuvre, eût agi avec des masses plus fortes.

et avec une rapidité suffisante. Il pouvait, de l'avis des militaires, après avoir rompu la ligne française, tourner rapidement les divisions qui descendaient vers le Bas-Rhin, les envelopper, et les enfermer dans le coude que le Rhin forme de Mayence à Bingen.

La manœuvre de Clerfayt n'en fut pas moins très-belle, et regardée comme la première de ce genre exécutée par les coalisés. Tandis qu'il enlevait ainsi les lignes de Mayence, Wurmser, faisant une attaque simultanée sur Pichegru, lui avait enlevé le pont du Necker, et l'avait ensuite repoussé dans les murs de Manheim. Ainsi, les deux armées françaises ramenées au delà du Rhin, conservant à la vérité Manheim, Neuwied et Dusseldorf, mais séparées l'une de l'autre par Clerfayt, qui avait chassé tout ce qui bloquait Mayence, pouvaient courir de grands dangers devant un général entreprenant et audacieux. Le dernier événement les avait fort ébranlées; des fuyards avaient couru jusque dans l'intérieur, et un dénûment absolu ajoutait au découragement de la défaite. Clerfayt, heureusement, se hâtait peu d'agir, et employait beaucoup plus de temps qu'il n'en aurait fallu pour concentrer toutes ses forces.

Ces tristes nouvelles, arrivées du 11 au 12

brumaire à Paris, au moment même de l'installation du directoire, contribuèrent beaucoup à augmenter les difficultés de la nouvelle organisation républicaine. D'autres événements moins dangereux en réalité, mais tout aussi graves en apparence, se passaient dans l'Ouest. Un nouveau débarquement d'émigrés menaçait la république. Après la funeste descente de Quiberon, qui ne fut tentée, comme on l'a vu, qu'avec une partie des forces préparées par le gouvernement anglais, les débris de l'expédition avaient été transportés sur la flotte anglaise, et déposés ensuite dans la petite île d'Ouat. On avait débarqué là les malheureuses familles du Morbihan qui étaient accourues au-devant de l'expédition, et le reste des régiments émigrés. Une épidémie et d'affreuses discordes régnaient sur ce petit écueil. Au bout de quelque temps, Puisaye, rappelé par tous les chouans qui avaient rompu la pacification, et qui n'attribuaient qu'aux Anglais, et non à leur ancien chef, le malheur de Quiberon, Puisaye était retourné en Bretagne, où il avait tout préparé pour un redoublement d'hostilités. Pendant l'expédition de Quiberon, les chefs de la Vendée étaient demeurés immobiles, parce que l'expédition ne se dirigeait pas chez eux, parce qu'ils avaient défense des agents de Paris de seconder Puisaye, et enfin parce qu'ils attendaient un succès avant d'oser encore se compromettre. Charette seul était entré en contestation avec les autorités républicaines, au sujet de différents désordres commis dans son arrondissement, et de quelques préparatifs militaires qu'on lui reprochait de faire, et il avait presque ouvertement rompu. Il venait de recevoir, par l'intermédiaire de Paris, de nouvelles faveurs de Vérone, et d'obtenir le commandement en chef des pays catholiques; ce qui était le but de tous ses vœux. Cette nouvelle dignité, en refroidissant le zèle de ses rivaux, avait singulièrement excité le sien. Il espérait une nouvelle expédition dirigée sur ses côtes; et le commodore Waren lui ayant offert les munitions restant de l'expédition de Quiberon, il n'avait plus hésité; il avait fait sur le rivage une attaque générale, replié les postes républicains, et recueilli quelques poudres et quelques fusils. Les Anglais débarquèrent en même temps sur la côte du Morbihan les malheureuses familles qu'ils avaient traînées à leur suite, et qui mouraient de faim et de misère dans l'île d'Ouat. Ainsi, la pacification était rompue et la guerre recommencée.

Depuis long-temps les trois généraux républicains, Aubert-Dubayet, Hoche et Canclaux, qui commandaient les trois armées dites de Cherbourg, de Brest et de l'Ouest, regardaient la pacification comme rompue, non-seulement dans la Bretagne, mais aussi dans la Basse-Vendée. Ils s'étaient réunis tous trois à Nantes, et n'avaient rien su résoudre. Ils se mettaient néanmoins en mesure d'accourir individuellement sur le premier point menacé. On parlait d'un nouveau débarquement; on disait, ce qui était vrai, que la division de Quiberon n'était que la première, et qu'il en arrivait encore une autre. Averti des nouveaux dangers qui menaçaient les côtes, le gouvernement français nomma Hoche au commandement de l'armée de l'Ouest. Le vainqueur de Wissembourg et de Quiberon était l'homme en effet auquel, dans ce danger pressant, était due toute la confiance nationale. Il se rendit aussitôt à Nantes pour remplacer Canclaux. Les trois armées destinées à contenir les provinces insurgées avaient été successivement renforcées par quelques détachements venus du Nord, et par plusieurs des divisions que la paix avec l'Espagne rendait disponibles. Hoche se fit autoriser à tirer de nouveaux détachements des deux armées de Brest et de Cherbourg, pour en augmenter celle de la Vendée, qu'il porta ainsi à quarante-quatre mille hommes. Il établit des postes fortement retranchés sur la Sèvre Nantaise qui coule entre les deux Vendées, et qui séparait le pays de Stofflet de celui de Charette. Il avait pour but d'isoler ainsi ces deux chefs, et de les empêcher d'agir de concert. Charette avait entièrement levé le masque, et proclamé de nouveau la guerre. Stofflet, Sapinaud, Scépeaux, jaloux de voir Charette nommé généralissime, intimidés aussi par les préparatifs de Hoche, et incertains de l'arrivée des Anglais, ne bougeaient point encore. L'escadre anglaise parut enfin, d'abord dans la baie de Quiberon, et puis dans celle de l'Ile-Dieu, en face de la Basse-Vendée. Elle portait deux mille hommes d'infanterie anglaise, cinq cents cavaliers tous équipés, des cadres de régiments émigrés, grand nombre d'officiers, des armes, des munitions, des vivres, des vêtements pour une armée considérable, des fonds en espèces métalliques, et enfin le prince tant attendu. Des forces plus considérables devaient suivre si l'expédition avait un commencement de succès, et si le prince prouvait son désir sincère de se mettre à la tête du parti royaliste. A peine l'expédition fut signalée sur les côtes, que tous les chefs royalistes avaient envoyé des émissaires auprès du prince, pour l'assurer de leur dévonement, pour réclamer l'honneur de le posséder, et concerter leurs efforts. Charette, maître du littoral, était le mieux placé pour concourir au débarquement, et sa réputation, ainsi que le vœu de toute l'émigration, attiraient l'expédition vers lui. Il envoya aussi des agents pour arrêter un plan d'opérations.

Hoche, pendant ce temps, faisait ses préparatifs, avec son activité et sa résolution accoutumées. Il forma le projet de diriger trois colonnes, de Challans, Clisson et Sainte-Hermine, trois points placés à la circonférence du pays, et de les porter sur Belleville, qui était le quartier-général de Charette. Ces trois colonnes, fortes de vingt à vingt-deux mille hommes, devaient, par leur masse, imposer à la contrée, ruiner le principal établissement de Charette, et le jeter, par une attaque brusque et vigoureuse, dans un désordre tel qu'il ne pût protéger le débarquement du prince émigré. Hoche, en effet, fit partir ces trois colonnes, et les réunit à Belleville sans y trouver d'obstacles. Charette, dont il espérait rencontrer et battre le principal rassemblement, n'était point à Belleville; il avait réuni neuf à dix mille hommes, et s'était dirigé du côté de Luçon pour porter le théâtre de la guerre vers le midi du pays, et éloigner des côtes l'attention des républicains. Son plan était bien conçu, mais il manqua par l'énergie qui lui fut opposée. Tandis que Hoche entrait à Belleville avec ses trois colonnes, Charette était devant le poste de Saint-Cyr, qui couvre la route de Luçon aux Sables. Il attaqua ce poste avec toutes ses forces; deux cents républicains retranchés dans une église y firent une résistance héroïque, et donnèrent à la division de Luçon, qui entendait la canonnade, le temps d'accourir à leur secours. Charette, pris en flanc, fut entièrement battu, et obligé de se disperser avec son rassemblement pour rentrer dans l'intérieur du Marais.

Hoche, ne trouvant pas l'ennemi devant lui, et découvrant la véritable intention de son mouvement, ramena ses colonnes aux points d'où elles étaient parties, et s'occupa d'établir un camp retranché à Soullans, vers la côte, pour fondre sur le premier corps qui essaierait de débarquer. Dans cet intervalle, le prince émigré, entouré d'un nombreux conseil, et des envoyés de tous les chefs bretons et vendéens, continuait de délibérer sur les plans de débarquement, et laissait à Hoche le temps de préparer ses moyens de résistance. Les voiles anglaises, demeurant en vue des côtes, ne cessaient de provoquer les craintes des républicains, et les espérances des royalistes.

Ainsi, dès les premiers jours de l'installation du directoire, une défaite devant Mayence, et un débarquement imminent dans la Vendée, étaient des sujets d'alarme dont les ennemis du gouvernement se servaient avec une grande perfidie, pour rendre son établissement plus difficile. Il fit expliquer ou démentir une partie des bruits qu'on répandait sur la situation des deux frontières, et donna des éclaircissements sur les événements qui venaient de se passer. On ne pouvait guère dissimuler la défaite essuyée devant les lignes de Mayence; mais le gouvernement fit répondre aux discours des alarmistes que Dusseldorf et Neuwied nous restaient encore; que Manheim était toujours en notre pouvoir; que par conséquent l'armée de Sambre-et-Meuse avait deux têtes de pont, et l'armée du Rhin une, pour déboucher quand il leur conviendrait au-delà du Rhin; que notre situation était donc la même que celle des Autrichiens, puisque, s'ils étaient maîtres par Mayence d'agir sur les deux rives, nous l'étions nous aussi par Dusseldorf, Neuwied et Manheim. Le raisonnement était juste; mais il s'agissait de savoir si les Autrichiens, poursuivant leurs succès, ne nous enlèveraient pas bientôt Neuwied et

Manheim, et ne s'établiraient pas sur la rive gauche, entre les Vosges et la Moselle. Quant à la Vendée, le gouvernement fit part des dispositions vigoureuses de Hoche, qui étaient rassurantes pour les esprits de bonne foi, mais qui n'empêchaient pas les patriotes exaltés de concevoir des craintes, et les contre-révolutionnaires d'en répandre.

Au milieu de ces dangers, le directoire redoublait d'efforts pour réorganiser le gouvernement, l'administration, et surtout les finances. Trois milliards d'assignats lui avaient été accordés, comme on a vu, et avaient produit tout au plus vingt et quelques millions en écus. L'emprunt volontaire ouvert à trois pour cent, dans les derniers jours de la convention, venait d'être suspendu; car pour un capital en papier, l'état promettait une rente réelle, et faisait un marché ruineux. La taxe extraordinaire de guerre proposée par la commission des cinq n'avait pas encore été mise à exécution, et excitait des plaintes comme un dernier acte révolutionnaire de la convention à l'égard des contribuables. Tous les services allaient manquer. Les particuliers, remboursés d'après l'échelle de proportion, élevaient des réclamations si amères, qu'on avait été obligé de suspendre les remboursements. Les maîtres de poste, payés en assignats, annonçaient qu'ils allaient se retirer; car les secours insuffisants du gouvernement ne couvraient plus leurs pertes. Le service des postes allait manquer sous peu, c'est-à-dire que toutes les communications, même écrites, allaient cesser dans toutes les parties du territoire. Le plan des finances annoncé sous quelques jours devait donc être donné sur-le-champ. C'était là le premier besoin de l'état et le premier devoir du directoire. Il fut enfin communiqué à la commission des finances.

La masse des assignats circulants pouvait être évaluée à environ 20 milliards. Même en supposant les assignats encore au centième de leur valeur, et non pas au cent cinquantième, ils ne formaient pas une valeur réelle de plus de 200 millions : il est certain qu'ils ne figuraient pas pour davantage dans la circulation, et que ceux qui les possédaient ne pouvaient les faire accepter pour une valeur supérieure. On aurait pu tout-à-coup revenir à la réalité, ne prendre les assignats que pour ce qu'ils valaient véritablement, ne les admettre qu'au cours, soit dans les transactions entre particuliers, soit dans l'acquittement des impôts, soit dans le paiement des biens nationaux. Sur-le-champ alors, cette grande et effrayante masse de papier, cette dette énorme aurait disparu. Il restait à peu près sept milliards écus de biens nationaux, en y comprenant ceux de la Belgique, et les forêts nationales; on avait donc d'immenses ressources pour retirer ces 20 milliards, réduits à 200 millions, et pour faire face à de nouvelles dépenses. Mais cette grande et hardie détermination était difficile à prendre; elle était repoussée à la fois par les esprits scrupuleux qui la considéraient comme une banqueroute, et par les patriotes qui disaient qu'on voulait ruiner les assignats.

Les uns et les autres se montraient peu éclairés. Cette banqueroute, si c'en était une, était inévitable, et s'accomplit plus tard. Il s'agissait seulement d'abréger le mal, c'est-à-dire la confusion, et de rétablir l'ordre dans les valeurs, seule justice que doive l'état à tout le monde. Sans doute, au premier aspect, c'était une banqueroute que de prendre aujourd'hui pour 1 franc, un assignat qui, en 1790, avait été émis pour 100 francs, et qui contenait alors la promesse de 100 francs en terre. D'après ce principe, il aurait donc fallu prendre les 20 milliards de papier pour 20 milliards écus, et les payer intégralement; mais les biens nationaux auraient à peine payé le tiers de cette somme. Dans le cas même où l'on aurait pu payer la somme intégralement, il faut se demander combien l'état avait reçu en émettant ces 20 milliards? 4 ou 5 milliards peut-être. On ne les avait pas pris pour davantage en les recevant de ses mains, et il avait déjà remboursé par les ventes une valeur égale en biens nationaux. Il y aurait donc eu la plus cruelle injustice à l'égard de l'état, c'est-à-dire de tous les contribuables, à considérer les assignats d'après leur valeur primitive. Il fallait donc consentir à ne les prendre que pour une valeur réduite : on avait même commencé à le faire, en adoptant l'échelle de proportion.

Sans doute, s'il y avait encore des individus portant les premiers assignats émis, et les ayant gardés sans les échanger une seule fois, ceux-là étaient exposés à une perte énorme; car les ayant reçus presque au pair, ils allaient essuyer aujourd'hui toute la réduction. Mais c'était là une fiction tout-à-fait fausse. Personne n'avait gardé les assignats en dépôt, car on ne thésaurise pas le papier : tout le monde s'était hâté de les transmettre, et chacun avait essuyé une portion de la perte. Tout le monde avait souffert déjà sa part de cette prétendue banqueroute, et dès lors ce n'en était plus une. La banqueroute d'un état consiste à faire supporter à quelques individus, c'est-à-dire aux créanciers, la dette qu'on ne veut pas faire supporter à tous les contribuables; or, si tout le monde avait du plus au moins souffert sa part de la dépréciation des assignats, il n'y avait banqueroute pour personne. On pouvait enfin donner une raison plus forte que toutes les autres. L'assignat n'eût-il baissé que dans quelques mains, et perdu de son prix que pour quelques individus, il avait passé maintenant dans les mains des spéculateurs sur le papier, et c'eût été cette classe beaucoup plus que celle des véritables lésés, qui aurait recueilli l'avantage d'une restauration insensée de valeur. Aussi Calonne avait-il écrit à Londres une brochure, où il disait avec beaucoup de sens, qu'on se trompait en croyant la France accablée par le fardeau des assignats, que ce papier-monnaie était un moyen de faire la banqueroute sans la déclarer. Il aurait dû dire, pour s'exprimer avec plus de justice, que c'était un moyen de la faire porter sur tout le monde, c'est-à-dire de la rendre nulle.

Il était donc raisonnable et juste de revenir à la réalité, et de ne prendre l'assignat que pour ce qu'il valait. Les patriotes disaient que c'était ruiner l'assignat, qui avait sauvé la révolution, et regardaient cette idée comme une conception sortie du cerveau des royalistes. Ceux qui prétendaient raisonner avec plus de lumières et de connaissance de la question, soutenaient qu'on allait faire tomber tout-à-coup le papier, et que la circulation ne pourrait plus se faire, faute du papier qui aurait péri, et faute des métaux qui étaient enfouis, ou qui avaient passé à l'étranger. L'avenir démentit ceux qui faisaient ce raisonnement; mais un simple calcul aurait dû tout de suite les mettre sur la voie d'une opinion plus juste. En réalité, les 20 milliards d'assignats représentaient moins de 200 millions; or, d'après tous les calculs, la circulation ne pouvait pas se faire autrefois sans moins de 2 milliards, or ou argent. Si donc aujourd'hui, les assignats n'entraient que pour 200 millions dans la circulation, avec quoi se faisait le reste des transactions? Il est bien évident que les métaux devaient circuler en très-grande quantité, et ils circulaient en effet, mais dans les provinces et les campagnes, loin des yeux du gouvernement. D'ailleurs les métaux, comme toutes les marchandises, viennent toujours là où le besoin les appelle, et, en chassant le papier, ils seraient revenus, comme ils revinrent en effet quand le papier périt de lui-même.

C'était donc une double erreur, et très-enracinée dans les esprits, que de regarder la réduction de l'assignat à sa valeur réelle, comme une banqueroute et comme une destruction subite des moyens de circulation. Elle n'avait qu'un inconvénient, mais ce n'était pas celui qu'on lui reprochait, comme on va le voir bientôt. La commission des finances, gênée par les idées qui régnaient, ne put adopter qu'en partie les vrais principes de la matière. Après s'être concertée avec le directoire, elle arrêta le projet suivant.

En attendant que, par le nouveau plan, la vente des biens et la perception des impôts fissent rentrer des valeurs non pas fictives, mais réelles, il fallait se servir encore des assignats. On proposa de porter l'émission à 30 milliards, mais en s'obligeant à ne pas la porter au delà. Au 30 nivôse, la planche devait être solennellement brisée. Ainsi on rassurait le public sur la quantité des nouvelles émissions. On consacrait aux 30 milliards émis un milliard écus de biens nationaux. Par conséquent, l'assignat qui, dans la circulation, ne valait réellement que le cent cinquantième et beaucoup moins, était liquidé au trentième; ce qui était un assez grand avantage fait aux porteurs du papier. On consacrait encore un milliard écus de terres à récompenser les soldats de la république, milliard qui leur était promis depuis longtemps. Il en restait donc cinq, sur les sept dont on pouvait disposer. Dans ces cinq se trouvaient les forêts nationales, le mobilier des émigrés et de la couronne, les maisons royales, les biens du clergé belge. On avait donc encore cinq milliards écus disponibles. Mais la difficulté consistait à disposer de cette valeur. L'assignat, en effet, avait été le moyen de la mettre en circulation d'avance, avant que les biens fussent vendus. Mais l'assignat étant supprimé, puisqu'on ne pouvait ajouter que 10 milliards aux 20 existants, somme qui, tout au plus, représentait 100 millions écus, comment réaliser d'avance la valeur des biens, et s'en servir pour les dépenses de la guerre? C'était là la seule objection à faire à la liquidation du papier et à sa suppression. On imagina les cédules hypothécaires, dont il avait été parlé l'année précédente. D'après cet ancien plan, on devait emprunter, et donner aux prêteurs des cédules portant hypothèque spéciale sur les biens désignés. Afin de trouver à emprunter, on devait recourir à des compagnies de finances qui se chargeraient de ces cédules. En un mot, au lieu d'un papier dont la circulation était forcée, qui n'avait qu'une hypothèque générale sur la masse des biens nationaux, et qui changeait tous les jours de valeur, on créait par les cédules un papier volontaire, qui était hypothégné nommément sur une terre ou sur une maison, et qui ne pouvait subir d'autre changement de valeur que celui de l'objet même qu'il représentait. Ce n'était pas proprement un papier-monnaie. Il n'était pas exposé à tomber, parce qu'il n'était pas forcément introduit dans la circulation; mais on pouvait aussi ne pas trouver à le placer. En un mot, la difficulté consistant toujours, aujourd'hui comme au début de la révolution, à mettre en circulation la valeur des biens, la question était de savoir s'il valait mieux forcer la circulation de cette valeur, ou la laisser volontaire. Le premier moyen était tout-à-fait épuisé, il était naturel qu'on songeât à essayer l'autre.

On convint donc qu'après avoir porté le papier à 30 milliards, qu'après avoir désigné un milliard écus de biens pour l'absorber, et réservé un milliard écus de biens aux soldats de la patrie, on ferait des cédules pour une somme proportionnée aux besoins publics, et qu'on traiterait de ces cédules avec des compagnies de finances. Les forêts nationales ne devaient pas être cédulées; on voulait les conserver à l'état. Elles formaient à peu près 2 milliards, sur les 5 milliards restant disponibles. On devait traiter avec des compagnies pour aliéner seulement leur produit pendant un certain nombre d'années.

La conséquence de ce projet, fondé sur la réduction des assignats à leur valeur réelle, était de ne plus les admettre qu'au cours dans toutes les transactions. En attendant que par la vente du milliard qui leur était affecté, ils pussent être retirés, ils ne devaient plus être reçus par les particuliers et par l'état qu'à leur valeur du jour. Ainsi, le désordre des transactions allait cesser, et tout paiement frauduleux devenait impossible. L'état allait recevoir par l'impôt des valeurs réelles, qui couvriraient au moins les dépenses ordinaires, et il n'aurait plus à payer avec les biens que les frais extraordinaires de la guerre. L'assignat ne devait être reçu au pair que dans le paiement de l'arriéré des impositions, arriéré qui était considérable, et s'élevait à 13 milliards. On fournissait ainsi aux contribuables en retard un moyen aisé de se libérer, à condition qu'ils le feraient tout de suite; et la somme de 30 milliards, remboursable en biens nationaux au trentième, était diminuée d'autant.

Ce plan, adopté par les cinq-cents, après une longue discussion en comité secret, fut aussitôt porté aux anciens. Pendant que les anciens allaient le discuter, de nouvelles questions étaient soumises aux cinq-cents, sur la manière de rappeler sous les drapeaux les soldats qui avaient déserté à l'intérieur; sur le mode de nomination des juges, officiers municipaux, et fonctionnaires de toute espèce, que les assemblées électorales, agitées par les passions de vendémiaire, n'avaient pas eu le temps ou la volonté de nommer. Le directoire travaillait ainsi sans relâche, et fournissait de nouveaux sujets de travail aux deux conseils.

Le plan de finances déféré aux anciens reposait sur de bons principes; il présentait des ressources, car la France en avait encore d'immenses; malheureusement il ne surmontait pas la véritable difficulté, car il ne rendait pas ces ressources assez actuelles. Il est bien évident que la France, avec des impôts qui pouvaient suffire à sa dépense annuelle dès que le papier ne rendrait plus la recette illusoire, avec 7 milliards écus de biens nationaux pour rembourser les assignats et pourvoir aux dépenses extraordinaires de la guerre, il est bien évident que la France avait des ressources. La difficulté consistait, en fondant un plan sur de bons principes, et en l'adaptant à l'avenir, de pourvoir surtout au présent.

Or, les anciens ne crurent pas qu'il fallût sitôt renoncer aux assignats. La faculté d'en créer encore 10 milliards présentait tout au plus une ressource de 100 millions écus, et c'était peu pour attendre les recettes que devait procurer le nouveau plan. D'ailleurs trouverait-on des compagnies pour traiter de l'exploitation des forêts pendant vingt ou trente ans? En trouverait-on pour accepter des cédules, c'est-à-dire des assignats libres? Dans l'incertitude où l'on était de pouvoir se servir des biens nationaux par les nouveaux moyens, fallait-il renoncer à l'ancienne manière de les dépenser, c'est-à-dire aux assignats forcés? Le conseil des anciens, qui apportait une grande sévérité dans l'examen des résolutions des cinq-cents, et qui en avait déjà rejeté plus d'une, apposa son *veto* sur le projet financier, et refusa de l'admettre.

Ce rejet laissa les esprits dans une grande anxiété, et on retomba dans les plus grandes incertitudes. Les contre-révolutionnaires, joyeux de ce conflit d'idées, prétendaient que les difficultés de la situation étaient insolubles, et que la république allait périr par les finances. Les hommes les plus éclairés, qui ne sont pas toujours les plus résolus, le craignaient. Les patriotes, arrivés au plus haut degré d'irritation, en voyant qu'on avait eu l'idée d'abolir les assignats, criaient qu'on voulait détruire cette dernière création révolutionnaire qui avait sauvé la France; ils demandaient que, sans tâtonner si long-temps, on rétablit le crédit des assignats par les moyens de 93, le *maximum*, les *réquisitions* et la *mort*. C'était une violence et un emportement qui rappelaient les années les plus agitées. Pour comble de malheur, les événements sur le Rhin s'étaient aggravés : Clerfayt, sans profiter en grand capitaine de la victoire, en avait cependant retiré de nouveaux avantages. Ayant appelé à lui le corps de La Tour, il avait marché sur Pichegru, l'avait attaqué sur la Pfrim et sur le canal de Frankendal, et l'avait successivement repoussé jusque sous Landau. Jourdan s'était avancé sur la Nahe à travers un pays difficile, et mettait le plus noble dévouement à faire la guerre dans des montagnes épouvantables, pour dégager l'armée du Rhin; mais ses efforts ne pouvaient que diminuer l'ardeur de l'ennemi, sans réparer nos pertes.

Si donc la ligne du Rhin nous restait dans les Pays-Bas, elle était perdue à la hauteur des Vosges, et l'ennemi nous avait enlevé autour de Mayence un vaste demi-cercle.

Dans cet état de détresse, le directoire envoya une dépêche des plus pressantes au conseil des cinq-cents, et proposa une de ces résolutions extraordinaires qui avaient été prises dans les occasions décisives de la révolution.

C'était un emprunt forcé de six cents millions en valeur réelle, soit numéraire, soit assignats au cours, réparti sur les classes les plus riches. C'était donner ouverture à une nouvelle suite d'actes arbitraires, comme l'emprunt forcé de Cambon sur les riches; mais, comme ce nouvel emprunt était exigible sur-le-champ, qu'il pouvait faire rentrer tous les assignats circulants, et fournir encore un surplus de trois ou quatre cents millions en numéraire, et qu'il fallait enfin trouver des ressources promptes et énergiques, on l'adopta.

Il fut décidé que les assignats seraient reçus à cent capitaux pour un : 200 millions de l'emprunt suffisaient donc pour absorber 20 milliards de papier. Tout ce qui rentrerait devait être brûlé. On espérait ainsi que le papier retiré presque entièrement, se relèverait, et qu'à la rigueur on pourrait en émettre encore et se servir de cette ressource. Il devait rester à percevoir, sur les 600 millions, 400 millions en numéraire, qui suffiraient aux besoins des deux premiers mois, car on évaluait à 1500 millions les dépenses de cette année (an IV—1795, 1796).

Certains adversaires du directoire, qui, sans s'inquiéter beaucoup de l'état du pays, voulaient seulement contrarier le nouveau gouvernement à tout prix, firent les objections les plus effrayantes. Cet emprunt, disaient-ils, allait enlever tout le numéraire de la France; elle n'en aurait pas même assez pour le payer! comme si l'état, en prenant 400 millions en métal, n'allait pas les reverser dans la circulation en achetant des blés, des draps, des cuirs, des fers, etc. L'état n'allait brûler que le papier. La question était de savoir si la France pouvait donner sur-le-champ 400 millions en denrées et marchandises, et brûler 200 millions en papier, qu'on appelait fastueusement 20 milliards. Elle le pouvait certainement. Le seul inconvénient était dans le mode de perception qui serait vexatoire, et qui par là deviendrait moins productif; mais on ne savait comment faire. Arrêter les assignats à 30 milliards, c'est-à-dire ne se donner que 100 millions réels devant soi, détruire ensuite la planche, et s'en fier du sort de l'état à l'aliénation du revenu des forêts et au placement des cédules, c'est-à-dire à l'émission d'un papier volontaire, avait paru trop hardi. Dans l'incertitude de ce que feraient les volontés libres, les conseils aimèrent mieux forcer les Français à contribuer extraordinairement.

Par l'emprunt forcé, se disait-on, une partie au moins du papier rentrera; il rentrera avec une certaine quantité de numéraire; puis enfin on aura toujours la planche, qui aura acquis plus de valeur par l'absorption de la plus grande partie des assignats. On ne renonça pas pour cela aux autres ressources; on décida qu'une partie des biens serait cédulée, opération longue, car il fallait mentionner le détail de chaque bien dans les cédules, et que l'on ferait ensuite marché avec des compagnies de finances. On décréta la mise en vente des maisons sises dans les villes, celle des terres au-dessous de trois cents arpents, et enfin celle des biens du clergé belge. On résolut aussi l'aliénation de toutes les maisons ci-devant royales, excepté Fontainebleau, Versailles et Compiègne. Le mobilier des émigrés dut être aussi vendu sur-le-champ. Toutes ces ventes devaient se faire aux enchères.

On n'osa pas décréter encore la réduction des assignats au cours, ce qui aurait fait cesser le plus grand mal, celui de ruiner tous ceux qui les recevaient, les particuliers comme l'état. On craignait de les détruire tout-à-coup par cette mesure si simple. On décida que, dans l'emprunt forcé, ils seraient reçus à cent capitaux pour un; que dans l'arriéré des contributions ils seraient reçus pour toute leur valeur, afin d'encourager l'acquittement de cet arriéré, qui devait faire rentrer 13 milliards; que les remboursements des capitaux seraient toujours suspendus; mais que les rentes et les intérêts de toute espèce seraient payés à dix capitaux pour un, ce qui était encore fort onéreux pour ceux qui recevaient leur revenu à ce prix. Le paiement de l'impôt foncier et des fermages fut maintenu sur le même pied, c'est-à-dire moitié en nature, moitié en assignats. Les douanes durent être payées moitié en assignats, moitié en numéraire. On fit cette exception pour les douanes, parce qu'il y avait déjà beaucoup de numéraire aux frontières. Il y eut aussi une exception à l'égard de la Belgique. Les assignats n'y avaient pas pénétré; on décida que l'emprunt forcé, et les impôts, y seraient perçus en numéraire.

On revenait donc timidement au numéraire, et on n'osait pas trancher hardiment la difficulté, comme il arrive toujours dans ces cas-là. Ainsi, l'emprunt forcé, les biens mis en vente, l'arriéré, en amenant de considérables rentrées de papier, permettaient d'en émettre encore. On pouvait compter en outre sur quelques recettes en numéraire.

Les deux déterminations les plus importantes à prendre après les lois de finances, étaient relatives à la désertion, et au mode de nomination des fonctionnaires non élus. L'une devait servir à récomposer les armées, l'autre à achever l'organisation des communes et des tribunaux.

La désertion à l'extérieur, crime fort rare, fut punie de mort. On discuta vivement sur la peine à infliger à l'embauchage. Il fut, malgré l'opposition, puni comme la désertion à l'extérieur. Tout congé donné aux jeunes gens de la réquisition dut expirer dans dix jours. La poursuite des jeunes gens qui avaient abandonné les drapeaux, confiée aux municipalités, était molle et sans effet; elle fut donnée à la gendarmerie. La désertion à l'intérieur était punie de détention pour la première fois, et des fers pour la seconde. La grande réquisition d'août 1793, qui était la seule mesure de recrutement qu'on eût adoptée, atteignait assez d'hommes pour remplir les armées; elle avait suffi, depuis trois ans, pour les maintenir sur un pied respectable, et elle pouvait suffire encore, au moyen d'une loi nouvelle qui en assurât l'exécution. Les nouvelles dispositions furent combattues par l'opposition, qui tendait naturellement à diminuer l'action du gouvernement; mais elles furent adoptées par la majorité des deux conseils.

Beaucoup d'assemblées électorales, agitées par les décrets des 5 et 13 fructidor, avaient perdu leur temps, et n'avaient point achevé la nomination des individus qui devaient composer les administrations locales et les tribunaux. Celles qui étaient situées dans les provinces de l'Ouest, ne l'avaient pas pu à cause de la guerre civile. D'autres y avaient mis de la négligence. La majorité conventionnelle, pour assurer l'homogénéité du gouvernement, et une homogénéité toute révolutionnaire, voulait que le directoire eût les nominations. Il est naturel que le gouvernement hérite de tous les droits auxquels les citoyens renoncent, c'est-à-dire que l'action du gouvernement supplée à celle des individus. Ainsi, là où les assemblées avaient outre-passé les délais constitutionnels, là où elles n'avaient pas voulu user de leurs droits, il était naturel que le directoire fût appelé à nommer. Convoquer de nouvelles assemblées, c'était manquer à la constitution, qui le défendait, c'était récompenser la révolte contre les lois, c'était enfin donner ouverture à de nouveaux troubles. Il y avait d'ailleurs des analogies dans la constitution qui devaient conduire à résoudre la question en faveur du directoire. Ainsi, il était chargé de faire les nominations dans les colonies, et de remplacer les fonctionnaires morts ou démissionnaires dans l'intervalle d'une élection à l'autre. L'opposition ne manqua pas de s'élever contre cet avis. Dumolard, dans le conseil des cinq-cents, Portalis, Dupont (de Nemours), Tronçon-Ducoudray, dans le conseil des anciens, soutinrent que c'était donner une prérogative royale au directoire. Cette minorité, qui secrètement penchait plutôt pour la monarchie que pour la république, changea ici de rôle avec la majorité républicaine, et soutint avec la dernière exagération les idées démocratiques. Du reste, la discussion vive et solennelle ne fut troublée par aucun emportement. Le directoire eut les nominations, à la seule condition de faire ses choix parmi les hommes qui avaient déjà été honorés des suffrages du peuple. Les principes conduisaient à cette solution; mais la politique devait la conseiller encore davantage. On évitait pour le moment de nouvelles élections, et on donnait à l'administration tout entière, aux tribunaux et au gouvernement, une plus grande homogénéité.

Le directoire avait donc les moyens de se procurer des fonds, de recruter l'armée, d'achever l'organisation de l'administration et de la justice. Il avait la majorité dans les deux conseils. Une opposition mesurée s'élevait, il est vrai, dans les cinq-cents et aux anciens;

quelques voix du nouveau tiers lui disputaient ses attributions, mais cette opposition était décente et calme. Il semblait qu'elle respectât sa situation extraordinaire, et ses travaux courageux. Sans doute elle respectait aussi, dans ce gouvernement élu par les conventionnels et appuyé par eux, la révolution toute puissante encore, et profondément courroucée. Les cinq directeurs s'étaient partagé la tâche générale. Barras avait le personnel, et Carnot le mouvement des armées; Rewbell, les relations étrangères ; Letourneur et Larévellière-Lépaux, l'administration intérieure. Ils n'en délibéraient pas moins en commun sur toutes les mesures importantes. Ils avaient eu long-temps le mobilier le plus misérable; mais enfin ils avaient tiré du Garde-Meuble les objets nécessaires à l'ornement du Luxembourg, et ils commençaient à représenter dignement la république française. Leurs antichambres étaient remplies de solliciteurs, entre lesquels il n'était pas toujours aisé de choisir. Le directoire, fidèle à son origine et à sa nature, choisissait toujours les hommes les plus prononcés. Éclairé par la révolte du 13 vendémiaire, il s'était pourvu d'une force considérable et imposante pour garantir Paris et le siège du gouvernement d'un nouveau coup de main. Le jeune Bonaparte, qui avait figuré au 13 vendémiaire, fut chargé du commandement de cette armée, dite armée de l'intérieur. Il l'avait réorganisée en entier, et placée au camp de Grenelle. Il avait réuni en un seul corps, sous le nom de légion de police, une partie des patriotes qui avaient offert leurs services au 13 vendémiaire. Ces patriotes appartenaient pour la plupart à l'ancienne gendarmerie dissoute après le 9 thermidor, laquelle n'était remplie elle-même que des anciens soldats aux gardes-françaises. Bonaparte organisa ensuite la garde constitutionnelle du directoire et celle des conseils. Cette force imposante et bien dirigée était capable de tenir tout le monde en respect, et de maintenir les partis dans l'ordre.

Ferme dans sa ligne, le directoire se prononça encore davantage par une foule de mesures de détail. Il persista à ne point notifier son installation aux députés conventionnels qui étaient en mission dans les départements. Il enjoignit à tous les directeurs de spectacle de ne plus laisser chanter qu'un seul air, celui de la *Marseillaise*. Le *Réveil du peuple* fut proscrit. On trouva cette mesure puérile; il est certain qu'il y aurait eu plus de dignité à interdire toute espèce de chants; mais on voulait réveiller l'enthousiasme républicain, malheureusement un peu attiédi. Le directoire fit poursuivre quelques journaux royalistes qui avaient continué à écrire avec la même violence qu'en vendémiaire. Quoique la liberté de la presse fût illimitée, la loi de la convention contre les écrivains qui provoquaient au retour de la royauté, fournissait un moyen de répression dans les cas extrêmes. Richer-Serizy fut poursuivi; le procès fut fait à Lemaître et à Brottier, dont les correspondances avec Vérone, Londres et la Vendée, prouvaient leur qualité d'agents royalistes, et leur influence dans les troubles de vendémiaire. Lemaître fut condamné à mort comme agent principal; Brottier fut acquitté. Il fut constaté que deux secrétaires du comité de salut public leur avaient livré des papiers importants. Les trois députés, Saladin, Lhomond et Rovère, mis en arrestation à cause du 13 vendémiaire, mais après que leur réélection avait été prononcée par l'assemblée électorale de Paris, furent réintégrés par les deux conseils, sur le motif qu'ils étaient déja députés quand on avait procédé contre eux, et que les formes prescrites par la constitution à l'égard des députés, n'avaient pas été observées. Cormatin et les chouans saisis avec lui comme infracteurs de la pacification, furent aussi mis en jugement. Cor-

matin fut déporté comme ayant continué secrètement de travailler à la guerre civile ; les autres furent acquittés, au grand déplaisir des patriotes, qui se plaignirent amèrement de l'indulgence des tribunaux.

La conduite du directoire à l'égard du ministre de la cour de Florence, prouva plus fortement encore la rigueur républicaine de ses sentiments. On était enfin convenu avec l'Autriche de lui rendre la fille de Louis XVI, seul reste de la famille qui avait été enfermée au Temple, à condition que les députés livrés par Dumouriez seraient remis aux avant-postes français. La princesse partit du Temple le 28 frimaire (19 décembre). Le ministre de l'intérieur alla la chercher lui-même, et la conduisit avec les plus grands égards à son hôtel, d'où elle partit, accompagnée des personnes dont elle avait fait choix. On pourvut largement à son voyage, et elle fut ainsi acheminée vers la frontière. Les royalistes ne manquèrent pas de faire des vers et des allusions sur l'infortunée prisonnière, rendue enfin à la liberté. Le comte Carletti, ce ministre de Florence qui avait été envoyé à Paris, à cause de son attachement connu pour la France et la révolution, demanda au directoire l'autorisation de voir la princesse, en sa qualité de ministre d'une cour alliée. Ce ministre était devenu suspect, sans doute à tort, à cause de l'exagération même de son républicanisme. On ne concevait pas qu'un ministre d'un prince absolu, et surtout d'un prince autrichien, pût être aussi exagéré. Le directoire, pour toute réponse, lui signifia sur-le-champ l'ordre de quitter Paris; mais déclara en même temps que cette mesure était toute personnelle à l'envoyé, et non à la cour de Florence, avec laquelle la république française demeurait en relation d'amitié.

Il y avait un mois et demi tout au plus que le directoire était institué, et déjà il commençait à s'asseoir; les partis s'habituaient à l'idée d'un gouvernement établi, et, songeant moins à le renverser, s'arrangeaient pour le combattre dans les limites tracées par la constitution. Les patriotes, ne renonçant pas à leur idée favorite de club, s'étaient réunis au Panthéon; ils siégeaient déjà au nombre de plus de quatre mille, et formaient une assemblée qui ressemblait fort à celle des anciens jacobins. Fidèles cependant à la lettre de la constitution, ils avaient évité ce qu'elle défendait dans les réunions de citoyens, c'est-à-dire l'organisation en assemblée politique. Ainsi, ils n'avaient pas un bureau; ils ne s'étaient pas donné des brevets; les assistants n'étaient pas distingués en spectateurs et sociétaires; il n'existait ni correspondance ni affiliation avec d'autres sociétés du même genre. A part cela, le club avait tous les caractères de l'ancienne société-mère, et ses passions, plus vieilles, n'en étaient que plus opiniâtres.

Les sectionnaires s'étaient composé des sociétés plus analogues à leurs goûts et à leurs mœurs. Aujourd'hui, comme sous la convention, ils comptaient quelques royalistes secrets dans leurs rangs, mais en petit nombre; la plupart d'entre eux, par crainte ou par bon ton, étaient ennemis des terroristes et des conventionnels, qu'ils affectaient de confondre, et qu'ils étaient fâchés de retrouver presque tous dans le nouveau gouvernement. Il s'était formé des sociétés où on lisait les journaux, où on s'entretenait de sujets politiques avec la politesse et le ton des salons, et où la danse et la musique succédaient à la lecture et aux conversations. L'hiver commençait, et ces messieurs se livraient au plaisir, comme à un acte d'opposition contre le système révolutionnaire, système que personne ne voulait renouveler, car les Saint-Just, les Robespierre, les Couthon n'étaient plus là pour nous ramener par la terreur à des mœurs impossibles.

Les deux partis avaient leurs journaux. Les patriotes avaient *le Tribun du Peuple, l'Ami du Peuple, l'Éclaireur du Peuple, l'Orateur plébéien, le Journal des Hommes libres;* ces journaux étaient tout-à-fait jacobins. *La Quotidienne, l'Éclair, le Véridique, le Postillon, le Messager, la Feuille du Jour,* passaient pour des journaux royalistes. Les patriotes, dans leur club et leurs journaux, quoique le gouvernement fût certes bien attaché à la révolution, se montraient fort irrités. C'était, il est vrai, moins contre lui que contre les événements, qu'ils étaient en courroux. Les revers sur le Rhin, les nouveaux mouvements de la Vendée, l'affreuse crise financière, étaient pour eux un motif de revenir à leurs idées favorites. Si on était battu, si les assignats perdaient, c'est qu'on était indulgent, c'est qu'on ne savait pas recourir aux grands moyens révolutionnaires. Le nouveau système financier surtout, qui décelait le désir d'abolir les assignats, et qui laissait entrevoir leur prochaine suppression, les avait beaucoup indisposés.

Il ne fallait pas à leurs adversaires d'autre sujet de plaintes que cette irritation même. La terreur, suivant ceux-ci, était prête à renaître. Ses partisans étaient incorrigibles; le directoire avait beau faire tout ce qu'ils désiraient, ils n'étaient pas contents, ils s'agitaient de nouveau, ils avaient rouvert l'ancienne caverne des jacobins, et ils y préparaient encore tous les crimes.

Tels étaient les travaux du gouvernement, la marche des esprits, et la situation des partis en frimaire an IV (novembre et décembre 1795).

Les opérations militaires, continuées malgré la saison, commençaient à promettre de meilleurs résultats, et à procurer à la nouvelle administration quelques dédommagements pour ses pénibles efforts. Le zèle avec lequel Jourdan s'était porté dans le Hunds-Ruck à travers un pays épouvantable, et sans aucune des ressources matérielles qui auraient pu adoucir les souffrances de son armée, avait rétabli un peu nos affaires sur le Rhin. Les généraux autrichiens, dont les troupes étaient aussi fatiguées que les nôtres, se voyant exposés à une suite de combats opiniâtres, au milieu de l'hiver, proposaient un armistice, pendant lequel les armées impériale et française conserveraient leurs positions actuelles. L'armistice fut accepté, à la condition de le dénoncer dix jours avant la reprise des hostilités. La ligne qui séparait les deux armées, suivant le Rhin, depuis Dusseldorf jusqu'au-dessus du Neuwied, abandonnait le fleuve à cette hauteur, formait un demi-cercle de Bingen à Manheim, en passant par le pied des Vosges, rejoignait le Rhin au-dessus de Manheim, et ne le quittait plus jusqu'à Bâle. Ainsi nous avions perdu tout ce demi-cercle sur la rive gauche. C'était du reste une perte qu'une simple manœuvre bien conçue pouvait réparer. Le plus grand mal était d'avoir perdu pour le moment l'ascendant de la victoire. Les armées, accablées de fatigues, entrèrent en cantonnements, et on se mit à faire tous les préparatifs nécessaires pour les mettre, au printemps prochain, en état d'ouvrir une campagne décisive.

Sur la frontière d'Italie, la saison n'interdisait pas encore tout-à-fait les opérations de la guerre. L'armée des Pyrénées orientales avait été transportée sur les Alpes. Il avait fallu beaucoup de temps pour faire le trajet de Perpignan à Nice, et le défaut de vivres et de souliers avait rendu la marche encore plus lente. Enfin, vers le mois de novembre, Augereau vint avec une superbe division, qui s'était illustrée déjà dans les plaines de la Catalogne. Kellermann, comme on l'a vu, avait été obligé de replier son aile droite et de renoncer à la communication immédiate avec Gênes. Il avait sa gauche sur les grandes Alpes, et son centre au col de Tende. Sa droite était placée derrière la ligne dite de Borghetto, l'une des trois que Bonaparte avait reconnues et tracées l'année précédente, pour le cas d'une retraite. Dewins, tout fier de son faible succès, se reposait dans la rivière de Gênes, et faisait grand étalage de ses projets, sans en exécuter aucun. Le brave Kellermann attendait avec impatience les renforts d'Espagne, pour reprendre l'offensive et recouvrer sa communication avec Gênes. Il voulait terminer la campagne par une action éclatante, qui rendît la rivière aux Français, leur ouvrît les portes de l'Apennin et de l'Italie, et détachât le roi de Piémont de la coalition. Notre ambassadeur en Suisse, Barthélemy, ne cessait de répéter qu'une victoire vers les Alpes maritimes nous vaudrait sur-le-champ la paix avec le Piémont, et la concession définitive de la ligne des Alpes. Le gouvernement français, d'accord avec Kellermann sur la nécessité d'attaquer, ne le fut pas sur le plan à suivre, et lui donna pour successeur Schérer, que ses succès à la bataille de l'Ourthe et en Catalogne avaient déjà fait connaître avantageusement. Schérer arriva dans le milieu de brumaire, et résolut de tenter une action décisive.

On sait que la chaîne des Alpes, devenue l'Apennin, serre la Méditerranée de très-près, d'Albenga à Gênes, et ne laisse entre la mer et la crête des montagnes que des pentes étroites et rapides, qui ont à peine trois lieues d'étendue. Du côté opposé, au contraire, c'est-à-dire vers les plaines du Pô, les pentes s'abaissent doucement, sur un espace de vingt lieues. L'armée française, placée sur les pentes maritimes, était campée entre les montagnes et la mer. L'armée piémontaise, sous Colli, établie au camp retranché de Ceva, sur le revers des Alpes, gardait les portes du Piémont contre la gauche de l'armée française. L'armée autrichienne, partie sur la crête de l'Apennin, à Rocca-Barbenne, partie sur le versant maritime dans le bassin de Loano, communiquait ainsi avec Colli par sa droite, occupait par son centre le sommet des montagnes, et interceptait le littoral par sa gauche, de manière à couper nos communications avec Gênes. Une pensée s'offrait à la vue d'un pareil état de choses. Il fallait se porter en forces sur la droite et le centre de l'armée autrichienne, la chasser du sommet de l'Apennin, et lui enlever les crêtes supérieures. On la séparait ainsi de Colli, et, marchant rapidement le long de ces crêtes, on enfermait sa gauche dans le bassin de Loano, entre les montagnes et la mer. Masséna, l'un des généraux divisionnaires, avait entrevu ce plan, et l'avait proposé à Kellermann. Schérer l'entrevit aussi, et résolut de l'exécuter.

Dewins, après avoir fait quelques tentatives pendant les mois d'août et de septembre sur notre ligne de Borghetto, avait renoncé à toute attaque pour cette année. Il était malade, et s'était fait remplacer par Wallis. Les officiers ne songeaient qu'à se livrer aux plaisirs de l'hiver, à Gênes et dans les environs. Schérer, après avoir procuré à son armée quelques vivres et vingt-quatre mille paires de souliers, dont elle manquait absolument, fixa son mouvement pour le 2 frimaire (23 novembre). Il allait avec trente-six mille hommes en attaquer quarante-cinq; mais le bon choix du point d'attaque compensait l'inégalité des forces. Il chargea Augereau de pousser la gauche des ennemis dans le bassin de Loano; il ordonna à Masséna de fondre sur leur centre à Rocca-Barbenne, et de s'emparer du sommet de l'Apennin; enfin, il prescrivit à Serrurier de contenir Colli, qui formait la droite sur le revers opposé. Augereau, tout en poussant la gauche autrichienne dans le bassin de Loano, ne devait agir que lentement; Masséna, au contraire, devait filer rapidement le long des crêtes, et tourner le bassin de Loano, pour y enfermer la gauche autrichienne; Serrurier devait tromper Colli par de fausses attaques.

Le 2 frimaire au matin (23 novembre 1795), le canon français réveilla les Autrichiens, qui s'attendaient peu à une bataille. Les officiers accoururent de Loano et de Finale se mettre à la tête de leurs troupes étonnées. Augereau attaqua avec vigueur, mais sans précipitation. Il fut arrêté par le brave Roccavina. Ce général, placé sur un mamelon, au milieu du bassin de Loano, le défendit avec opiniâtreté, et se laissa entourer par la division Augereau, refusant toujours de se rendre. Quand il fut enveloppé, il se précipita tête baissée sur la ligne qui l'enfermait, et rejoignit l'armée autrichienne, en passant sur le corps d'une brigade française.

Schérer, contenant l'ardeur d'Augereau, l'obligea à tirailler devant Loano, pour ne pas pousser les Autrichiens trop vite sur leur ligne de retraite. Pendant ce temps, Masséna, chargé de la partie brillante du plan, franchit avec la vigueur et l'audace qui le signalaient dans toutes les occasions, les crêtes de l'Apennin, surprit d'Argenteau qui commandait la droite des Autrichiens, le jeta dans un désordre extrême, le chassa de toutes ses positions, et vint camper le soir sur les hauteurs de Melogno, qui formaient le pourtour du bassin de Loano, et en fermaient les derrières. Serrurier, par des attaques fermes et bien calculées, avait tenu en échec Colli et toute la droite ennemie.

Le 2 au soir, on campa, par un temps affreux, sur les positions qu'on avait occupées. Le 3 au matin, Schérer continua son opération; Serrurier renforcé se mit à battre Colli plus sérieusement, afin de l'isoler tout-à-fait de ses alliés; Masséna continua à occuper toutes les crêtes et les issues de l'Apennin; Augereau, cessant de se contenir, poussa vigoureusement les Autrichiens dont on avait intercepté les derrières. Dès cet instant, ils commencèrent leur retraite par un temps épouvantable et à travers des routes affreuses. Leur droite et leur centre fuyaient en désordre sur le revers de l'Apennin; leur gauche, enfermée entre les montagnes et la mer, se retirait péniblement le long du littoral, par la route de la Corniche. Un orage de vent et de neige empêcha de rendre la poursuite aussi active qu'elle aurait pu l'être; cependant cinq mille prisonniers, plusieurs mille morts, quarante pièces de canon, et des magasins immenses, furent le fruit de cette bataille, qui fut une des plus désastreuses pour les coalisés, depuis le commencement de la guerre, et l'une des mieux conduites par les Français, au jugement des militaires.

Le Piémont fut dans l'épouvante à cette nouvelle; l'Italie se crut envahie, et ne fut rassurée que par la saison, trop avancée alors pour que les Français donnassent suite à leurs opérations. Des magasins considérables servirent à adoucir les privations et les souffrances de l'armée. Il fallait une victoire aussi importante pour relever les esprits et affermir un gouvernement naissant. Elle fut publiée et accueillie avec une grande joie par tous les vrais patriotes.

Au même instant, les événements prenaient une tournure non moins favorable dans les provinces de l'Ouest. Hoche, ayant porté l'armée qui gardait les deux Vendées à quarante-quatre mille hommes, ayant placé des postes retranchés sur la Sèvre Nantaise, de manière à isoler Stofflet de Charette, ayant dispersé le premier rassemblement formé par ce dernier chef, et gardant au moyen d'un camp à Soullans toute la côte du Marais, était en mesure de s'opposer à un débarquement. L'escadre anglaise, qui mouillait à l'Île-Dieu, était au contraire dans une position fort triste. L'île sur laquelle l'expédition avait si maladroitement pris terre, ne présentait qu'une surface sans abri, sans ressource, et moindre de trois quarts de lieue. Les bords de l'île n'offraient aucun mouillage sûr. Les vaisseaux y étaient exposés à toutes les fureurs des vents, sur un fond de rocs qui coupait les câbles, et les mettait chaque nuit dans le plus grand péril. La côte vis-à-vis, sur laquelle on se proposait de débarquer, ne présentait qu'une vaste plage, sans profondeur, où les vagues brisaient sans cesse, et où les canots, pris en travers par les lames, ne pouvaient aborder sans courir le danger d'échouer. Chaque jour augmentait les périls de l'escadre anglaise et les moyens de Hoche. Il y avait déjà plus d'un mois et demi que le prince français était à l'Ile-Dieu. Tous les envoyés des chouans et des Vendéens l'entouraient, et, mêlés à son état-major, présentaient à la fois leurs idées, et tâchaient de les faire prévaloir. Tous voulaient posséder le prince, mais tous étaient d'accord qu'il fallait débarquer au plus tôt, n'importe le point qui obtiendrait la préférence.

Il faut convenir que, grace à ce séjour d'un mois et demi à l'Ile-Dieu, en face des côtes, le débarquement était devenu difficile. Un débarquement, pas plus que le passage d'un fleuve, ne doit être précédé de longues hésitations, qui mettent l'ennemi en éveil, et lui font connaître le point menacé. Il aurait fallu que le parti d'aborder à la côte, une fois pris, et tous les chefs prévenus, la descente s'opérât à l'improviste, sur un point qui permît de rester en communication avec les escadres anglaises, et sur lequel les Vendéens et les chouans pussent porter des forces considérables. Certainement, si on était descendu à la côte sans la menacer si long-temps, quarante mille royalistes de la Bretagne et de la Vendée auraient pu être réunis avant que Hoche eût le temps de remuer ses régiments. Quand on se souvient de ce qui se passa à Quiberon, de la facilité avec laquelle s'opéra le débarquement, et du temps qu'il fallut pour réunir les troupes républicaines, on comprend combien la nouvelle descente eût été facile si elle n'avait pas été précédée d'une longue croisière devant les côtes. Tandis que, dans la précédente expédition, le nom de Puisaye paralysa tous les chefs, celui du prince les aurait, dans celle-ci, ralliés tous, et aurait soulevé vingt départements. Il est vrai que les débarqués auraient eu ensuite de rudes combats à livrer; qu'il leur aurait fallu courir les chances que Stofflet, Charette, couraient depuis près de trois ans, se disperser peut-être devant l'ennemi, fuir comme des partisans, se cacher dans les bois, reparaître, se cacher encore, s'exposer enfin à être pris et fusillés. Les trônes sont à ce prix. Il n'y avait rien d'indigne à *chouanner* dans les bois de la Bretagne ou dans les marais et les bruyères de la Vendée. Un prince, sorti de ces retraites pour remonter sur le trône de ses pères, n'eût pas été moins glorieux que Gustave Wasa, sorti des mines de la Dalécarlie. Du reste, il est probable que la présence du prince eût réveillé assez de zèle dans les pays royalistes, pour qu'une armée nombreuse, toujours présente à ses côtés, lui permit de tenter la grande guerre. Il est probable aussi que personne autour de lui n'aurait eu assez de génie pour battre le jeune plébéien qui commandait l'armée républicaine; mais du moins on se serait fait vaincre. Il y a souvent bien des consolations dans une défaite; François Ier en trouvait de grandes dans celle de Pavie.

Si donc le débarquement était possible à l'instant où l'escadre arriva, il ne l'était pas après avoir passé un mois et demi à l'Ile-Dieu. Les marins anglais déclaraient que la mer n'était bientôt plus tenable, et qu'il fallait prendre un parti; toute la côte du pays de Charette était couverte de troupes; il n'y avait quelque possibilité de débarquement qu'au-delà de la Loire, vers l'embouchure de la Vilaine, ou dans le pays de Scépeaux, ou bien encore en Bretagne, chez Puisaye. Mais les émigrés et le prince ne voulaient descendre que chez Charette, et n'avaient confiance qu'en lui. Or, la chose était impossible sur la côte de Charette. Le prince, suivant l'assertion de M. de Vauban, demanda au ministère anglais de le rappeler. Le ministère s'y refusait d'abord, ne voulant pas que les frais de son expédition fussent inutiles. Cependant il laissa au prince la liberté de prendre le parti qu'il voudrait.

Dès cet instant, tous les préparatifs du départ furent faits. On rédigea de longues et inutiles instructions pour les chefs royalistes. On leur disait que des ordres supérieurs empêchaient pour le moment l'exécution d'une descente; qu'il fallait que MM. Charette, Stofflet, Sapinaud, Scépeaux, s'entendissent pour réunir une force de vingt-cinq ou trente mille hommes au-delà de la Loire, laquelle, réunie aux Bretons, pourrait former un corps d'élite de quarante ou cinquante mille hommes, suffisant pour protéger le débarquement du prince; que le point de débarquement serait désigné dès que ces mesures préliminaires auraient été prises, et que toutes les ressources de la monarchie anglaise seraient employées à seconder les efforts des pays royalistes. A ces instructions on joignit quelques mille livres sterling pour chaque chef, quelques fusils et un peu de poudre. Ces objets furent débarqués la nuit à la côte de Bretagne. Les approvisionnements que les Anglais avaient amassés sur leurs escadres ayant été avariés, furent jetés à la mer. Il fallut y jeter aussi les 500 chevaux appartenant à la cavalerie et à l'artillerie anglaise. Ils étaient presque tous malades d'une longue navigation.

L'escadre anglaise mit à la voile le 15 novembre (26 brumaire), et laissa, en partant, les royalistes dans la consternation. On leur dit que c'étaient les Anglais qui avaient obligé le prince à repartir; ils furent indignés, et se livrèrent de nouveau à toute leur haine contre la perfidie de l'Angleterre. Le plus irrité fut Charette, et il avait quelque raison de l'être, car il était le plus compromis. Charette avait repris les armes dans l'espoir d'une grande expédition, dans l'espoir de moyens immenses qui rétablissent l'égalité des forces entre lui et les républicains; cette attente trompée, il devait ne plus entrevoir qu'une destruction infaillible et très-prochaine. La menace d'une descente avait attiré sur lui toutes les forces des républicains; et, cette fois, il devait renoncer à tout espoir d'une transaction; il ne lui restait plus qu'à être impitoyablement fusillé, sans pouvoir même se plaindre d'un ennemi qui lui avait déja si généreusement pardonné.

Il résolut de vendre chèrement sa vie, et d'employer ses derniers moments à lutter avec désespoir. Il livra plusieurs combats pour passer sur les derrières de Hoche, percer la ligne de la Sèvre Nantaise, se jeter dans le pays de Stofflet, et forcer ce collègue à reprendre les armes. Il ne put y réussir, et fut ramené dans le Marais par les colonnes de Hoche. Sapinaud, qu'il avait engagé à reprendre les armes, surprit la ville de Montaigu, et voulut percer jusqu'à Châtillon; mais il fut arrêté devant cette ville, battu et obligé de disperser son corps. La ligne de la Sèvre ne put pas être emportée. Stofflet, derrière cette ligne fortifiée, fut obligé de demeurer en repos, et du reste il n'était pas tenté de reprendre les armes. Il voyait avec un secret plaisir la destruction d'un rival qu'on avait chargé de titres, et qui avait voulu le livrer aux républicains. Scépeaux, entre la Loire et la Vilaine, n'osait encore remuer. La Bretagne était désorganisée par la discorde. La division du Morbihan, commandée par George Cadoudal, s'était révoltée contre Puisaye, à l'instigation des émigrés qui entouraient le prince français, et qui avaient conservé contre lui les mêmes ressentiments. Ils auraient voulu lui enlever le commandement de la Bretagne.

cependant il n'y avait que la division du Morbihan qui méconnût l'autorité du généralissime.

C'est dans cet état de choses que Hoche commença le grand ouvrage de la pacification. Ce jeune général, militaire et politique habile, vit bien que ce n'était plus par les armes qu'il fallait chercher à vaincre un ennemi insaisissable, et qu'on ne pouvait atteindre nulle part. Il avait déja lancé plusieurs colonnes mobiles à la suite de Charette; mais des soldats pesamment armés, obligés de porter tout avec eux, et qui ne connaissaient pas le pays, ne pouvaient égaler la rapidité des paysans qui ne portaient rien que leur fusil; qui étaient assurés de trouver des vivres partout, et qui connaissaient les moindres ravins et la dernière bruyère. En conséquence, il ordonna sur-le-champ de cesser les poursuites, et il forma un plan qui, suivi avec constance et fermeté, devait ramener la paix dans ces contrées désolées.

L'habitant de la Vendée était paysan et soldat tout à la fois. Au milieu des horreurs de la guerre civile, il n'avait pas cessé de cultiver ses champs et de soigner ses bestiaux. Son fusil était à ses côtés, caché sous la terre ou sous la paille. Au premier signal de ses chefs, il accourait, attaquait les républicains, puis disparaissait à travers les bois, retournait à ses champs, cachait de nouveau son fusil; et les républicains ne trouvaient qu'un paysan sans arme, dans lequel ils ne pouvaient nullement reconnaître un soldat ennemi. De cette manière, les Vendéens se battaient, se nourrissaient, et restaient presque insaisissables. Tandis qu'ils avaient toujours les moyens de nuire et de se recruter, les armées républicaines, qu'une administration ruinée ne pouvait plus nourrir, manquaient de tout, et se trouvaient dans le plus horrible dénûment.

On ne pouvait faire sentir la guerre aux Vendéens que par des dévastations; moyen qu'on avait essayé pendant la terreur, mais qui n'avait excité que des haines furieuses sans faire cesser la guerre civile.

Hoche, sans détruire le pays, imagina un moyen ingénieux de le réduire, en lui enlevant ses armes, et en prenant une partie de ses subsistances pour l'usage de l'armée républicaine. D'abord il persista dans l'établissement de quelques camps retranchés, dont les uns, situés sur la Sèvre, séparaient Charette de Stofflet, tandis que les autres couvraient Nantes, la côte et les Sables. Il forma ensuite une ligne circulaire qui s'appuyait à la Sèvre et à la Loire, et qui tendait à envelopper progressivement tout le pays. Cette ligne était composée de postes assez forts, liés entre eux par des patrouilles, de manière qu'il ne restait pas un intervalle libre, à travers lequel pût passer un ennemi un peu nombreux. Ces postes étaient chargés d'occuper chaque bourg et chaque village, et de désarmer les habitants. Pour y parvenir, ils devaient s'emparer des bestiaux, qui ordinairement paissaient en commun, et des grains entassés dans les granges; ils devaient aussi arrêter les habitants les plus notables, et ne restituer les bestiaux, les grains, ni élargir les habitants pris en otage, que lorsque les paysans auraient volontairement déposé leurs armes. Or, comme les Vendéens tenaient à leurs bestiaux et à leurs grains beaucoup plus qu'aux Bourbons et à Charette, il était certain qu'ils rendraient leurs armes. Pour ne pas être induits en erreur par les paysans, qui pouvaient bien donner quelques mauvais fusils et garder les autres, les officiers chargés du désarmement devaient se faire livrer les registres d'enrôlement tenus dans chaque paroisse, et exiger autant de fusils que d'enrôlés. A défaut de ces registres, il leur était recommandé de faire le calcul de la population, et d'exiger un nombre de fusils égal au quart de la population mâle. Après avoir reçu les armes, on devait rendre fidèlement les bestiaux et les grains, sauf une partie prélevée à titre d'impôt, et déposée dans des magasins formés sur les derrières de cette ligne. Hoche avait ordonné de traiter les habitants avec une extrême douceur, de mettre une scrupuleuse exactitude à leur rendre et leurs bestiaux et leurs grains, et surtout leurs otages. Il avait particulièrement recommandé aux officiers de s'entretenir avec eux, de les bien traiter, de les envoyer même quelquefois à son quartier-général, de leur faire quelques présents en grains ou en différents objets. Il avait prescrit aussi les plus grands égards pour les curés. Les Vendéens, disait-il, n'ont qu'un sentiment véritable, c'est l'attachement pour leurs prêtres. Ces derniers ne veulent que protection et repos; qu'on leur assure ces deux choses, qu'on y ajoute même quelques bienfaits, et les affections du pays nous seront rendues.

Cette ligne, qu'il appelait de désarmement, devait envelopper la Basse-Vendée circulairement, s'avancer peu à peu, et finir par l'embrasser tout entière. En s'avançant, elle laissait derrière elle le pays désarmé, ramené, réconcilié même avec la république. De plus, elle le protégeait contre un retour des chefs insurgés, qui, ordinairement, punissaient par des dévastations la soumission à la république et la remise des armes. Deux colonnes mobiles la précédaient pour combattre ces chefs, et les saisir s'il était possible ; et bientôt, en les resserrant toujours davantage, elle devait les enfermer et les prendre inévitablement. La plus grande surveillance était recommandée à tous les commandants de poste, pour se lier toujours par des patrouilles, et empêcher que les bandes armées ne pussent percer la ligne, et revenir porter la guerre sur ses derrières. Quelque grande que fût la surveillance, il pouvait arriver cependant que Charette et quelques-uns des siens trompassent la vigilance des postes et franchissent la ligne de désarmement ; mais, dans ce cas même, qui était possible, ils ne pouvaient passer qu'avec quelques individus, et ils allaient se retrouver dans des campagnes désarmées, rendues au repos et à la sécurité, calmées par de bons traitements, et intimidées d'ailleurs par ce vaste réseau de troupes qui embrassait le pays. Le cas d'une révolte sur les derrières était prévu. Hoche avait ordonné qu'une des colonnes mobiles se reporterait aussitôt dans la commune insurgée, et que, pour la punir de n'avoir pas rendu toutes ses armes et d'en avoir encore fait usage, on lui enlèverait ses bestiaux et ses grains, et qu'on saisirait les principaux de ses habitants. L'effet de ces châtiments était assuré; et dispensés avec justice, ils devaient inspirer, non pas la haine, mais une salutaire crainte.

Le projet de Hoche fut aussitôt mis à exécution dans les mois de brumaire et frimaire (novembre, décembre). La ligne de désarmement, passant par Saint-Gilles, Légé, Montaigu, Chantonay, formait un demi-cercle dont l'extrémité droite s'appuyait à la mer, l'extrémité gauche à la rivière du Lay, et devait progressivement enfermer Charette dans des marais impraticables. C'était surtout par la sagesse de l'exécution qu'un plan de cette nature pouvait réussir. Hoche dirigeait ses officiers par des instructions pleines de sens et de clarté, et se multipliait pour suffire à tous les détails. Ce n'était plus seulement une guerre, c'était une grande opération politique, qui exigeait autant de prudence que de vigueur. Bientôt les habitants commencèrent à rendre leurs armes, et à se réconcilier avec les troupes républicaines. Hoche puisait dans les magasins de l'armée pour accorder quelques secours aux indigents; il voyait lui-même les habitants retenus comme otages, les faisait garder quelques jours, et les renvoyait satisfaits. Aux uns il donnait des cocardes, à d'autres des bonnets de police, quelquefois même des grains à ceux qui en manquaient pour ensemencer leurs champs. Il était en correspondance avec les curés, qui avaient une grande confiance en lui, et qui l'avertissaient de tous les secrets du pays. Il commençait ainsi à s'acquérir une grande influence morale, véritable puissance avec laquelle il fallait terminer une guerre pareille. Pendant ce temps, les magasins formés sur les derrières de la ligne de désarmement, se remplissaient de grains; de grands troupeaux de bestiaux se formaient, et l'armée commençait à vivre dans l'abondance, par le moyen si simple de l'impôt et des amendes en nature.

Charette s'était caché dans les bois avec cent ou cent cinquante hommes aussi désespérés que lui. Sapinaud, qui à son instigation avait repris les armes, demandait à les déposer une seconde fois, à la simple condition d'obtenir la vie sauve. Stofflet, enfermé dans l'Anjou avec son ministre Bernier, y recueillait tous les officiers qui abandonnaient Charette et Sapinaud, et tâchait de s'enrichir de leurs dépouilles. Il avait à son quartier du Lavoir une espèce de cour composée d'émigrés et d'officiers. Il enrôlait des hommes et levait des contributions, sous prétexte d'organiser les gardes territoriales. Hoche l'observait avec une grande attention, le resserrait toujours davantage par des camps retranchés, et le menaçait d'un désarmement prochain, au premier sujet de mécontentement. Une expédition que Hoche ordonna dans le Loroux, pays qui avait une sorte d'existence indépendante, sans obéir ni à la république ni à aucun chef, frappa Stofflet d'épouvante. Hoche fit faire cette expédition pour se procurer les vins, les blés dont le Loroux abondait, et dont la ville de Nantes était entièrement dépourvue. Stofflet s'effraya, et demanda une entrevue à Hoche. Il voulait protester de sa fidélité au traité, intercéder pour Sapinaud et pour les chouans, se faire en quelque sorte l'intermédiaire d'une nouvelle pacification, et s'assurer par ce moyen une continuation d'influence. Il voulait aussi deviner les intentions de Hoche à son égard. Hoche lui exprima les griefs de la république; il lui signifia que, s'il donnait asile à tous les brigands, que s'il continuait à lever de l'argent et des hommes, que s'il voulait être autre chose que le chef temporaire de la police de l'Anjou, et jouer le rôle de prince, il allait l'enlever sur-le-champ, et désarmer ensuite sa province. Stofflet promit la plus grande soumission, et se retira fort effrayé sur son avenir.

Hoche avait, dans le moment, des difficultés bien plus grandes à surmonter. Il avait attiré à son armée une partie des deux armées de Brest et de Cherbourg. Le danger imminent d'un débarquement lui avait valu ces renforts, qui avaient porté à quarante-quatre mille hommes les troupes réunies dans la Vendée. Les généraux commandant les armées de Brest et de Cherbourg réclamaient maintenant les troupes qu'ils avaient prêtées, et le directoire paraissait approuver leurs réclamations. Hoche écrivait que l'opération qu'il venait de commencer était des plus importantes; que si on lui enlevait les troupes qu'il avait disposées en réseau autour du Marais, la soumission du pays de Charette et la destruction de ce chef, qui étaient fort prochaines, allaient être ajournées indéfiniment; qu'il valait bien mieux finir ce qui était si avancé, avant de passer ailleurs; qu'il s'empresserait ensuite de rendre les troupes qu'il avait empruntées, et fournirait même les siennes au général commandant en Bretagne, pour y appliquer les procédés dont on sentait déjà l'heureux effet dans la Vendée. Le gouvernement, qui était frappé des raisons de Hoche, et qui avait une grande confiance en lui, l'appela à Paris, avec l'intention d'approuver tous ses plans, de lui donner le commandement des trois armées de la Vendée, de Brest et de Cherbourg. Il y fut appelé à la fin de frimaire pour venir concerter avec le directoire les opérations qui devaient mettre fin à la plus calamiteuse de toutes les guerres.

Ainsi s'acheva la campagne de 1795. La prise de Luxembourg, le passage du Rhin, les victoires aux Pyrénées, suivies de la paix avec l'Espagne, la destruction de l'armée émigrée à Quiberon, en signalèrent le commencement et le milieu. La fin fut moins heureuse. Le retour des armées sur le Rhin, la perte des lignes de Mayence et d'une partie de territoire au pied des Vosges, vinrent obscurcir un moment l'éclat de nos triomphes. Mais la victoire de Loano, en nous ouvrant les portes de l'Italie, rétablit la supériorité de nos armes; et les travaux de Hoche dans l'Ouest commencèrent la véritable pacification de la Vendée, si souvent et si vainement annoncée.

La coalition, réduite à l'Angleterre et à l'Autriche, à quelques princes d'Allemagne et d'Italie, était au terme de ses efforts, et aurait demandé la paix sans les dernières victoires sur le Rhin. On fit à Clerfayt une réputation immense, et on sembla croire que la prochaine campagne s'ouvrirait au sein de nos provinces du Rhin.

Pitt, qui avait besoin de subsides, convoqua un second parlement en automne pour exiger de nouveaux sacrifices. Le peuple de Londres invoquait toujours la paix avec la même obstination. La société dite de correspondance s'était assemblée en plein air, et avait voté les adresses les plus hardies et les plus menaçantes contre le système de la guerre, et pour la réforme parlementaire. Quand le roi se rendit au parlement, sa voiture fut assaillie de coups de pierres, les glaces en furent brisées, on crut même qu'un coup de fusil à vent avait été tiré. Pitt, traversant Londres à cheval, fut reconnu par le peuple, poursuivi jusqu'à son hôtel, et couvert de boue. Fox, Shéridan, plus éloquents qu'ils n'avaient jamais été, avaient des comptes rigoureux à demander. La Hollande conquise, les Pays-Bas incorporés à la république française, leur conquête rendue définitive en quelque sorte par la prise de Luxembourg, des sommes énormes dépensées dans la Vendée, et de malheureux Français exposés inutilement à être fusillés, étaient de graves sujets d'accusation contre l'habileté et la politique du ministère. L'expédition de Quiberon surtout excita une indignation générale. Pitt voulut s'excuser en disant que le sang anglais n'avait pas coulé : — « Oui, repartit Shéridan avec une énergie qu'il est difficile de traduire, oui, le sang anglais n'a pas coulé, mais l'honneur anglais a coulé par tous les pores. » — Pitt, aussi impassible qu'à l'ordinaire, appela tous les événements de l'année des malheurs, auxquels on doit être préparé quand on court la chance des armes; mais il fit valoir beaucoup les dernières victoires de l'Autriche sur le Rhin; il exagéra beaucoup leur importance, et les facilités qu'elles venaient de procurer pour traiter avec la France. Comme d'usage, il soutint que notre république touchait au terme de sa puissance, qu'une banqueroute inévitable allait la jeter dans une confusion et une impuissance complètes, qu'on avait gagné, en soutenant la guerre pendant une année de plus, de réduire l'ennemi commun à l'extrémité. Il promit solennellement que, si le nouveau gouvernement français paraissait s'établir et prendre une forme régulière, on saisirait la première ouverture pour négocier. Il demanda ensuite un nouvel emprunt de 3 millions sterling, et des lois répressives contre la presse et contre les sociétés politiques, auxquelles il attribuait les outrages faits au roi et à lui-même. L'opposition lui répondit que les prétendues victoires sur le Rhin étaient de quelques jours; que des défaites en Italie venaient de détruire l'effet des avantages obtenus en Allemagne; que cette république, toujours réduite aux abois, renaissait plus forte à l'ouverture de chaque campagne; que les assignats étaient depuis long-temps perdus, qu'ils avaient achevé leur service, que les ressources de la France étaient ailleurs, et que si du reste elle s'épuisait, la Grande-Bretagne s'épuisait bien plus vite qu'elle; que la dette, tous les jours accrue, était accablante, et menaçait d'écraser bientôt les trois royaumes. Quant aux lois sur la presse et sur les sociétés politiques, Fox, dans un transport d'indignation, déclara que, si elles étaient adoptées, il ne restait plus d'autre ressource au peuple anglais que la résistance, et qu'il regardait la résistance, non plus comme une question de droit, mais de prudence. Cette proclamation du droit d'insurrection excita un grand tumulte, qui se termina par l'adoption des demandes de Pitt; il obtint le nouvel emprunt, les mesures répressives, et promit d'ouvrir au plus tôt une négociation. La session du parlement fut prorogée au 2 février 1796 (13 pluviôse an IV).

Pitt ne songeait point du tout à la paix. Il ne voulait faire que des démonstrations, pour satisfaire l'opinion, et hâter le succès de son emprunt. La possession des Pays-Bas par la France lui rendait toute idée de paix insupportable. Il se promit, en effet, de saisir un moment pour ouvrir une négociation simulée, et offrir des conditions inadmissibles.

L'Autriche, pour satisfaire l'Empire, qui réclamait la paix, avait fait faire des ouvertures par le Danemark. Cette puissance avait demandé, de la part de l'Autriche, au gouvernement français, la formation d'un congrès européen; à quoi le gouvernement français avait répondu avec raison, qu'un congrès rendrait toute négociation impossible, parce qu'il faudrait concilier trop d'intérêts; que si l'Autriche voulait la paix, elle n'avait qu'à en faire la proposition directe; que la France voulait traiter individuellement avec tous ses ennemis, et s'entendre avec eux sans intermédiaire. Cette réponse était juste; car un congrès compliquait la paix avec l'Autriche de la paix avec l'Angleterre et l'Empire, et la rendait impossible. Du reste, l'Autriche ne désirait pas d'autre réponse; car elle ne voulait pas négocier. Elle avait trop perdu, et ses derniers succès lui faisaient trop espérer, pour qu'elle consentît à déposer les armes. Elle tâcha de rendre le courage au roi de Piémont, épouvanté de la victoire de Loano, et lui promit, pour la campagne suivante, une armée nombreuse et un autre général. Les honneurs du triomphe furent décernés à Clerfayt à son entrée à Vienne; sa voiture fut traînée par le peuple, et les faveurs de la cour vinrent se joindre aux démonstrations de l'enthousiasme populaire.

Ainsi s'acheva, pour toute l'Europe, la quatrième campagne de cette guerre mémorable.

CHAPITRE III.

Continuation des travaux administratifs du directoire. — Les partis se prononcent dans le sein du corps législatif.— Institution d'une fête anniversaire du 21 janvier. — Retour de l'ex-ministre de la guerre Beurnonville et des représentants Quinette, Camus, Bancal, Lamarque et Drouet, livrés à l'ennemi par Dumouriez. — Mécontentement des jacobins. Journal de Babœuf. — Institution du ministère de la police. — Nouvelles mœurs. — Embarras financiers; création des mandats. — Conspiration de Babœuf.— Situation militaire. Plans du directoire. — Pacification de la Vendée; mort de Stofflet et de Charette.

Le gouvernement républicain était rassuré et affermi par les événements qui venaient de terminer la campagne. La convention, en réunissant la Belgique à la France, et en la comprenant dans le territoire constitutionnel, avait imposé à ses successeurs l'obligation de ne pactiser avec l'ennemi qu'à la condition de la ligne du Rhin. Il fallait de nouveaux efforts, il fallait une nouvelle campagne, plus décisive que les précédentes, pour contraindre la maison d'Autriche et l'Angleterre à consentir à notre agrandissement. Pour parvenir à ce but, le directoire travaillait avec énergie à compléter les armées, à rétablir les finances, et à réprimer les factions.

Il mettait le plus grand soin à l'exécution des lois relatives aux jeunes réquisitionnaires, et les obligeait à rejoindre les armées, avec la dernière rigueur. Il avait fait annuler tous les genres d'exceptions, et avait formé dans chaque canton des commissions de médecins, pour juger les cas d'infirmité. Une foule de jeunes gens s'étaient fourrés dans les administrations, où ils pillaient la république, et montraient le plus mauvais esprit. Les ordres les plus sévères furent donnés pour ne souffrir dans les bureaux que des hommes qui n'appartinssent pas à la réquisition. Les finances attiraient surtout l'attention du directoire : il faisait percevoir l'emprunt forcé de 600 millions avec une extrême activité. Mais il fallait attendre les rentrées de cet emprunt, l'aliénation du produit des forêts nationales, la vente des biens de trois cents arpents, la perception des contributions arriérées : et, en attendant, il fallait pourtant suffire aux dépenses, qui malheureusement se présentaient toutes à la fois, parce que l'installation du gouvernement nouveau était l'époque à laquelle on avait ajourné toutes les liquidations, et parce que l'hiver était le moment destiné aux préparatifs de campagne. Pour devancer l'époque de toutes ces rentrées, le directoire avait été obligé d'user de la ressource qu'on avait tenu à lui laisser, celle des assignats. Mais il en avait déjà émis en un mois près de 12 ou 15 milliards, pour se procurer quelques millions en numéraire; et il était déjà arrivé au point de ne pouvoir les faire accepter nulle part. Il imagina d'émettre un papier courant et à prochaine échéance, qui représentât les rentrées de l'année, comme on fait en Angleterre avec les bons de l'échiquier, et comme nous faisons aujourd'hui avec les bons royaux. Il émit en conséquence, sous le titre de rescriptions, des bons au porteur, payables à la trésorerie, avec le numéraire qui allait rentrer incessamment, soit par l'emprunt forcé, qui, dans la Belgique, était exigible en numéraire, soit par les douanes, soit par suite des premiers traités conclus avec les compagnies qui se chargeraient de l'exploitation des forêts. Il émit d'abord pour 30 millions de ces rescriptions, et les porta bientôt à 60, en se servant du secours des banquiers.

Les compagnies financières n'étaient plus

prohibées. Il songea à les employer pour la création d'une banque qui manquait au crédit, surtout dans un moment où l'on se figurait que le numéraire était sorti tout entier de France. Il forma une compagnie, et proposa de lui abandonner une certaine quantité de biens nationaux qui servirait de capital à une banque. Cette banque devait émettre des billets, qui auraient des terres pour gage, et qui seraient payables à vue, comme tous les billets de banque. Elle devait en prêter à l'état pour une somme proportionnée à la quantité des biens donnés en gage. C'était, comme on le voit, une autre manière de tirer sur la valeur des biens nationaux; au lieu d'employer le moyen des assignats, on employait celui des billets de banque.

Le succès était peu probable; mais dans sa situation malheureuse, le gouvernement usait de tout, et avait raison de le faire. Son opération la plus méritoire fut de supprimer les rations, et de rendre les subsistances au commerce libre. On a vu quels efforts il en coûtait au gouvernement, pour se charger lui-même de faire arriver les grains à Paris, et quelle dépense il en résultait pour le trésor, qui payait les grains en valeur réelle, et qui les donnait au peuple de la capitale pour des valeurs nominales. Il rentrait à peine la deux centième partie de la dépense, et ainsi, à très-peu de chose près, la république nourrissait la population de Paris.

Le nouveau ministre de l'intérieur, Benezech, qui avait senti l'inconvénient de ce système, et qui croyait que les circonstances permettaient d'y renoncer, conseilla au directoire d'en avoir le courage. Le commerce commençait à se rétablir; les grains reparaissaient dans la circulation; le peuple se faisait payer ses salaires en numéraire, et il pouvait dès lors atteindre au prix du pain, qui, en numéraire, était modique. En conséquence, le ministre Benezech proposa au directoire de supprimer les distributions de rations, qui ne se payaient qu'en assignats, de ne les conserver qu'aux indigents, ou aux rentiers et aux fonctionnaires publics dont le revenu annuel ne s'élevait pas au-dessus de mille écus. Excepté ces trois classes, toutes les autres devaient se pourvoir chez les boulangers par la voie du commerce libre.

Cette mesure était hardie, et exigeait un véritable courage. Le directoire la mit sur-le-champ à exécution, sans craindre les fureurs qu'elle pouvait exciter chez le peuple, et les moyens de trouble qu'elle pouvait fournir aux deux factions conjurées contre le repos de la république.

Outre ces mesures, il en imagina d'autres qui ne devaient pas moins blesser les intérêts, mais qui étaient aussi nécessaires. Ce qui manquait surtout aux armées, ce qui leur manque toujours après de longues guerres, ce sont les chevaux. Le directoire demanda aux deux conseils l'autorisation de lever tous les chevaux de luxe, et de prendre, en le payant, le trentième cheval de labour et de roulage. Le récépissé du cheval devait être pris en paiement des impôts. Cette mesure, quoique dure, était indispensable, et fut adoptée.

Les deux conseils secondaient le directoire, et montraient le même esprit, sauf l'opposition toujours mesurée de la minorité. Quelques discussions s'y étaient élevées sur la vérification des pouvoirs, sur la loi du 3 brumaire, sur les successions des émigrés, sur les prêtres, sur les événements du Midi, et les partis avaient commencé à se prononcer.

La vérification des pouvoirs ayant été renvoyée à une commission qui avait de nombreux renseignements à prendre, relativement aux membres dont l'éligibilité pouvait être contestée, son rapport ne put être fait que fort tard, et après plus de deux mois de législa-

...ature. Il donna lieu à beaucoup de contestations sur l'application de la loi du 3 brumaire. Cette loi, comme on sait, amnistiait tous les délits commis pendant la révolution, excepté les délits relatifs au 13 vendémiaire; elle excluait des fonctions publiques les parents d'émigrés, et les individus qui, dans les assemblées électorales, s'étaient mis en rébellion contre les décrets des 5 et 13 fructidor. Elle avait été le dernier acte d'énergie du parti conventionnel, et elle blessait singulièrement les esprits modérés, et les contre-révolutionnaires qui se cachaient derrière eux. Il fallait l'appliquer à plusieurs députés, et notamment à un nommé Job Aymé, député de la Drôme, qui avait soulevé l'assemblée électorale de son département, et qu'on accusait d'appartenir aux compagnies de Jésus. Un membre des cinq-cents osa demander l'abrogation de la loi même. Cette proposition fit sortir tous les partis de la réserve qu'ils avaient observée jusque-là. Une dispute semblable à celles qui divisèrent si souvent la convention, s'éleva dans les cinq-cents. Louvet, toujours fidèle à la cause révolutionnaire, s'élança à la tribune pour défendre la loi. Tallien, qui jouait un rôle si grand depuis le 9 thermidor, et que le défaut de considération personnelle avait em-

péché d'arriver au directoire, Tallien se montra ici le constant défenseur de la révolution, et prononça un discours qui fit une grande sensation. On avait rappelé les circonstances dans lesquelles la loi de brumaire fut rendue; on avait paru insinuer qu'elle était un abus de la victoire de vendémiaire à l'égard des vaincus; on avait beaucoup parlé des jacobins et de leur nouvelle audace. « Qu'on cesse de nous
« effrayer, s'écria Tallien, en parlant de ter-
« reur, en rappelant des époques toutes diffé-
« rentes de celles d'aujourd'hui, en nous fai-
« sant craindre leur retour. Certes, les temps
« sont bien changés : aux époques dont on
« affecte de nous entretenir, les royalistes ne
« levaient pas une tête audacieuse; les prêtres
« fanatiques, les émigrés rentrés n'étaient pas
« protégés; les chefs de chouans n'étaient point
« acquittés. Pourquoi donc comparer des cir-
« constances qui n'ont rien de commun? Il est
« trop évident qu'on veut faire le procès au
« 13 vendémiaire, aux mesures qui ont suivi
« cette journée mémorable, aux hommes qui,
« dans ces grands périls, ont sauvé la républi-
« que. Eh bien! que nos ennemis montent à
« cette tribune; les amis de la république nous
« y défendront. Ceux même qui, dans ces dé-
« sastreuses circonstances, ont poussé devant

« les canons une multitude égarée, voudraient
« nous reprocher les efforts qu'il nous a fallu
« faire pour la repousser; ils voudraient faire
« révoquer les mesures que le danger le plus
« pressant vous a forcés de prendre; mais non,
« ils ne réussiront pas! La loi du 3 brumaire,
« la plus importante de ces mesures, sera main-
« tenue par vous, car elle est nécessaire à la
« constitution, et certainement vous voulez
« maintenir la constitution. » — Oui, oui, nous
le voulons! s'écrièrent une foule de voix. — Tallien proposa ensuite l'exclusion de Job Aymé. Plusieurs membres du nouveau tiers voulurent combattre cette exclusion. La discussion devint des plus vives; la loi du 3 brumaire fut de nouveau sanctionnée; Job Aymé fut exclu, et on continua de rechercher ceux des membres du nouveau tiers auxquels les mêmes dispositions étaient applicables.

Il fut ensuite question des émigrés, et de leurs droits à des successions non encore ouvertes. Une loi de la convention, pour empêcher que les émigrés ne reçussent des secours, saisissait leurs patrimoines, et déclarait les successions auxquelles ils avaient droit, ouvertes par avance, et acquises à la république. En conséquence le séquestre avait été mis sur les biens des parents des émigrés. Une résolution fut proposée aux cinq-cents pour autoriser le partage, et le prélèvement de la part acquise aux émigrés, afin de lever le séquestre. Une opposition assez vive s'éleva dans le nouveau tiers. On voulut combattre cette mesure, qui était toute révolutionnaire, par des raisons tirées du droit ordinaire; on prétendit qu'il y avait violation de propriété. Cependant cette résolution fut adoptée. Aux anciens, il n'en fut pas de même. Ce conseil, par l'âge de ses membres, par son rôle d'examinateur suprême, avait plus de mesure que celui des cinq-cents. Il en partageait moins les passions opposées; il était moins révolutionnaire que la majorité, et beaucoup plus que la minorité. Comme tout corps intermédiaire, il avait un esprit moyen, et il rejeta la mesure, parce qu'elle entraînait l'exécution d'une loi qu'il regardait comme injuste. Les conseils décrétèrent ensuite que le directoire serait juge suprême des demandes en radiation de la liste des émigrés. Ils renouvelèrent toutes les lois contre les prêtres qui n'avaient pas prêté le serment, ou qui l'avaient rétracté, et contre ceux que les administrations des départements avaient condamnés à la déportation. Ils décrétèrent que ces prêtres seraient traités comme émigrés rentrés s'ils reparaissaient sur le territoire. Ils consentirent seulement à mettre en réclusion ceux qui étaient infirmes et qui ne pouvaient s'expatrier.

Un sujet agita beaucoup les conseils, et y provoqua une explosion. Fréron continuait sa mission dans le Midi, et y composait les administrations et les tribunaux, de révolutionnaires ardents. Les membres des compagnies de Jésus, les contre-révolutionnaires de toute espèce qui avaient assassiné depuis le 9 thermidor, se voyaient à leur tour exposés à de nouvelles représailles, et jetaient les hauts cris. Le député Siméon avait déja élevé des réclamations mesurées. Le député Jourdan d'Aubagne, homme ardent, l'ex-girondin Isnard, élevèrent, aux cinq-cents, des réclamations violentes, et remplirent plusieurs séances de leurs déclamations. Les deux partis en vinrent aux mains. Jourdan et Talot se prirent de querelle dans la séance même, et se permirent presque des voies de fait. Leurs collègues intervinrent et les séparèrent. On nomma une commission pour faire un rapport sur l'état du Midi.

Ces différentes scènes portèrent les partis à se prononcer davantage. La majorité était grande dans les conseils, et tout acquise au directoire. La minorité, quoique annulée, devenait chaque jour plus hardie, et montrait ouvertement son esprit de réaction. C'était la continuation du même esprit qui s'était manifesté depuis le 9 thermidor, et qui d'abord avait attaqué justement les excès de la terreur, mais qui, de jour en jour plus sévère et plus passionné, finissait par faire le procès à la révolution tout entière. Quelques membres des deux tiers conventionnels votaient avec la minorité, et quelques membres du nouveau tiers avec la majorité.

Les conventionnels saisirent l'occasion qu'allait leur fournir l'anniversaire du 21 janvier, pour mettre leurs collègues suspects de royalisme, à une pénible épreuve. Ils proposèrent une fête, pour célébrer, tous les 21 janvier, la mort du dernier roi, et ils firent décider que, ce jour, chaque membre des deux conseils et du directoire prêterait serment de haine à la royauté. Cette formalité du serment, si souvent employée par les partis, n'a jamais pu être regardée comme une garantie; elle n'a jamais été qu'une vexation des vainqueurs, qui ont voulu se donner le plaisir de forcer les vaincus au parjure. Le projet fut adopté par les deux conseils. Les conventionnels attendaient avec impatience la séance du 1er pluviôse an IV (21 janvier), pour voir défiler à la tribune leurs collègues du nouveau tiers. Chaque conseil siégea ce jour-là avec un grand appareil. Une fête était préparée dans Paris; le directoire et toutes les autorités devaient y assister. Quand il fallut prononcer le serment, quelques-uns des nouveaux élus parurent embarrassés. L'ex-constituant Dupont (de Nemours), qui était membre des anciens, qui conservait dans un âge avancé une grande vivacité d'humeur, et montrait l'opposition la plus hardie au gouvernement actuel, Dupont (de Nemours) laissa voir quelque dépit, et, en prononçant les mots, *je jure haine à la royauté*, ajouta ceux-ci, *et à toute espèce de tyrannie*. C'était une manière de se venger, et de jurer haine au directoire sous des mots détournés. Une grande rumeur s'éleva, et on obligea Dupont (de Nemours) à s'en tenir à la formule officielle. Aux cinq-cents, un nommé André voulut recourir aux mêmes expressions que Dupont (de Nemours); mais on le rappela de même à la formule. Le président du directoire prononça un discours énergique, et le gouvernement entier fit ainsi la profession de foi la plus révolutionnaire.

A cette époque arrivèrent les députés qui avaient été échangés contre la fille de Louis XVI. C'étaient Quinette, Bancal, Camus, Lamarque, Drouet et l'ex-ministre de la guerre Beurnonville. Ils firent le rapport de leur captivité;

on l'écouta avec une vive indignation, on leur donna de justes marques d'intérêt, et ils prirent, au milieu de la satisfaction générale, la place que la convention leur avait assurée dans les conseils. Il avait été décrété, en effet, qu'ils seraient de droit membres du corps législatif.

Ainsi marchaient le gouvernement et les partis, pendant l'hiver de l'an IV (1795 à 1796).

La France, qui souhaitait un gouvernement et le rétablissement des lois, commençait à goûter le nouvel état de choses, et l'aurait même approuvé tout-à-fait, sans les efforts qu'on exigeait d'elle pour le salut de la république. L'exécution rigoureuse des lois sur la réquisition, l'emprunt forcé, la levée du trentième cheval, l'état misérable des rentiers payés en assignats, étaient de graves sujets de plaintes; sans tous ces motifs, elle aurait trouvé le nouveau gouvernement excellent. Il n'y a que l'élite d'une nation qui soit sensible à la gloire, à la liberté, aux idées nobles et généreuses, et qui consente à leur faire des sacrifices. La masse veut du repos, et demande à faire le moins de sacrifices possibles. Il est des moments où cette masse entière se réveille, mue de passions grandes et profondes : on le vit, en 1789, quand il avait fallu conquérir la liberté, et, en 1793, quand il avait fallu la défendre. Mais, épuisée par ces efforts, la grande majorité de la France n'en voulait plus faire. Il fallait un gouvernement habile et vigoureux pour obtenir d'elle les ressources nécessaires au salut de la république. Heureusement la jeunesse, toujours prête à une vie aventurière, présentait de grandes ressources pour recruter les armées. Elle montrait d'abord beaucoup de répugnance à quitter ses foyers; mais elle cédait après quelque résistance. Transportée dans les camps, elle prenait un goût décidé pour la guerre, et y faisait des prodiges de valeur. Les contribuables, dont on exigeait des sacrifices d'argent, étaient bien plus difficiles à soumettre et à concilier au gouvernement.

Les ennemis de la révolution prenaient texte des sacrifices nouveaux imposés à la France, et déclamaient dans leurs journaux contre la réquisition, l'emprunt forcé, la levée forcée des chevaux, l'état des finances, le malheur des rentiers, et la sévère exécution des lois à l'égard des émigrés et des prêtres. Ils affectaient de considérer le gouvernement comme étant encore un gouvernement révolutionnaire, et en ayant l'arbitraire et la violence. Suivant eux, on ne pouvait pas se fier encore à lui, et se livrer avec sécurité à l'avenir. Ils s'élevaient surtout contre le projet d'une nouvelle campagne; ils prétendaient qu'on sacrifiait le repos, la fortune, la vie des citoyens, à la folie des conquêtes, et semblaient fâchés que la révolution eût l'honneur de donner la Belgique à la France. Du reste, il n'était point étonnant, disaient-ils, que le gouvernement eût un pareil esprit et de tels projets, puisque le directoire et les conseils étaient remplis des membres d'une assemblée qui s'était souillée de tous les crimes.

Les patriotes, qui, en fait de reproches et de récriminations, n'étaient jamais en demeure, trouvaient au contraire le gouvernement trop faible, et se montraient déjà tout prêts à l'accuser de condescendance pour les contre-révolutionnaires. Suivant eux, on laissait rentrer les émigrés et les prêtres; on acquittait chaque jour les conspirateurs de vendémiaire; les jeunes gens de la réquisition n'étaient pas assez sévèrement ramenés aux armées; l'emprunt forcé était perçu avec mollesse. Ils désapprouvaient surtout le système financier qu'on semblait disposé à adopter. Déjà on a vu que l'idée de supprimer les assignats les avait irrités, et qu'ils avaient demandé sur-le-champ les moyens révolutionnaires qui, en 1793, ramenèrent le papier au pair. Le projet de recourir aux compagnies financières et d'établir une banque réveilla tous leurs préjugés. Le gouvernement allait, disaient-ils, se remettre dans les mains des agioteurs ; il allait, en établissant une banque, ruiner les assignats, et détruire le papier-monnaie de la république, pour y substituer un papier privé, de la création des agioteurs. La suppression des rations les indigna. Rendre les subsistances au commerce libre, ne plus nourrir la ville de Paris, était une attaque à la révolution : c'était vouloir affamer le peuple et le pousser au désespoir. Sur ce point, les journaux du royalisme semblèrent d'accord avec ceux du jacobinisme, et le ministre Benezech fut accablé d'invectives par tous les partis.

Une mesure mit le comble à la colère des patriotes contre le nouveau gouvernement. La loi du 3 brumaire, en amnistiant tous les faits relatifs à la révolution, exceptait cependant les crimes particuliers, comme vols et assassinats, lesquels étaient toujours passibles de l'application des lois. Ainsi les poursuites commencées pendant les derniers temps de la convention contre les auteurs des massacres de septembre, furent continuées comme poursuites ordinaires contre l'assassinat. On jugeait en même temps les conspirateurs de vendémiaire, et ils étaient presque tous acquittés. L'instruction contre les auteurs de septembre était au contraire extrêmement rigoureuse. Les patriotes furent révoltés. Le nommé Babœuf, jacobin forcené, déja enfermé en prairial, et qui se trouvait libre maintenant par l'effet de la loi d'amnistie, avait commencé un journal, à l'imitation de Marat, sous le titre du *Tribun du Peuple* On comprend ce que pouvait être l'imitation d'un modèle pareil. Plus violent que celui de Marat, le journal de Babœuf n'était pas cynique, mais plat. Ce que des circonstances extraordinaires avaient provoqué, était réduit ici en système, et soutenu avec une sottise et une frénésie encore inconnues. Quand des idées qui ont préoccupé les esprits touchent à leur fin, elles restent dans quelques têtes, et s'y changent en manie et en imbécillité. Babœuf était le chef d'une secte de malades qui soutenaient que le massacre de septembre avait été incomplet, qu'il faudrait le renouveler en le rendant général, pour qu'il fût définitif. Ils prêchaient publiquement la loi agraire, ce que les hébertistes eux-mêmes n'avaient pas osé, et se servaient d'un nouveau mot, le *bonheur commun*, pour exprimer le but de leur système. L'expression seule caractérisait en eux le dernier terme de l'absolutisme démagogique. On frémit en lisant les pages de Babœuf. Les esprits de bonne foi en eurent pitié; les alarmistes feignirent de croire à l'approche d'une nouvelle terreur, et il est vrai de dire que les séances de la société du Panthéon fournissaient un prétexte spécieux à leurs craintes. C'est dans le vaste local de Sainte-Geneviève que les jacobins avaient recommencé leur club, comme nous avons dit. Plus nombreux que jamais, ils étaient près de quatre mille, vociférant à la fois, bien avant dans la nuit. Insensiblement ils avaient outrepassé la constitution, et s'étaient donné tout ce qu'elle défendait, c'est-à-dire un bureau, un président et des brevets; en un mot, ils avaient repris le caractère d'une assemblée politique. Là, ils déclamaient contre les émigrés et les prêtres, les agioteurs, les sangsues du peuple, les projets de banque, la suppression des rations, l'abolition des assignats, et les procédures instruites contre les patriotes.

Le directoire, qui de jour en jour se sentait mieux établi, et redoutait moins la contre-révolution, commençait à rechercher l'approbation des esprits modérés et raisonnables. Il crut devoir sévir contre ce déchaînement de la faction jacobine. Il en avait les moyens dans la constitution et dans les lois existantes; il résolut de les employer. D'abord, il fit saisir plusieurs numéros du journal de Babœuf, comme provoquant au renversement de la constitution; ensuite il fit fermer la société du Panthéon, et plusieurs autres formées par la jeunesse dorée, dans lesquelles on dansait et où on lisait les journaux; ces dernières étaient situées au Palais-Royal et au boulevart des Italiens, sous le titre de *Société des Échecs*, *Salon des Princes*, *Salon des Arts*. Elles étaient peu redoutables, et ne furent comprises dans la mesure que pour montrer de l'impartialité. L'arrêté fut publié et exécuté le 8 ventôse (27 février 1796). Une résolution demandée aux cinq-cents ajouta une condition à toutes celles que la constitution imposait déjà aux sociétés populaires : elles ne purent être composées de plus de soixante membres.

Le ministre Benezech, accusé par les deux partis, voulut demander sa démission. Le directoire refusa de l'accepter, et lui écrivit une lettre pour le féliciter de ses services. La lettre fut publiée. Le nouveau système des subsistances fut maintenu; les indigents, les rentiers et les fonctionnaires publics qui n'avaient pas mille écus de revenu, obtinrent seuls des rations. On songea aussi aux malheureux rentiers qui étaient toujours payés en papier. Les deux conseils décrétèrent qu'ils recevraient dix capitaux pour un en assignats; augmentation bien insuffisante, car les assignats n'avaient plus que la deux-centième partie de leur valeur.

Le directoire ajouta aux mesures qu'il venait de prendre, celle de rappeler enfin les députés conventionnels en mission. Il les remplaça par des commissaires du gouvernement. Ces commissaires, auprès des armées et des administrations, représentaient le directoire, et surveillaient l'exécution des lois. Ils n'avaient plus comme autrefois des pouvoirs illimités auprès des armées; mais, dans un cas pressant, où le pouvoir du général était insuffisant, comme une réquisition de vivres ou de troupes, ils pouvaient prendre une décision d'urgence, qui était provisoirement exécutée, et soumise ensuite à l'approbation du directoire. Des plaintes s'étant élevées contre beaucoup de fonctionnaires choisis par le directoire dans le premier moment de son installation, il enjoignit à ses commissaires civils de les surveiller, de recueillir les plaintes qui s'élèveraient contre eux, et de lui désigner ceux dont le remplacement serait convenable.

Pour surveiller les factions, qui, obligées maintenant de se cacher, allaient agir dans l'ombre, le directoire imagina la création d'un ministère spécial de la police.

La police est un objet important dans les temps de troubles. Les trois assemblées précédentes lui avaient consacré un comité nombreux; le directoire ne crut pas devoir la laisser parmi les attributions accessoires du ministère de l'intérieur, et proposa aux deux conseils d'ériger un ministère spécial. L'opposition prétendit que c'était une institution inquisitoriale, ce qui était vrai, et ce qui malheureusement était inhérent à un temps de factions, et surtout de factions obstinées et obligées de comploter secrètement. Le projet fut approuvé. On appela le député Cochon aux fonctions de ce nouveau ministère. Le directoire aurait voulu encore des lois sur la liberté de la presse. La constitution la déclarait illimitée, sauf les dispositions qui pourraient devenir nécessaires pour en réprimer les écarts. Les deux conseils, après une discussion solennelle, rejetèrent tout projet de loi répressive. Les rôles furent encore intervertis dans cette discussion. Les partisans de la révolution, qui devaient être partisans de la liberté illimitée, demandaient des moyens de répression; et l'opposition, dont la pensée secrète inclinait plutôt à la monarchie qu'à la république, vota pour la liberté illimitée; tant les partis sont gouvernés par leur intérêt! Du reste, la décision était sage. La presse peut être illimitée sans danger : il n'y a que la vérité de redoutable ; le faux est impuissant ; plus il s'exagère, plus il s'use. Il n'y a pas de gouvernement qui ait péri par le mensonge. Qu'importe qu'un Babœuf célébrât la loi agraire, qu'une *Quotidienne* rabaissât la grandeur de la révolution, calomniât ses héros et cherchât à relever des princes bannis! Le gouvernement n'avait qu'à laisser déclamer : huit jours d'exagération et de mensonge usent toutes les plumes des pamphlétaires et des libellistes. Mais il faut bien du temps et de la philosophie à un gouvernement pour qu'il admette ces vérités. Il n'était peut-être pas temps pour la convention de les entendre. Le directoire, qui était plus tranquille et plus assis, aurait dû commencer à les comprendre et à les pratiquer.

Les dernières mesures du directoire, telles que la clôture de la société du Panthéon, le refus d'accepter la démission du ministre Benezech, le rappel des conventionnels en mission, le changement de certains fonctionnaires, produisirent le meilleur effet ; elles rassurèrent ceux qui craignaient véritablement la terreur, condamnèrent au silence ceux qui affectaient de la craindre, et satisfirent les esprits sages qui voulaient que le gouvernement se plaçât au-dessus de tous les partis. La suite, l'activité des travaux du directoire, ne contribuèrent pas moins que tout le reste à lui concilier l'estime. On commençait à espérer le repos et à supposer de la durée au régime actuel. Les cinq directeurs s'étaient entourés d'un certain appareil. Barras, homme de plaisir, faisait les honneurs du Luxembourg. C'est lui, en quelque sorte, qui représentait pour ses collègues. La société avait à peu près le même aspect que l'année précédente; elle présentait un mélange singulier de conditions, une grande liberté de mœurs, un goût effréné pour les plaisirs, un luxe extraordinaire. Les salons du directeur étaient pleins de généraux dont l'éducation et la fortune s'étaient faites en deux ans, de fournisseurs et de gens d'affaires qui s'étaient enrichis par les spéculations et les rapines, d'exilés qui rentraient et cherchaient à se rattacher au gouvernement, d'hommes à grands talents, qui, commençant à croire à la république, désiraient y prendre place, d'intrigants enfin qui couraient après la faveur. Des femmes de toute origine venaient déployer leurs charmes dans ces salons, et user de leur influence, dans un moment où tout était à demander et à obtenir. Si quelquefois les manières manquaient de cette décence et de cette dignité dont on fait tant de cas en France, et qui sont le fruit d'une société polie, tranquille et exclusive, il y régnait une extrême liberté d'esprit, et cette grande abondance d'idées positives que suggèrent la vue et la pratique des grandes choses. Les hommes qui composaient cette société étaient affranchis de toute espèce de routine; ils ne répétaient pas d'insignifiantes traditions; ce qu'ils savaient ils l'avaient appris par leur propre expérience. Ils avaient vu les plus grands événements de l'histoire, ils y avaient pris, ils y prenaient part encore; et il est aisé de se figurer ce qu'un tel spectacle devait réveiller d'idées chez des esprits jeunes, ambitieux et pleins d'espérance. Là, brillait au premier rang le jeune Hoche, qui, de simple soldat aux gardes-françaises, était devenu en une campagne général en chef, et s'était donné en deux ans l'éducation la plus soignée. Beau, plein de politesse, renommé comme un des premiers capitaines de son temps, et âgé à peine de vingt-sept ans, il était l'espoir des républicains, et l'idole de ces femmes éprises de la beauté, du talent et de la gloire. A côté de lui, on remarquait déjà le jeune Bonaparte, qui n'avait point encore de renommée, mais dont les services à Toulon et au 13 vendémiaire étaient connus, dont le caractère et la personne étonnaient par leur singularité, et dont l'esprit était frappant d'originalité et de vigueur. Dans cette société, où madame Tallien étalait sa beauté, madame Beauharnais sa grace, madame de Staël déployait tout l'éclat de son esprit, agrandi par les circonstances et la liberté.

Ces jeunes hommes appelés à dominer dans l'état, choisissaient leurs épouses, quelquefois parmi des femmes d'ancienne condition, qui se trouvaient honorées de leur choix, quelquefois dans les familles des enrichis du temps, qui voulaient ennoblir la fortune par la réputation. Bonaparte venait d'épouser la veuve de l'infortuné général Beauharnais. Chacun songeait à faire sa destinée, et la prévoyait grande. Une foule de carrières étaient ouvertes. La guerre sur le continent, la guerre sur la mer, la tribune, les magistratures, une grande république en un mot à défendre et à gouverner, c'étaient là de grands buts, dignes d'enflammer les esprits! Le gouvernement avait fait récemment une acquisition précieuse, celle d'un écrivain ingénieux et profond, qui consacrait son jeune talent à concilier les esprits à la nouvelle république. M. Benjamin Constant venait de publier une brochure intitulée : *De la Force du gouvernement*, qui avait produit une grande sensation. Il y démontrait le nécessité de se rattacher à un gouvernement qui était le seul espoir de la France et de tous les partis.

C'était toujours le soin des finances qui occupait le plus le gouvernement. Les dernières mesures n'étaient qu'un ajournement de la difficulté. On avait donné au gouvernement une certaine quantité de biens à vendre, la faculté d'engager les grandes forêts, l'emprunt forcé, et on lui avait laissé la planche aux assignats comme ressource extrême. Pour devancer le produit de ces différentes ressources, il avait, comme on a vu, créé 60 millions de rescriptions, espèces de bons de l'échiquier, ou de bons royaux, acquittables avec le premier numéraire qui rentrerait dans les caisses. Mais ces rescriptions n'avaient obtenu cours que très-difficilement. Les banquiers réunis pour concerter un projet de banque territoriale, fondée sur les biens nationaux, s'étaient retirés en entendant les cris poussés par les patriotes contre les agioteurs et les traitants. L'emprunt forcé se percevait beaucoup plus lentement qu'on ne l'avait cru. La répartition portait sur des bases extrêmement arbitraires, puisque l'emprunt devait être frappé sur les classes les plus aisées; chacun réclamait, et chaque part de l'emprunt à percevoir occasionait une contestation aux percepteurs. A peine un tiers était rentré en deux mois. Quelques millions en numéraire et quelques milliards en papier avaient été perçus. Dans l'insuffisance de cette ressource, on avait eu encore recours au moyen extrême, laissé au gouvernement pour suppléer à tous les autres, la planche aux assignats. Les émissions avaient été portées depuis les deux derniers mois, à la somme inouïe de 45 milliards. 20 milliards avaient à peine fourni 100 millions, car les assignats ne valaient plus que le deux-centième de leur titre. Décidément le public n'en voulait plus du tout, car ils n'étaient plus bons à rien. Ils ne pouvaient servir au remboursement des créances, qui étaient suspendues; ils ne pouvaient solder que la moitié des fermages et de l'impôt, car l'autre moitié se payait en nature; ils étaient refusés dans les marchés ou reçus d'après leur valeur réduite; enfin, on ne les prenait dans la vente des biens qu'au taux même des marchés, les enchères faisant toujours monter l'offre à proportion de l'avilissement du papier. On n'en pouvait donc faire aucun emploi capable de leur donner quelque valeur. Une émission dont on ne connaissait pas le terme, faisait prévoir encore des chiffres extraordinaires qui rendraient les sommes les plus modiques. Les milliards signifiaient tout au plus des millions.

Cette chute, dont nous avons parlé* lorsqu'on refusa d'interdire les enchères dans la vente des biens, était réalisée.

Les esprits dans lesquels la révolution avait laissé ses préjugés, car tous les systèmes et toutes les puissances en laissent, voulaient qu'on relevât les assignats, en affectant une grande quantité de biens à leur hypothèque, et en employant des mesures violentes pour les faire circuler. Mais il n'y a rien au monde de plus impossible à rétablir que la réputation d'une monnaie : il fallait donc renoncer aux assignats.

On se demande pourquoi on n'abolissait pas tout de suite le papier-monnaie, en le réduisant à sa valeur réelle, qui était de 200 millions au plus, et en exigeant le paiement des impôts et des biens nationaux, soit en numéraire, soit en assignats au cours? Le numéraire en effet reparaissait, et avec quelque abondance, surtout dans les provinces; ainsi c'était une véritable erreur que de craindre sa rareté; car le papier comptait pour 200 millions dans la circulation : mais une autre raison empêcha de renoncer au papier-monnaie. La seule richesse, il faut le dire toujours, consistait dans

---

* Voyez tome VII, page 387 et suiv.

les biens nationaux. Leur vente ne paraissait ni assurée ni prochaine. Ne pouvant donc attendre que leur valeur vînt spontanément au trésor par les ventes, il fallait la représenter d'avance en papier, et l'émettre pour la retirer ensuite; en un mot, il fallait dépenser le prix avant de l'avoir reçu. Cette nécessité de dépenser avant d'avoir vendu, fit songer à la création d'un nouveau papier.

Les cédules, qui étaient une hypothèque spéciale sur chaque bien, entraînaient de longs délais, car il fallait qu'elles portassent l'énonciation de chaque domaine; d'ailleurs elles dépendaient de la volonté du preneur, et ne levaient pas la véritable difficulté. On imagina un papier qui, sous le nom de mandats, représentait une valeur fixe de bien. Tout domaine devait être délivré sans enchère et sur simple procès-verbal, pour prix en mandats, égal à celui de 1790 (vingt-deux fois le revenu). On devait créer 2 milliards 400 millions de ces mandats, et leur affecter sur-le-champ 2 milliards 400 millions de biens, estimation de 1790. Ainsi, ces mandats ne pouvaient subir d'autre variation que celle des biens eux-mêmes, puisqu'ils en représentaient une quantité fixe. Ils ne pouvaient pas à la vérité se trouver au pair de l'argent, car les biens ne valaient pas ce qu'ils valaient en 1790; mais ils devaient avoir la valeur même des biens.

On résolut d'employer une partie de ces mandats à retirer les assignats. La planche des assignats fut brisée le 30 pluviôse an IV (19 février). 45 milliards 500 millions avaient été émis. Par les différentes rentrées, soit de l'emprunt, soit de l'arriéré, la quantité circulante avait été réduite à 36 milliards, et devait l'être bientôt à 24. Ces 24 milliards, en les réduisant au trentième, représentaient 800 millions : on décréta qu'ils seraient échangés contre 800 millions de mandats, ce qui était une liquidation de l'assignat au trentième de sa valeur nominale. 400 millions de mandats devaient être émis en outre pour le service public, et les 1200 millions restants enfermés dans la caisse à trois clefs, pour en sortir par décret, au fur et à mesure des besoins.

Cette création des mandats était une réimpression des assignats, avec un chiffre moindre, une autre dénomination, et une valeur déterminée par rapport aux biens. C'était comme si on eût créé, outre les 24 milliards devant rester en circulation, 48 autres milliards, ce qui aurait fait 72; c'était comme si on eût décidé que ces 72 milliards seraient reçus en paiement des biens, pour trente fois la valeur de 1790, ce qui supposait 2 milliards 400 millions de biens affectés en hypothèque. Ainsi, le chiffre était réduit, le rapport aux biens fixé, et le nom changé.

Les mandats furent créés le 26 ventôse (16 mars). Les biens durent être mis sur-le-champ en vente, et délivrés au porteur de mandats sur simple procès-verbal. La moitié du prix devait être payée dans la première décade, le reste dans trois mois. Les forêts nationales étaient mises à part; et les 2 milliards 400 millions de biens étaient pris sur les biens de moins de trois cents arpents. Sur-le-champ on prit les mesures que nécessite l'adoption d'un papier-monnaie. Le mandat était la monnaie de la république, tout devait être payé en mandats. Les créances stipulées en numéraire, les baux, les fermages, les intérêts des capitaux, les impôts, excepté l'impôt arriéré, les rentes sur l'état, les pensions, les appointements des fonctionnaires publics, durent être payés en mandats. Il y eut de grandes discussions sur la contribution foncière. Ceux qui prévoyaient que les mandats pourraient tomber comme l'assignat, voulaient que, pour assurer à l'état une rentrée certaine, on continuât de payer la contribution foncière en nature. On leur objecta les difficultés de la perception, et on décida qu'elle aurait lieu en mandats, ainsi que celle des douanes, des droits d'enregistrement, de timbre, des postes, etc. On ne s'en tint pas là; on crut devoir accompagner la création du nouveau papier des sévérités ordinaires qui accompagnent l'emploi des valeurs forcées; on déclara que l'or et l'argent ne seraient plus considérés comme marchandises, et qu'on ne pourrait plus vendre le papier contre l'or, ni l'or contre le papier. Après les expériences qu'on avait faites, cette mesure était misérable. On venait d'en prendre en même temps une autre qui ne l'était pas moins, et qui nuisit dans l'opinion au directoire : ce fut la clôture de la Bourse. Il aurait dû savoir que la clôture d'un marché public n'empêchait pas qu'il s'en établît des milliers ailleurs.

En faisant des mandats la monnaie nouvelle, et en les mettant partout à la place du numéraire, le gouvernement commettait une erreur grave. Même en se soutenant, le mandat ne pouvait jamais égaler le taux de l'argent. Le mandat valait, si l'on veut, autant que la terre, mais il ne pouvait valoir davantage. Or, la terre ne valait pas la moitié du prix de 1790; un bien, même patrimonial, de 100 mille francs, ne se serait pas payé 50 mille en argent. Comment 100 mille francs en mandats en auraient-ils valu 100 mille en numéraire? Il aurait donc fallu admettre au moins cette différence. Le gouvernement devait donc, indépendamment de toutes les autres causes de dépréciation, trouver un premier mécompte provenant de la dépréciation des biens.

On était si pressé, qu'on fit circuler des promesses de mandats, en attendant que les mandats eux-mêmes fussent prêts à être émis. Sur-le-champ ces promesses circulèrent à une valeur très-inférieure à leur valeur nominale. On fut extrêmement alarmé, et on se dit que le nouveau papier, duquel on espérait tant, allait tomber comme les assignats, et laisser la république sans aucune ressource. Cependant il y avait une cause de cette chute anticipée, et on pouvait bientôt la lever. Il fallait rédiger des instructions à l'usage des administrations locales, pour régler les cas extrêmement compliqués que ferait naître la vente des biens sur simple procès-verbal; et ce travail exigeait beaucoup de temps et retardait l'ouverture des ventes. Pendant cet intervalle, le mandat tombait, et on disait que sa valeur baisserait si rapidement, que l'état ne voudrait pas ouvrir les ventes et abandonner les biens pour une valeur nulle; qu'il allait arriver aux mandats ce qui était arrivé aux assignats; qu'ils se réduiraient successivement à rien, et qu'alors on les recevrait en paiement des biens, non à leur valeur d'émission, mais à leur valeur réduite. Les malveillants faisaient entendre ainsi que le nouveau papier était un leurre, que jamais les biens ne seraient aliénés, et que la république voulait se les réserver comme un gage apparent et éternel de toutes les espèces de papier qu'il lui plairait d'émettre. Cependant les ventes s'ouvrirent. Les souscriptions furent nombreuses. Le mandat de 100 francs était tombé à 15 francs. Il remonta successivement à 30, 40, et en quelques lieux à 88 francs. On espéra donc un instant le succès de la nouvelle opération.

C'était au milieu des factions secrètement conjurées contre lui que le directoire se livrait à ces travaux. Les agents de la royauté continuaient leurs secrètes menées. La mort de Lemaître ne les avait pas dispersés. Brottier, acquitté, était devenu le chef de l'agence. Duverne de Presle, Laville-Heurnois, Despomelles, s'étaient réunis à lui, et formaient secrètement le comité royal. Ces misérables brouillons n'avaient pas plus d'influence que par le passé; ils intriguaient, demandaient de l'argent à grands cris, écrivaient de nombreuses correspondances, et promettaient merveilles. Ils étaient toujours les intermédiaires entre le prétendant et la Vendée, où ils avaient de nombreux agents. Ils persistaient dans leurs idées, et voyant l'insurrection comprimée par Hoche, et prête à expirer sous ses coups, ils se confirmaient toujours davantage dans le système de tout faire à Paris, même par un mouvement de l'intérieur. Ils se vantaient, comme du temps de la convention, d'être en rapport avec plusieurs députés du nouveau tiers, et ils prétendaient qu'il fallait temporiser, travailler l'opinion par des journaux, déconsidérer le gouvernement, et tout préparer pour que les élections de l'année suivante amenassent un nouveau tiers de députés entièrement contre-révolutionnaires. Ils se flattaient ainsi de détruire la constitution républicaine par les moyens de la constitution même. Ce plan était certainement le moins chimérique, et c'est celui qui donne l'idée la plus favorable de leur intelligence.

Les patriotes de leur côté préparaient des complots, mais autrement dangereux par les moyens qu'ils avaient à leur disposition. Chassés du Panthéon, condamnés tout-à-fait par le gouvernement qui s'était séparé d'eux, et qui leur retirait leurs emplois, ils s'étaient déclarés contre lui, et étaient devenus ses ennemis irréconciliables. Se voyant poursuivis et observés avec un grand soin, ils n'avaient plus trouvé d'autre ressource que de conspirer très-secrètement, et de manière à ce que les chefs de la conspiration restassent tout-à-fait inconnus. Ils s'étaient choisis quatre pour former un directoire secret de salut public; Babœuf et Drouet étaient du nombre. Le directoire secret devait communiquer avec douze agents principaux qui ne se connaissaient pas les uns les autres, et chargés d'organiser des sociétés de patriotes dans tous les quartiers de Paris. Ces douze agents, agissant ainsi chacun de leur côté, avaient défense de nommer les quatre membres du directoire secret; ils devaient parler et se faire obéir au nom d'une autorité mystérieuse et suprême, qui était instituée pour diriger les efforts des patriotes vers ce qu'ils appelaient le *bonheur commun*. De cette manière les fils de la conspiration étaient presque insaisissables, car en supposant qu'on en saisît un, les autres restaient toujours inconnus. Cette organisation s'établit, en effet, comme l'avait projeté Babœuf; des sociétés de patriotes existaient dans tout Paris, et, par l'intermédiaire des douze agents principaux, recevaient l'impulsion d'une autorité inconnue.

Babœuf et ses collègues cherchaient quel

serait le mode employé pour opérer ce qu'ils appelaient *la délivrance*, et à qui on remettrait l'autorité, quand on aurait égorgé le directoire, dispersé les conseils, et mis le peuple en possession de sa souveraineté. Ils se défiaient déjà beaucoup trop des provinces et de l'opinion pour courir la chance d'une élection, et appeler une assemblée nouvelle. Ils voulaient tout simplement en nommer une composée de jacobins d'élite, pris dans chaque département. Ils devaient faire ce choix eux-mêmes, et compléter cette assemblée en y ajoutant tous les montagnards de l'ancienne convention qui n'avaient pas été réélus. Encore ces montagnards ne leur semblaient pas donner de suffisantes garanties, car beaucoup avaient adhéré, dans les derniers temps de la convention, à ce qu'ils appelaient les mesures liberticides, et avaient même accepté des fonctions du directoire. Cependant ils avaient fini par tomber d'accord sur l'admission dans la nouvelle assemblée de soixante-huit d'entre eux, qui passaient pour les plus purs. Cette assemblée devait s'emparer de tous les pouvoirs, jusqu'à ce que le *bonheur commun* fût assuré.

Il fallait s'entendre avec les conventionnels non réélus, dont la plupart étaient à Paris. Babœuf et Drouet entrèrent en communication avec eux. Il y eut de grandes discussions sur le choix des moyens. Les conventionnels trouvaient trop extraordinaires ceux que proposait le directoire insurrecteur. Ils voulaient le rétablissement de l'ancienne convention, avec l'organisation prescrite par la constitution de 1793. Enfin on s'entendit, et l'insurrection fut préparée pour le mois de floréal (avril-mai). Les moyens dont le directoire secret se proposait d'user, étaient vraiment effrayants. D'abord il s'était mis en correspondance avec les principales villes de France, pour que la révolution fût simultanée et semblable partout. Les patriotes devaient partir de leurs quartiers en portant des guidons sur lesquels seraient écrits ces mots : *Liberté, Égalité, Constitution de* 1793, *Bonheur commun*. Quiconque résisterait au peuple souverain serait mis à mort. On devait égorger les cinq directeurs, certains membres des cinq-cents, le général de l'armée de l'intérieur; on devait s'emparer du Luxembourg, de la Trésorerie, du télégraphe, des arsenaux et du dépôt d'artillerie de Meudon. Pour engager le peuple à se soulever et ne plus *le payer de vaines promesses*, on devait obliger tous les habitants aisés de loger, héberger et nourrir chaque homme qui aurait pris part à l'insurrection. Les boulangers, les marchands de vin seraient tenus de fournir du pain et des boissons au peuple, moyennant une indemnité que leur paierait la république, et sous peine d'être pendus à la lanterne en cas de refus. Tout soldat qui passerait du côté de l'insurrection aurait son équipement en propriété, recevrait une somme d'argent, et aurait la faculté de retourner dans ses foyers. On espérait gagner ainsi tous ceux qui servaient à regret. Quant aux soldats de métier qui avaient pris goût à la guerre, on leur donnait à piller les maisons des royalistes. Pour tenir les armées au complet, et remplacer ceux qui rentreraient dans leurs foyers, on se proposait d'accorder aux soldats des avantages tels, qu'on ferait lever spontanément une multitude de nouveaux volontaires.

On voit quelles combinaisons terribles et insensées avaient conçues ces esprits désespérés. Ils désignèrent Rossignol, l'ex-général de la Vendée, pour commander l'armée parisienne d'insurrection. Ils avaient pratiqué des intelligences dans cette légion de police qui faisait partie de l'armée de l'intérieur, et toute composée de patriotes, de gendarmes des tribunaux, d'anciens gardes-françaises. Elle se mutina en effet, mais trop tôt, et fut dissoute par le directoire. Le ministre de la police Cochon, qui suivait les progrès de la conspiration, qui lui fut dénoncée par un officier de l'armée de l'intérieur qu'on avait voulu enrôler, la laissa se continuer pour en saisir tous les fils. Le 20 floréal (9 mai), Babœuf, Drouet, et les autres chefs et agents devaient se réunir rue Bleue, chez un menuisier. Des officiers de police, apostés dans les environs, saisirent les conspirateurs, et les conduisirent sur-le-champ en prison. On arrêta en outre les ex-conventionnels Laignelot, Vadier, Amar, Ricord, Choudieu, le Piémontais Buonarotti, l'ex-membre de l'assemblée législative Antonelle, Pelletier (de Saint-Fargeau), frère de celui qui avait été assassiné. On demanda aussitôt aux deux conseils la mise en accusation de Drouet, qui était membre des cinq-cents, et on les envoya tous devant la haute cour nationale, qui n'était pas encore organisée, et qu'on se mit à organiser sur-le-champ. Babœuf, dont la morgue égalait le fanatisme, écrivit au directoire une lettre singulière, et qui peignait le délire de son esprit. — « Je suis une puissance, écrivait-il aux cinq directeurs ; ne craignez donc pas de traiter avec moi d'égal à égal. Je suis le chef d'une secte formidable que vous ne détruirez pas en m'envoyant à la mort, et qui, après mon supplice, n'en sera que plus irritée et plus dangereuse. Vous n'avez qu'un seul fil de la conspiration; ce n'est rien d'avoir arrêté quelques individus; les chefs renaîtront sans cesse. Épargnez-vous de verser du sang inutile; vous n'avez pas encore fait beaucoup d'éclat, n'en faites pas davantage, traitez avec les patriotes; ils se souviennent que vous fûtes autrefois des républicains sincères; ils vous pardonneront, si vous voulez concourir avec eux au salut de la république. »

Le directoire ne fit aucun cas de cette lettre extravagante, et ordonna l'instruction du procès. Cette instruction devait être longue, car on voulait procéder dans toutes les formes. Ce dernier acte de vigueur acheva de consolider le directoire dans l'opinion générale. La fin de l'hiver approchait; les factions étaient surveillées et contenues; l'administration était dirigée avec zèle et avec soin; le papier-monnaie renouvelé donnait seul des inquiétudes; il avait fourni cependant des ressources momentanées pour faire les premiers préparatifs de la campagne qui allait s'ouvrir. En effet, la saison des opérations militaires était arrivée. Le ministère anglais, toujours astucieux dans sa politique, avait tenté auprès du gouvernement français la démarche dont l'opinion publique lui faisait un devoir. Il avait chargé son agent en Suisse, Wickam, d'adresser des questions insignifiantes au ministre de France Barthélemy. Cette ouverture, faite le 17 ventôse (7 mars 1796), avait pour but de demander si la France était disposée à la paix, si elle consentirait à un congrès pour en discuter les conditions, si elle voulait faire connaître à l'avance les bases principales sur lesquelles elle était résolue à traiter. Une pareille démarche n'était qu'une vaine satisfaction donnée par Pitt à sa nation, afin d'être autorisé par un refus de la France à demander de nouveaux sacrifices. Si en effet Pitt avait été sincère, il n'aurait pas chargé de cette ouverture un agent sans pouvoirs; il n'aurait pas demandé un congrès européen, qui, par la complication des questions, ne pouvait rien terminer, et que la France d'ailleurs avait déjà refusé à l'Autriche par l'intermédiaire du Danemark; enfin il n'aurait pas demandé sur quelles bases la négociation devait s'ouvrir, puisqu'il savait que, d'après la constitution, les Pays-Bas étaient devenus partie du territoire français, et que le gouvernement actuel ne pouvait consentir à les en détacher. Le directoire, qui ne voulait pas être pris pour dupe, fit répondre à Wickam que ni la forme ni l'objet de cette démarche n'étaient de nature à faire croire à sa sincérité; que, du reste, pour démontrer ses intentions pacifiques, il consentait à faire une réponse à des questions qui n'en méritaient pas, et qu'il déclarait vouloir traiter sur les bases seules fixées par la constitution. C'était annoncer d'une manière définitive que la France ne renoncerait jamais à la Belgique. La lettre du directoire, écrite avec convenance et fermeté, fut aussitôt publiée avec celle de Wickam. C'était le premier exemple d'une diplomatie franche et ferme sans jactance.

Chacun approuva le directoire, et de part et d'autre on se prépara en Europe à recommencer les hostilités. Pitt demanda au parlement un nouvel emprunt de 7 millions sterling, et il s'efforça d'en négocier un autre de 3 millions pour l'empereur. Il avait beaucoup travaillé auprès du roi de Prusse pour le tirer de sa neutralité et le faire rentrer dans la lutte; il lui offrit des fonds, et lui représenta qu'arrivant à la fin de la guerre, lorsque tous les partis étaient épuisés, il aurait une supériorité assurée. Le roi de Prusse ne voulant pas retomber dans ses premières fautes, ne se laissa pas abuser et persista dans sa neutralité. Une partie de son armée, stationnée en Pologne, veillait à l'incorporation des nouvelles conquêtes; l'autre, rangée le long du Rhin, était prête à défendre la ligne de neutralité contre celle des puissances qui la violerait, et à prendre sous sa protection ceux des états de l'Empire qui réclameraient la médiation prussienne. La Russie, toujours féconde en promesses, n'envoyait pas encore de troupes, et s'occupait à organiser la part de territoire qui lui était échue en Pologne.

L'Autriche, enflée de ses succès à la fin de la campagne précédente, se préparait à la guerre avec ardeur, et se livrait aux espérances les plus présomptueuses. Le général auquel elle devait ce léger retour de fortune, avait cependant été destitué, malgré tout l'éclat de sa gloire. Clerfayt ayant déplu au conseil aulique, fut remplacé dans le commandement de l'armée du Bas-Rhin par le jeune archiduc Charles, dont on espérait beaucoup, sans cependant prévoir encore ses talents. Il avait montré dans les campagnes précédentes les qualités d'un bon officier. Wurmser commandait toujours l'armée du Haut-Rhin. Pour décider le roi de Sardaigne à continuer la guerre, on avait envoyé un renfort considérable à l'armée impériale qui se battait en Piémont; et on lui avait donné le général Beaulieu, qui s'était acquis beaucoup de réputation dans les Pays-Bas. L'Espagne, commençant à jouir de la paix, était attentive à la nouvelle lutte qui allait s'ouvrir, et, maintenant mieux éclairée sur ses véritables intérêts, faisait des vœux pour la France.

Le directoire, zélé comme un gouvernement nouveau, et jaloux d'illustrer son administration, méditait de grands projets. Il avait mis ses armées dans un état de force respectable; mais il n'avait pu que leur envoyer des hommes, sans leur fournir les approvisionnements nécessaires. Toute la Belgique avait été mise à contribution pour nourrir l'armée de Sambre-et-Meuse; des efforts extraordinaires avaient été faits pour faire vivre celle du Rhin au milieu des Vosges. Cependant on n'avait pu ni leur procurer des moyens de transport, ni remonter leur cavalerie. L'armée des Alpes avait vécu des magasins pris aux Autrichiens après la bataille de Loano; mais elle n'était ni vêtue, ni chaussée, et le prêt était arriéré. La victoire de Loano était ainsi demeurée sans résultat. Les armées des provinces de l'Ouest se trouvaient, grace aux soins de Hoche, dans un meilleur état que toutes les autres, sans être cependant pourvues de tout ce dont elles avaient besoin. Mais malgré cette pénurie, nos armées, habituées à souffrir, à vivre d'expédients, et d'ailleurs aguerries par leurs belles campagnes, étaient disposées à de grandes choses.

Le directoire méditait, disons-nous, de vastes projets. Il voulait finir dès le printemps la guerre de la Vendée, et prendre ensuite l'offensive sur tous les points. Son but était de porter les armées du Rhin en Allemagne pour bloquer et assiéger Mayence, achever la soumission des princes de l'Empire, isoler l'Autriche, transporter le théâtre de la guerre au sein des états héréditaires, et faire vivre ses troupes aux dépens de l'ennemi dans les riches vallées du Mein et du Necker. Quant à l'Italie, il nourrissait de plus vastes pensées encore, suggérées par le général Bonaparte. Comme on n'avait pas profité de la victoire de Loano, il fallait, suivant ce jeune officier, en remporter une seconde, décider le roi de Piémont à la paix, ou lui enlever ses états, franchir ensuite le Pô, et venir enlever à l'Autriche le plus beau fleuron de sa couronne, la Lombardie. Là était le théâtre des opérations décisives; là on allait porter les coups les plus sensibles à l'Autriche, conquérir des équivalents pour payer les Pays-Bas, décider la paix, et peut-être affranchir la belle Italie. D'ailleurs on allait nourrir et restaurer la plus pauvre de nos armées, au milieu de la contrée la plus fertile de la terre.

Le directoire, s'arrêtant à ces idées, fit quelques changements dans le commandement de ses armées. Jourdan conserva le commandement qu'il avait si bien mérité à la tête de l'armée de Sambre-et-Meuse. Pichegru, qui avait trahi sa patrie, et dont le crime était déjà soupçonné, fut remplacé par Moreau, qui commandait en Hollande. On offrit à Pichegru l'ambassade en Suède, qu'il refusa. Beurnonville, venu récemment de captivité, remplaça Moreau dans le commandement de l'armée française en Hollande. Schérer, dont on était mécontent pour n'avoir pas su profiter de la victoire de Loano, fut remplacé. On voulait un jeune homme entreprenant pour essayer une campagne hardie. Bonaparte, qui s'était déjà distingué à l'armée d'Italie, qui d'ailleurs paraissait si pénétré des avantages d'une marche au-delà des Alpes, parut l'homme le plus propre à remplacer Schérer. Il fut promu du commandement de l'armée de l'intérieur à celui de l'armée d'Italie. Il partit sur-le-champ pour se rendre à Nice. Plein d'ardeur et de joie, il dit en partant, que dans un mois il serait à Milan ou à Paris. Cette ardeur paraissait téméraire; mais chez un jeune homme, et dans une entreprise hasardeuse, elle était de bon augure.

Des changements pareils furent opérés dans

les trois armées qui gardaient les provinces insurgées. Hoche, mandé à Paris pour concerter avec le directoire un plan qui mît fin à la guerre civile, y avait obtenu la plus juste faveur, et reçu les plus grands témoignages d'estime. Le directoire, reconnaissant la sagesse de ses plans, les avait tous approuvés; et pour que personne n'en pût contrarier l'exécution, il avait réuni les trois armées des côtes de Cherbourg, des côtes de Brest et de l'Ouest, en une seule, sous le titre d'armée des côtes de l'Océan, et lui en avait donné le commandement supérieur. C'était la plus grande armée de la république, car elle s'élevait à cent mille hommes, s'étendait sur plusieurs provinces, et exigeait dans le chef une réunion de pouvoirs civils et militaires tout-à-fait extraordinaires. Un commandement aussi vaste était la plus grande preuve de confiance qu'on pût donner à un général. Hoche la méritait certainement. Possédant à vingt-sept ans une réunion de qualités militaires et civiles, qui deviennent souvent dangereuses à la liberté, nourrissant même une grande ambition, il n'avait pas cette coupable audace d'esprit qui peut porter un capitaine illustre à ambitionner plus que la qualité de citoyen; il était républicain sincère, et égalait Jourdan en patriotisme et en probité. La liberté pouvait applaudir sans crainte à ses succès, et lui souhaiter des victoires.

Hoche n'avait guère passé qu'un mois à Paris. Il était retourné sur-le-champ dans l'Ouest, afin d'avoir achevé la pacification de la Vendée à la fin de l'hiver ou au commencement du printemps. Son plan de désarmement et de pacification fut rédigé en articles, et converti en arrêté par le directoire. Il était convenu, d'après ce plan, qu'un cordon de désarmement envelopperait toutes les provinces insurgées, et les parcourrait successivement. En attendant leur complète pacification, elles étaient soumises au régime militaire. Toutes les villes étaient déclarées en état de siége. Il était reconnu en principe que l'armée devait vivre aux dépens du pays insurgé; par conséquent Hoche était autorisé à percevoir l'impôt et l'emprunt forcé soit en nature, soit en espèces, comme il lui conviendrait, et à former des magasins et des caisses pour l'entretien de l'armée. Les villes auxquelles les campagnes faisaient la guerre des subsistances, en cherchant à les affamer, devaient être approvisionnées militairement par des colonnes attachées aux principales d'entre elles. Le pardon était accordé à tous les rebelles qui déposeraient leurs armes. Quant aux chefs, ceux qui seraient pris les armes à la main devaient être fusillés; ceux qui se soumettraient seraient ou détenus ou en surveillance dans des villes désignées, ou conduits hors de France. Le directoire, approuvant le projet de Hoche, qui consistait à pacifier d'abord la Vendée avant de songer à la Bretagne, l'autorisait à terminer ses opérations sur la rive gauche de la Loire, avant de ramener ses troupes sur la rive droite. Dès que la Vendée serait entièrement soumise, une ligne de désarmement devait embrasser toute la Bretagne, depuis Granville jusqu'à la Loire, et s'avancer ainsi, en parcourant la péninsule bretonne, jusqu'à l'extrémité du Finistère. C'était à Hoche à fixer le moment où ces provinces, lui paraissant soumises, seraient affranchies du régime militaire et rendues au système constitutionnel.

Hoche, arrivé à Angers vers la fin de nivôse (mi-janvier), trouva ses opérations fort dérangées par son absence. Le succès de son plan dépendant surtout de la manière dont il serait exécuté, exigeait indispensablement sa présence. Le général Willot l'avait mal suppléé. La ligne de désarmement faisait peu de progrès. Charette l'avait franchie, et avait repassé sur les derrières. Le système régulier d'approvisionnement étant mal suivi, et l'armée ayant souvent manqué du nécessaire, elle s'était livrée de nouveau à l'indiscipline, et avait commis des actes capables d'aliéner les habitants. Sapinaud, après avoir fait, comme on l'a vu, une tentative hostile sur Montaigu, avait obtenu du général Willot une paix ridicule, à laquelle Hoche ne pouvait pas consentir. Enfin Stofflet, jouant toujours le prince, et Bernier le premier ministre, se renforçaient des déserteurs qui abandonnaient Charette, et faisaient des préparatifs secrets. Les villes de Nantes et d'Angers manquaient de vivres. Les patriotes réfugiés des pays environnants s'y étaient amassés, et se livraient, dans des clubs, à des déclamations furibondes et dignes des jacobins. Enfin on répandait que Hoche n'avait été rappelé à Paris que pour perdre son commandement. Les uns le disaient destitué comme royaliste, les autres comme jacobin.

Son retour dissipa tous les bruits, et répara les maux causés par son absence. Il fit recommencer le désarmement, remplir les magasins, approvisionner les villes; il les déclara toutes en état de siége; et, autorisé dès lors à y exercer la dictature militaire, il ferma les clubs jacobins formés par les réfugiés, et surtout une société connue à Nantes sous le titre de *Chambre ardente*. Il refusa de ratifier la paix accordée à Sapinaud; il fit occuper son pays, et lui laissa à lui la faculté de sortir de France, ou de courir les bois, sous peine d'être fusillé s'il était pris. Il fit resserrer Stofflet plus étroitement que jamais, et recommencer les poursuites contre Charette. Il confia à l'adjudant-général Travot, qui joignait à une grande intrépidité toute l'activité d'un partisan, le soin de poursuivre Charette avec plusieurs colonnes d'infanterie légère et de cavalerie, de manière à ne lui laisser ni repos, ni espoir.

Charette, en effet, poursuivi jour et nuit, n'avait plus aucun moyen d'échapper. Les habitants du Marais, désarmés, surveillés, ne pouvaient plus lui être d'aucun secours. Ils avaient livré déjà plus de sept mille fusils, quelques pièces de canon, quarante barils de poudre, et ils étaient dans l'impossibilité de reprendre les armes. L'auraient-ils pu d'ailleurs, ils ne l'auraient pas voulu, parce qu'ils se sentaient heureux du repos dont ils jouissaient, et qu'ils craignaient de s'exposer à de nouvelles dévastations. Les paysans venaient dénoncer aux officiers républicains les chemins où Charette passait, les retraites où il allait reposer un instant sa tête; et quand ils pouvaient s'emparer de quelques-uns de ceux qui l'accompagnaient, ils les livraient à l'armée. Charette, à peine escorté d'une centaine de serviteurs dévoués, et suivi de quelques femmes qui servaient à ses plaisirs, ne songeait pas cependant à se rendre. Plein de défiance, il faisait quelquefois massacrer ses hôtes, quand il craignait d'en être trahi. Il fit, dit-on, mettre à mort un curé qu'il soupçonnait de l'avoir dénoncé aux républicains. Travot le rencontra plusieurs fois, lui tua une soixantaine d'hommes, plusieurs de ses officiers, et entre autres son frère. Il ne lui resta plus que quarante ou cinquante hommes.

Pendant que Hoche le faisait harceler sans relâche, et poursuivait son projet de désarmement, Stofflet se voyait avec effroi entouré de toutes parts, et sentait bien que Charette, Sapinaud, détruits, et tous les chouans soumis, on ne souffrirait pas long-temps l'espèce de principauté qu'il s'était arrogée dans le Haut-Anjou. Il pensa qu'il ne fallait pas attendre, pour agir, que tous les royalistes fussent exterminés; alléguant pour prétexte un réglement de Hoche, il leva de nouveau l'étendard de la révolte, et reprit les armes. Hoche était en ce moment sur les bords de la Loire, et il allait se rendre dans le Calvados pour juger de ses yeux l'état de la Normandie et de la Bretagne. Il ajourna aussitôt son départ, et fit ses préparatifs pour enlever Stofflet, avant que sa révolte pût acquérir quelque importance. Hoche, du reste, était charmé que Stofflet lui fournît lui-même l'occasion de rompre la pacification. Cette guerre l'embarrassait peu, et lui permettait de traiter l'Anjou comme le Marais et la Bretagne. Il fit partir ses colonnes de plusieurs points à la fois, de la Loire, du Layon et de la Sèvre Nantaise. Stofflet, assailli de tous les côtés, ne put tenir nulle part. Les paysans de l'Anjou étaient encore plus sensibles aux douceurs de la paix que ceux du Marais; ils n'avaient point répondu à l'appel de leur ancien chef, et l'avaient laissé commencer la guerre avec les mauvais sujets du pays et les émigrés dont son camp était rempli. Deux rassemblements qu'il avait formés furent dispersés, et lui-même se vit obligé de courir, comme Charette, à travers les bois. Mais il n'avait ni l'opiniâtreté, ni la dextérité de ce chef, et son pays n'était pas aussi heureusement disposé pour cacher une troupe de maraudeurs. Il fut livré par ses propres affidés. Attiré dans une ferme, sous prétexte d'une conférence, il fut saisi, garrotté et abandonné aux républicains. On assure que son fidèle ministre, l'abbé Bernier, prit part à cette trahison. La prise de ce chef était d'une grande importance par l'effet moral qu'elle devait produire sur ces contrées. Il fut conduit à Angers; et après avoir subi un interrogatoire, il fut fusillé le 7 ventôse (26 février), en présence d'un peuple immense.

Cette nouvelle causa une joie des plus vives, et fit présager que bientôt la guerre civile finirait dans ces malheureuses contrées. Hoche, au milieu des soins si pénibles de ce genre de guerre, était abreuvé de dégoûts de toute espèce. Les royalistes l'appelaient naturellement un scélérat, un buveur de sang, quoiqu'il s'appliquât à les détruire par les voies les plus loyales; mais les patriotes eux-mêmes le tourmentaient de leurs calomnies. Les réfugiés de la Vendée et de la Bretagne, dont il réprimait les fureurs, et dont il contrariait la paresse, en cessant de les nourrir dès qu'il y avait sûreté pour eux sur leurs terres, le dénonçaient au directoire. Les administrations des villes qu'il mettait en état de siége, réclamaient contre l'établissement du système militaire, et le dénonçaient aussi. Des communes soumises à des amendes, ou à la perception militaire de l'impôt, se plaignaient à leur tour. C'était un concert continuel de plaintes et de réclamations. Hoche, dont le caractère était irritable, fut plusieurs fois poussé au désespoir, et demanda formellement sa démission. Mais le directoire la refusa, et le consola par de nouveaux témoignages d'estime et de confiance. Il lui fit un don national de deux beaux chevaux, don qui n'était pas seulement une récompense, mais un secours indispensable. Ce jeune général, qui aimait les plaisirs, qui était à la tête d'une armée de cent mille hommes, et qui disposait du revenu de plusieurs provinces, manquait cependant quelquefois du nécessaire. Ses appointements payés en papier se réduisaient à rien. Il manquait de chevaux, de selles, de brides, et il demandait l'autorisation de prendre, en les payant, six selles, six brides, des fers de cheval, quelques bouteilles de rum, et quelques pains de sucre, dans les magasins laissés par les Anglais à Quiberon : exemple admirable de délicatesse, que nos généraux républicains donnèrent souvent, et qui allait devenir tous les jours plus rare, à mesure que nos invasions allaient s'étendre, et que nos mœurs guerrières allaient se corrompre par l'effet des conquêtes et des mœurs de cour!

Encouragé par le gouvernement, Hoche continua ses efforts pour finir son ouvrage dans la Vendée. La pacification complète ne dépendait plus que de la prise de Charette. Ce chef, réduit aux abois, fit demander à Hoche la permission de passer en Angleterre. Hoche y consentit, d'après l'autorisation qu'il en trouvait dans l'arrêté du directoire, relatif aux chefs qui feraient leur soumission. Mais Charette n'avait fait cette demande que pour obtenir un peu de répit, et il n'en voulait pas profiter. De son côté, le directoire ne voulait pas faire grace à Charette, parce qu'il pensait que ce chef fameux serait toujours un épouvantail pour la contrée. Il écrivit à Hoche de ne lui accorder aucune transaction. Mais lorsque Hoche reçut ces nouveaux ordres, Charette avait déja déclaré que sa demande n'était qu'une feinte pour obtenir quelques moments de repos, et qu'il ne voulait pas du pardon des républicains. Il s'était mis de nouveau à courir les bois.

Charette ne pouvait pas échapper plus long-temps aux républicains. Poursuivi à la fois par des colonnes d'infanterie et de cavalerie, observé par des troupes de soldats déguisés, dénoncé par les habitants, qui voulaient sauver leur pays de la dévastation, traqué dans les bois comme une bête fauve, il tomba le 2 germinal (22 mars) dans une embuscade qui lui fut tendue par Travot. Armé jusqu'aux dents, et entouré de quelques braves qui s'efforçaient de le couvrir de leurs corps, il se défendit

comme un lion, et tomba enfin frappé de plusieurs coups de sabre. Il ne voulut remettre son épée qu'au brave Travot, qui le traita avec tous les égards dus à un si grand courage. Il fut conduit au quartier républicain, et admis à table auprès du chef de l'état-major Hédouville. Il s'entretint avec une grande sérénité, et ne montra nulle affliction du sort qui l'attendait. Traduit d'abord à Angers, il fut ensuite transporté à Nantes, pour y terminer sa vie aux mêmes lieux qui avaient été témoins de son triomphe. Il subit un interrogatoire auquel il répondit avec beaucoup de calme et de convenance. On le questionna sur les prétendus articles secrets du traité de La Jaunaye, et il avoua qu'il n'en existait point. Il ne chercha ni à pallier sa conduite, ni à excuser ses motifs; il avoua qu'il était serviteur de la royauté, et qu'il avait travaillé de toutes ses forces à renverser la république. Il montra de la dignité et une grande impassibilité. Conduit au supplice au milieu d'un peuple immense, qui n'était point assez généreux pour lui pardonner les maux de la guerre civile, il conserva toute son assurance. Il était tout sanglant; il avait perdu trois doigts dans son dernier combat, et portait le bras en écharpe. Sa tête était enveloppée d'un mouchoir. Il ne voulut ni se laisser bander les yeux, ni se mettre à genoux. Resté debout, il détacha son bras de son écharpe, et donna le signal. Il tomba mort sur-le-champ. C'était le 9 germinal (29 mars). Ainsi finit cet homme célèbre, dont l'indomptable courage causa tant de maux à son pays, et méritait de s'illustrer dans une autre carrière. Compromis par la dernière tentative de débarquement qui avait été faite sur ses côtes, il ne voulut plus reculer, et finit en désespéré. Il exhala, dit-on, un vif ressentiment contre les princes qu'il avait servis, et dont il se regardait comme abandonné.

La mort de Charette causa autant de joie que la plus belle victoire sur les Autrichiens. Sa mort décidait la fin de la guerre civile. Hoche, croyant n'avoir plus rien à faire dans la Vendée, en retira le gros de ses troupes, pour les porter au-delà de la Loire, et désarmer la Bretagne. Il y laissa néanmoins des forces suffisantes pour réprimer les brigandages isolés, qui suivent d'ordinaire les guerres civiles, et pour achever le désarmement du pays. Avant de passer en Bretagne, il eut à comprimer un mouvement de révolte qui éclata dans le voisinage de l'Anjou, vers le Berry. Ce fut l'occupation de quelques jours; il se porta ensuite avec vingt mille hommes en Bretagne, et, fidèle à son plan, l'embrassa d'un vaste cordon de la Loire à Granville. Les malheureux chouans ne pouvaient pas tenir contre un effort aussi grand et aussi bien concerté; Scépeaux, entre la Vilaine et la Loire, demanda le premier à se soumettre. Il remit un nombre considérable d'armes. A mesure qu'ils étaient refoulés vers l'Océan, les chouans devenaient plus opiniâtres. Privés de munitions, ils se battaient corps à corps, à coups de poignard et de baïonnette. Enfin on les accula tout-à-fait à la mer. Le Morbihan, qui depuis long-temps s'était séparé de Puisaye, rendit ses armes. Les autres divisions suivirent cet exemple les unes après les autres. Bientôt toute la Bretagne fut soumise à son tour, et Hoche n'eut plus qu'à distribuer ses cent mille hommes en une multitude de cantonnements pour surveiller le pays, et les faire vivre plus aisément. Le travail qui lui restait à faire ne consistait plus qu'en des soins d'administration et de police; il lui fallait quelques mois encore d'un gouvernement doux et habile pour calmer les haines, et rétablir la paix. Malgré les cris furieux de tous les partis, Hoche était craint, chéri, respecté dans la contrée, et les royalistes commençaient à pardonner à une république si dignement représentée. Le clergé surtout, dont il avait su capter la confiance, lui était entièrement dévoué, et le tenait exactement instruit de ce qu'il avait intérêt à connaître. Tout présageait la paix et la fin d'horribles calamités. L'Angleterre ne pouvait plus compter sur les provinces de l'Ouest pour attaquer la république dans son propre sein. Elle voyait, au contraire, dans ces pays cent mille hommes, dont cinquante mille devenaient disponibles, et pouvaient être employés à quelque entreprise fatale pour elle. Hoche, en effet, nourrissait un grand projet, qu'il réservait pour le milieu de la belle saison. Le gouvernement, charmé des services qu'il venait de rendre, et voulant le dédommager de la tâche dégoûtante qu'il avait su remplir, fit déclarer pour lui, comme pour les armées qui remportaient de grandes victoires, que l'armée de l'Océan et son chef avaient bien mérité de la patrie.

Ainsi la Vendée était pacifiée dès le mois de germinal, avant qu'aucune des armées fût entrée en campagne. Le directoire pouvait se livrer sans inquiétude à ses grandes opérations, et tirer même des côtes de l'Océan d'utiles renforts.

CHAPITRE IV.

Campagne de 1796. Conquête du Piémont et de la Lombardie par le général Bonaparte. Batailles de Montenotte, Millesimo. Passage du pont de Lodi. — Établissement et politique des Français en Italie. — Opérations militaires dans le Nord. — Passage du Rhin par les généraux Jourdan et Moreau. Batailles de Radstadt et d'Ettlingen. — L'armée d'Italie prend ses positions sur l'Adige et sur le Danube.

La cinquième campagne de la liberté allait commencer; elle devait s'ouvrir sur les plus beaux théâtres militaires de l'Europe, sur les plus variés en obstacles, en accidents, en lignes de défense ou d'attaque. C'étaient, d'une part, la grande vallée du Rhin et les deux vallées transversales du Mein et du Necker; de l'autre, les Alpes, le Pô, la Lombardie. Les armées qui allaient entrer en ligne étaient les plus aguerries que jamais on eût vues sous les armes; elles étaient assez nombreuses pour remplir le terrain sur lequel elles devaient agir, mais pas assez pour rendre les combinaisons inutiles et réduire la guerre à une simple invasion. Elles étaient commandées par de jeunes généraux, libres de toute routine, affranchis de toute tradition, mais instruits cependant, et exaltés par de grands événements. Tout se réunissait donc pour rendre la lutte opiniâtre, variée, féconde en combinaisons, et digne de l'attention des hommes.

Le projet du gouvernement français, comme on l'a vu, était d'envahir l'Allemagne pour faire vivre ses armées en pays ennemi, pour détacher les princes de l'Empire, investir Mayence, et menacer les États héréditaires. Il voulait en même temps essayer une tentative hardie en Italie pour y nourrir ses armées et arracher cette riche contrée à l'Autriche.

Deux belles armées, de soixante-dix à quatre-vingt mille hommes chacune, étaient données sur le Rhin à deux généraux célèbres. Une trentaine de mille soldats affamés étaient confiés à un jeune homme inconnu, mais audacieux, pour tenter la fortune au-delà des Alpes.

Bonaparte arriva au quartier-général à Nice le 6 germinal an IV (26 mars). Tout s'y trouvait dans un état déplorable. Les troupes y étaient réduites à la dernière misère. Sans habits, sans souliers, sans paie, quelquefois sans vivres, elles supportaient cependant leurs privations avec un rare courage. Grace à cet esprit industrieux qui caractérise le soldat français, elles avaient organisé la maraude, et descendaient alternativement et par bandes dans les campagnes de Piémont pour s'y procurer des vivres. Les chevaux manquaient absolument à l'artillerie. Pour nourrir la cavalerie, on l'avait transportée en arrière sur les bords du Rhône. Le trentième cheval et l'emprunt forcé n'étaient pas encore levés dans le Midi, à cause des troubles. Bonaparte avait reçu pour toute ressource deux mille louis en argent, et un million en traites, dont une partie fut protestée. Pour suppléer à tout ce qui manquait, on négociait avec le gouvernement génois, afin d'en obtenir quelques ressources. On n'avait pas encore reçu de satisfaction pour l'attentat commis sur la frégate *la Modeste*, et en réparation de cette violation de neutralité, on demandait au sénat de Gênes de consentir un emprunt et de livrer aux Français la forteresse de Gavi, qui commande la route de Gênes à Milan. On exigeait aussi le rappel des familles génoises, expulsées pour leur attachement à la France. Telle était la situation de l'armée lorsque Bonaparte y arriva.

Elle présentait un tout autre aspect, sous le rapport des hommes. C'étaient pour la plupart des soldats accourus aux armées à l'époque de la levée en masse, instruits, jeunes, habitués aux privations, et aguerris par des combats de géants, au milieu des Pyrénées et des Alpes. Les généraux avaient les qualités des soldats. Les principaux étaient Masséna, jeune Nissard, d'un esprit inculte, mais précis et lumineux au milieu des dangers, et d'une ténacité indomptable; Augereau, ancien maître d'armes, qu'une grande bravoure et l'art d'entraîner les soldats avaient porté aux premiers grades; Laharpe, Suisse expatrié, réunissant l'instruction au courage; Serrurier, ancien major, méthodique et brave; enfin Berthier, que son activité, son exactitude à soigner les détails, son savoir géographique, sa facilité à mesurer de l'œil l'étendue d'un terrain ou la force numérique d'une colonne, rendaient éminemment propre à être un chef d'état-major utile et commode.

Cette armée avait ses dépôts en Provence; elle était rangée le long de la chaîne des Alpes; se liant par sa gauche avec celle de Kellermann, gardant le col de Tende, et se prolongeant vers l'Apennin. L'armée active s'élevait au plus à trente-six mille hommes. La division Serrurier était à Garessio, au-delà de l'Apennin, pour surveiller les Piémontais dans leur camp retranché de Ceva. Les divisions Augereau, Masséna, Laharpe, formant une masse d'environ trente mille hommes, étaient en-deçà de l'Apennin.

Les Piémontais, au nombre de vingt ou vingt-deux mille hommes, sous les ordres de Colli, campaient à Ceva, sur les revers des monts. Les Autrichiens, au nombre de trente-six ou trente-huit mille, s'avançaient par les routes de la Lombardie vers Gênes. Beaulieu, qui les commandait, s'était fait remarquer dans les Pays-Bas. C'était un vieillard que distinguait une ardeur de jeune homme. L'ennemi pouvait donc opposer environ soixante mille soldats aux trente mille que Bonaparte avait à mettre en ligne; mais les Autrichiens et les Piémontais étaient peu d'accord. Suivant l'ancien plan, Colli voulait couvrir le Piémont; Beaulieu voulait se maintenir en communication avec Gênes et les Anglais.

Telle était la force respective des deux partis. Quoique Bonaparte se fût déjà fait connaître à l'armée d'Italie, on le trouvait bien jeune pour la commander. Petit, maigre, sans autre apparence que des traits romains, et un regard fixe et vif, il n'avait dans sa personne et sa vie passée rien qui pût imposer aux esprits. On le reçut sans beaucoup d'empressement. Masséna lui en voulait déjà pour s'être emparé de l'esprit de Dumerbion en 1794. Bonaparte tint à l'armée un langage énergique. « Soldats, dit-il, vous êtes mal nourris et presque nus. Le gouvernement vous doit beaucoup, mais ne peut rien pour vous. Votre patience, votre courage vous honorent, mais ne vous procurent ni avantage ni gloire. Je vais vous conduire dans les plus fertiles plaines du monde; vous y trouverez de grandes villes, de riches provinces; vous y trouverez honneur, gloire et richesses. Soldats d'Italie, manqueriez-vous de courage? » L'armée accueillit ce langage avec plaisir : de jeunes généraux qui avaient tous leur fortune à faire, des soldats aventureux et pauvres, ne demandaient pas mieux que de voir les belles contrées qu'on leur annonçait. Bonaparte fit un arrangement avec un fournisseur, et procura à ses soldats une partie du prêt qui était arriéré. Il distribua à chacun de ses généraux quatre louis en or, ce qui montre quel était alors l'état des fortunes. Il transporta ensuite son quartier-général à Albenga, et fit marcher toutes les administrations le long du littoral, sous le feu des canonnières anglaises.

Le plan à suivre était le même qui s'était offert l'année précédente à la bataille de Loano. Pénétrer par le col le plus bas de l'Apennin, séparer les Piémontais des Autrichiens en appuyant fortement sur leur centre, telle fut l'idée fort simple que Bonaparte conçut à la vue des lieux. Il commençait les opérations de si bonne heure, qu'il avait l'espoir de surprendre les ennemis et de les jeter dans le désordre. Cependant il ne put les prévenir. Avant qu'il arrivât, on avait poussé le général Cervoni sur Voltri, tout près de Gênes, pour intimider le sénat de cette ville et l'obliger à consentir aux demandes du directoire. Beaulieu, craignant le résultat de cette démarche, se hâta d'entrer en action, et porta son armée sur Gênes, partie sur un versant de l'Apennin, partie sur l'autre. Le plan de Bonaparte restait donc exécutable, à l'intention près de surprendre les Autrichiens. Plusieurs routes conduisaient du revers de l'Apennin sur son versant maritime : d'abord celle qui aboutit par la Bocchetta à Gênes, puis celle d'Acqui, et Dego, qui traverse l'Apennin au col de Montenotte, et débouche dans le bassin de Savone. Beaulieu laissa son aile droite à Dego, porta son centre sous d'Argenteau, au col de Montenotte, et se dirigea lui-même avec sa gauche, par la Bocchetta et Gênes, sur Voltri, le long de la mer. Ainsi, sa position était celle de Dewins à Loano. Une partie de l'armée autrichienne était entre l'Apennin et la mer; le centre, sous d'Argenteau, était sur le sommet même de l'Apennin au col de Montenotte, et se liait avec les Piémontais campés à Ceva, de l'autre côté des monts.

Les deux armées, s'ébranlant en même temps, se rencontrèrent en route le 22 germinal (11 avril). Le long de la mer, Beaulieu donna contre l'avant-garde de la division Laharpe, qui avait été portée sur Voltri, pour inquiéter Gênes, et la repoussa. D'Argenteau, avec le centre, traversa le col de Montenotte, pour venir tomber à Savone sur le centre de l'armée française, pendant sa marche supposée vers Gênes. Il ne trouva à Montenotte que le colonel Rampon, à la tête de douze cents hommes, et l'obligea à se replier dans l'ancienne redoute de Montelegino, qui fermait la route de Montenotte. Le brave colonel, sentant l'importance de cette position, s'enferma dans la redoute, et résista avec opiniâtreté à tous les efforts des Autrichiens. Trois fois il fut attaqué par toute l'infanterie ennemie, trois fois il la repoussa. Au milieu du feu le plus meurtrier, il fit jurer à ses soldats de mourir dans la redoute, plutôt que de l'abandonner. Les soldats le jurèrent, et demeurèrent toute la nuit sous les armes. Cet acte de courage sauva les plans du général Bonaparte, et peut-être l'avenir de la campagne.

Bonaparte, en ce moment, était à Savone. Il n'avait pas fait retrancher le col de Montenotte, parce qu'on ne se retranche pas quand on est décidé à prendre l'offensive. Il apprit ce qui s'était passé dans la journée à Montelegino et à Voltri. Sur-le-champ il sentit que le moment était venu de mettre son plan à exécution, et il manœuvra en conséquence. Dans la nuit même il replia sa droite, formée par la division Laharpe, en cet instant aux prises le long de la mer avec Beaulieu, et la porta, par la route de Montenotte, au-devant de d'Argenteau. Il dirigea sur le même point la division Augereau, pour soutenir la division Laharpe. Enfin, il fit marcher la division Masséna par un chemin détourné, au-delà de l'Apennin, de manière à la placer sur les derrières même du corps de d'Argenteau. Le 23 (12 avril) au matin, toutes ses colonnes étaient en mouvement; placé lui-même sur un tertre élevé, il voyait Laharpe et Augereau marchant sur d'Argenteau, et Masséna qui, par un circuit, cheminait sur ses derrières. L'infanterie autrichienne résista avec bravoure; mais, enveloppée de tout côté par des forces supérieures, elle fut mise en déroute, et laissa deux mille prisonniers et plusieurs centaines de morts. Elle s'enfuit en désordre sur Dego, où était le reste de l'armée.

Ainsi Bonaparte, auquel Beaulieu supposait l'intention de filer le long de la mer sur Gênes, s'était dérobé tout-à-coup, et, se portant sur la route qui traverse l'Apennin, avait enfoncé le centre ennemi, et avait débouché victorieusement au-delà des monts.

Ce n'était rien à ses yeux que d'avoir accablé le centre, si les Autrichiens n'étaient à jamais séparés des Piémontais. Il se porta le jour même (23) à Carcare, pour rendre sa position plus centrale, entre les deux armées coalisées. Il était dans la vallée de la Bormida, qui coule en Italie. Plus bas, devant lui, et au fond de la vallée, se trouvaient les Autrichiens, qui s'étaient ralliés à Dego, gardant la route d'Acqui en Lombardie. A sa gauche, il avait les gorges de Millesimo, qui joignent la vallée de la Bormida, et dans lesquelles se trouvaient les Piémontais, gardant la route de Ceva et du Piémont. Il fallait donc tout à la fois, qu'à sa gauche il forçât les gorges de Millesimo, pour être maître de la route du Piémont, et qu'en face il enlevât Dego, pour s'ouvrir la route d'Acqui et de la Lombardie. Alors maître des deux routes, il séparait pour jamais les coalisés, et pouvait à volonté se jeter sur les uns ou sur les autres. Le lendemain 24 (13 avril), au matin, il porte son armée en avant; Augereau, vers la gauche, attaque Millesimo, et les divisions Masséna et Laharpe s'avancent dans la vallée sur Dego. L'impétueux Augereau aborde si vivement les gorges de Millesimo, qu'il y pénètre, s'y engage, et en atteint le fond, avant que le général Provera, qui était placé sur une hauteur, ait le temps de se replier. Celui-ci était posté dans les ruines du vieux château de Cossaria. Se voyant enveloppé, il veut s'y défendre; Augereau l'entoure et le somme de se rendre prisonnier. Provera parlemente, et veut transiger. Il était important de n'être pas arrêté par cet obstacle, et sur-le-champ on monte à l'assaut de la position. Les Piémontais font pleuvoir un déluge de pierres, roulent d'énormes rochers, et écrasent des lignes entières. Néanmoins, le brave Joubert soutient ses soldats, et gravit la hauteur à leur tête. Arrivé à une certaine distance, il tombe percé d'une balle. A cette vue, les soldats se replient. On est forcé de camper le soir au pied de la hauteur; on se protége par quelques abattis, et on veille pendant toute la nuit, pour empêcher Provera de s'enfuir. De leur côté, les divisions chargées d'agir dans le fond de la vallée de la Bormida, ont marché sur Dego, et en ont enlevé les approches. Le lendemain doit être la journée décisive.

En effet, le 25 (14 avril), l'attaque redevient générale sur tous les points. A la gauche, Augereau, dans la gorge de Millesimo, repousse tous les efforts que fait Colli pour dégager Provera, le bat toute la journée, et réduit Provera au désespoir. Celui-ci finit par déposer les armes à la tête de quinze cents hommes. Laharpe et Masséna, de leur côté, fondent sur Dego, où l'armée autrichienne s'était renforcée, le 22 et le 23, des corps ramenés de Gênes. L'attaque est terrible; après plusieurs assauts, Dego est enlevé; les Autrichiens perdent une partie de leur artillerie, et laissent quatre mille prisonniers, dont vingt-quatre officiers.

Pendant cette action, Bonaparte avait remarqué un jeune officier nommé Lannes, qui chargeait avec une grande bravoure; il le fit colonel sur le champ de bataille.

On se battait depuis quatre jours, et on avait besoin de repos; les soldats se reposaient à peine des fatigues de la bataille, que le bruit des armes se fait de nouveau entendre. Six mille grenadiers ennemis entrent dans Dego, et nous enlèvent cette position qui avait coûté tant d'efforts. C'était un des corps autrichiens qui étaient restés engagés sur le versant maritime de l'Apennin, et qui repassaient les monts. Le désordre était si grand que ce corps avait donné sans s'en douter au milieu de l'armée française. Le brave Wukassovich, qui commandait ces six mille grenadiers, croyant devoir se sauver par un coup d'audace, avait enlevé Dego. Il faut donc recommencer la bataille, et renouveler les efforts de la veille. Bonaparte s'y porte au galop, rallie ses colonnes et les lance sur Dego. Elles sont arrêtées par les grenadiers autrichiens; mais elles reviennent à la charge, et, entraînées enfin par l'adjudant-général Lanusse, qui met son chapeau au bout de son épée, elles rentrent dans Dego, et recouvrent leur conquête en faisant quelques centaines de prisonniers.

Ainsi Bonaparte était maître de la vallée de la Bormida : les Autrichiens fuyaient vers Acqui sur la route de Milan; les Piémontais, après avoir perdu les gorges de Millesimo, se retiraient sur Ceva et Mondovi. Il était maître de toutes les routes; il avait neuf mille prisonniers, et jetait l'épouvante devant lui. Maniant habilement la masse de ses forces, et la portant tantôt à Montenotte, tantôt à Millesimo et à Dego, il avait écrasé partout l'ennemi, en se rendant supérieur à lui sur chaque point. C'était le moment de prendre une grande détermination. Le plan de Carnot lui enjoignait de négliger les Piémontais, pour courir sur les Autrichiens. Bonaparte faisait cas de l'armée piémontaise, et ne voulait pas la laisser sur ses derrières; il sentait d'ailleurs qu'il suffisait d'un nouveau coup de son épée pour la détruire, et il trouva plus prudent d'achever la ruine des Piémontais. Il ne s'engagea pas dans la vallée de la Bormida pour descendre vers le Pô, à la suite des Autrichiens; il prit à gauche, s'enfonça dans les gorges de Millesimo, et suivit la route du Piémont. La division Laharpe resta seule au camp de San-Benedetto, dominant le cours du Belbo et de la Bormida, et observant les Autrichiens. Les soldats étaient accablés de fatigues; ils s'étaient battus le 22 et le 23 à Montenotte, le 24 et le 25 à Millesimo et Dego, avaient perdu et repris Dego le 26, s'étaient reposés seulement le 27, et marchaient encore le 28 sur Mondovi. Au milieu de ces marches rapides, on n'avait pas le temps de leur faire des distributions régulières; ils man-

quaient de tout, et ils se livrèrent à quelques pillages. Bonaparte indigné sévit contre les pillards avec une grande rigueur, et montra autant d'énergie à rétablir l'ordre qu'à poursuivre l'ennemi. Bonaparte avait acquis en quelques jours toute la confiance des soldats. Les généraux divisionnaires étaient subjugués. On écoutait avec attention, déjà avec admiration, le langage précis et figuré du jeune capitaine. Sur les hauteurs de Monte-Zemoto, qu'il faut franchir pour arriver à Ceva, l'armée aperçut les belles plaines du Piémont et de l'Italie. Elle voyait couler le Tanaro, la Stura, le Pô, et tous ces fleuves qui vont se rendre dans l'Adriatique; elle voyait dans le fond les grandes Alpes couvertes de neige; elle fut saisie en contemplant ces belles plaines de la *terre promise*[*]. Bonaparte était à la tête de ses soldats; il fut ému. — « Annibal, s'écria-t-il, avait franchi les Alpes; nous, nous les avons tournées. » Ce mot expliquait la campagne pour toutes les intelligences. Quelles destinées s'ouvraient alors devant nous !

Colli ne défendit le camp retranché de Ceva que le temps nécessaire pour ralentir un peu notre marche. Cet excellent officier avait su

[*] Expression de Bonaparte.

raffermir ses soldats, et soutenir leur courage. Il n'avait plus l'espoir de battre son redoutable ennemi; mais il voulait faire sa retraite pied à pied, et donner aux Autrichiens le temps de venir à son secours par une marche détournée, comme on lui en faisait la promesse. Il s'arrêta derrière la Cursaglia, en avant de Mondovi. Serrurier, qui, au début de la campagne, avait été laissé à Garessio pour observer Colli, venait de rejoindre l'armée. Ainsi elle avait une division de plus. Colli était couvert par la Cursaglia, rivière rapide et profonde, qui se jette dans le Tanaro. Sur la droite, Joubert essaya de la passer; mais il faillit se noyer sans y réussir. Sur le front, Serrurier voulut franchir le pont Saint-Michel. Il y réussit; mais Colli le laissant engager, fondit sur lui à l'improviste avec ses meilleures troupes, le refoula sur le pont, et l'obligea à repasser la rivière en désordre. La position de l'armée était difficile. On avait sur les derrières Beaulieu, qui se réorganisait; il importait de venir à bout de Colli au plus tôt. Pourtant la position ne semblait pas pouvoir être enlevée, si elle était bien défendue. Bonaparte ordonna une nouvelle attaque pour le lendemain. Le 2 floréal (21 avril) on marchait sur la Cursaglia, lorsque l'on trouva les ponts abandonnés. Colli n'avait fait la résistance de la veille que pour ralentir la retraite. On le surprit en ligne à Mondovi. Serrurier décida la victoire par la prise de la redoute principale, celle de la Bicoque. Colli laissa trois mille morts ou prisonniers, et continua à se retirer. Bonaparte arriva à Cherasco, place mal défendue, mais importante par sa position au confluent de la Stura et du Tanaro, et facile à armer avec l'artillerie prise à l'ennemi. Dans cette position, Bonaparte était à vingt lieues de Savone, son point de départ, à dix lieues de Turin, à quinze d'Alexandrie.

La confusion régnait dans la cour de Turin. Le roi, qui était fort opiniâtre, ne voulait pas céder. Les ministres d'Angleterre et d'Autriche l'obsédaient de leurs remontrances, l'engageaient à s'enfermer dans Turin, à envoyer son armée au-delà du Pô, et à imiter ainsi les grands exemples de ses aïeux. Ils l'effrayaient de l'influence révolutionnaire que les Français allaient exercer dans le Piémont; ils demandaient pour Beaulieu les trois places de Tortone, Alexandrie et Valence, afin qu'il pût s'enfermer et se défendre dans le triangle qu'elles forment au bord du Pô. C'était là ce qui répugnait le plus au roi de Piémont. Donner ses trois premières places à son ambitieux voisin de la Lombardie lui était insupportable. Le cardinal Costa le décida à se jeter dans les bras des Français. Il lui fit sentir l'impossibilité de résister à un vainqueur si rapide, le danger de l'irriter par une longue résistance, et de le pousser ainsi à révolutionner le Piémont; tout cela pour servir une ambition étrangère et même ennemie, celle de l'Autriche. Le roi céda, et fit faire des ouvertures par Colli à Bonaparte. Elles arrivèrent à Cherasco le 4 floréal (23 avril). Bonaparte n'avait pas de pouvoir pour signer la paix ; mais il était le maître de signer un armistice, et il s'y décida. Il avait négligé le plan du directoire, pour achever de réduire les Piémontais; il n'avait pas eu cependant pour but de conquérir le Piémont, mais seulement d'assurer ses derrières. Pour conquérir le Piémont, il fallait prendre Turin, et il n'avait ni le matériel nécessaire, ni des forces suffisantes pour fournir un corps de blocus et se réserver une armée active. D'ailleurs la campagne se bornait dès lors à un siége. En s'entendant avec le Piémont, avec des garanties nécessaires, il pouvait fondre en sûreté sur les Autrichiens et les chasser de l'Italie. On disait autour de lui qu'il fallait ne pas accorder de condition, qu'il fallait détrôner un roi, le parent des Bourbons, et répandre dans le Piémont la révolution française. C'était dans l'armée l'opinion de beaucoup de soldats, d'officiers et de généraux, et surtout d'Augereau, qui était né au faubourg Saint-Antoine, et qui en avait les opinions. Le jeune Bonaparte n'était point de cet avis; il sentait la difficulté de révolutionner une monarchie, qui était la seule militaire en Italie, et où les anciennes mœurs s'étaient parfaitement conservées; il ne devait pas se créer des embarras sur sa route; il voulait marcher rapidement à la conquête de l'Italie, qui dépendait de la destruction des Autrichiens et de leur expulsion au-delà des Alpes. Il ne voulait donc rien faire qui pût compliquer sa situation et ralentir sa marche.

En conséquence il consentit à un armistice; mais il ajouta en l'accordant, que, dans l'état respectif des armées, un armistice lui serait funeste, si on ne lui donnait des garanties certaines pour ses derrières; en conséquence, il demanda qu'on lui livrât les trois places de Coni, Tortone et Alexandrie, avec tous les magasins qu'elles renfermaient, lesquels serviraient à l'armée, sauf à compter ensuite avec la république; que les routes du Piémont fussent ouvertes aux Français, ce qui abrégeait considérablement le chemin de la France aux bords du Pô; qu'un service d'étape fût préparé sur ces routes pour les troupes qui les traverseraient; et qu'enfin l'armée sarde fût dispersée dans les places, de manière que l'armée française n'eût rien à en craindre. Ces conditions furent acceptées, et l'armistice fut signé à Cherasco, le 9 floréal (28 avril), avec le colonel Lacoste et le comte Latour.

Il fut convenu que des plénipotentiaires partiraient sur-le-champ pour Paris, afin de traiter de la paix définitive. Les trois places demandées furent livrées, avec des magasins immenses. Dès ce moment l'armée avait sa ligne d'opération couverte par les trois plus fortes places du Piémont; elle avait des routes sûres, commodes, beaucoup plus courtes que celles qui passaient par la rivière de Gênes, et des vivres en abondance; elle se renforçait d'une quantité de soldats qui, au bruit de la victoire, quittaient les hôpitaux; elle possédait une artillerie nombreuse prise à Cherasco et dans les différentes places, et grand nombre de chevaux; elle était enfin pourvue de tout, et les promesses du général étaient accomplies. Dans les premiers jours de son entrée en Piémont, elle avait pillé, parce qu'elle n'avait, dans ces marches rapides, reçu aucune distribution. La faim apaisée, l'ordre fut rétabli. Le comte de Saint-Marsan, ministre de Piémont, visita Bonaparte et sut lui plaire; le fils même du roi voulut voir le jeune vainqueur, et lui prodigua des témoignages d'estime qui le touchèrent. Bonaparte leur rendit adroitement les flatteries qu'il avait reçues; il les rassura sur les intentions du directoire, et sur le danger des révolutions. Il était sincère dans ses protestations, car il nourrissait déjà une pensée qu'il laissa percer adroitement dans ses différents entretiens. Le Piémont avait manqué à tous ses intérêts en s'alliant à l'Autriche : c'est à la France qu'il devait s'allier; c'est la France qui était son amie naturelle, car la France, séparée du Piémont par les Alpes, ne pouvait songer à s'en emparer; elle pouvait au contraire le défendre contre l'ambition de l'Autriche, et peut-être même lui procurer des agrandissements. Bonaparte ne pouvait pas supposer que le directoire consentît à donner aucune partie de la Lombardie au Piémont; car elle n'était pas conquise encore, et on ne voulait d'ailleurs la conquérir que pour en faire un équivalent des Pays-Bas; mais un vague espoir d'agrandissement pouvait disposer le Piémont à s'allier à la France, ce qui nous aurait valu un renfort de vingt mille hommes de troupes excellentes. Il ne promit rien, mais il sut exciter par quelques mots la convoitise et les espérances du cabinet de Turin.

Bonaparte, qui joignait à un esprit positif une imagination forte et grande, et qui aimait à émouvoir, voulut annoncer ses succès d'une manière imposante et nouvelle : il envoya son aide-de-camp Murat pour présenter solennellement au directoire vingt-et-un drapeaux pris sur l'ennemi. Ensuite il adressa à ses soldats la proclamation suivante :

« Soldats, vous avez remporté en quinze
« jours six victoires, pris vingt-et-un drapeaux,
« cinquante-cinq pièces de canon, plusieurs
« places fortes, et conquis la partie la plus ri-
« che du Piémont; vous avez fait quinze mille
« prisonniers *, tué ou blessé plus de dix mille
« hommes : vous vous étiez jusqu'ici battus
« pour des rochers stériles, illustrés par votre
« courage, mais inutiles à la patrie; vous éga-
« lez aujourd'hui, par vos services, l'armée de
« Hollande et du Rhin. Dénués de tout, vous
« avez suppléé à tout. Vous avez gagné des
« batailles sans canons, passé des rivières sans
« ponts, fait des marches forcées sans souliers,
« bivouaqué sans eau-de-vie et souvent sans
« pain. Les phalanges républicaines, les soldats

---

* Ce n'est guère que dix à onze mille.

« de la liberté, étaient seuls capables de souf-
« frir ce que vous avez souffert : graces vous
« en soient rendues, soldats! La patrie recon-
« naissante vous devra sa prospérité; et si, vain-
« queurs de Toulon, vous présageâtes l'immor-
« telle campagne de 1793, vos victoires actuelles
« en présagent une plus belle encore. Les deux
« armées qui naguère vous attaquaient avec
« audace, fuient épouvantées devant vous; les
« hommes pervers qui riaient de votre misère,
« et se réjouissaient dans leur pensée des
« triomphes de vos ennemis, sont confondus
« et tremblants. Mais, soldats, vous n'avez rien
« fait, puisqu'il vous reste à faire. Ni Turin,
« ni Milan ne sont à vous : les cendres des
« vainqueurs de Tarquin sont encore foulées
« par les assassins de Basseville! On dit qu'il
« en est parmi vous dont le courage mollit,
« qui préféreraient retourner sur les sommets
« de l'Apennin et des Alpes? Non, je ne puis
« le croire. Les vainqueurs de Montenotte, de
« Millesimo, de Dego, de Mondovi, brûlent
« de porter au loin la gloire du peuple fran-
« çais. »

Quand ces nouvelles, ces drapeaux, ces
proclamations, arrivèrent coup sur coup à Paris, la joie fut extrême. Le premier jour, c'é-
tait une victoire qui ouvrait l'Apennin et don-

naît deux mille prisonniers; le second jour, c'était une victoire plus décisive qui séparait les Piémontais des Autrichiens, et donnait six mille prisonniers. Les jours suivants apportaient de nouveaux succès : la destruction de l'armée piémontaise à Mondovi, la soumission du Piémont à Cherasco, et la certitude d'une paix prochaine qui en présageait d'autres. La rapidité des succès, le nombre des prisonniers, dépassaient tout ce qu'on avait encore vu. Le langage de ces proclamations rappelait l'antiquité, et étonnait les esprits. On se demandait de toutes parts quel était ce jeune général dont le nom, connu de quelques appréciateurs, et inconnu de la France, éclatait pour la première fois. On ne le prononçait pas bien encore, et on se disait avec joie que la république voyait s'élever tous les jours de nouveaux talents pour l'illustrer et la défendre. Les conseils décidèrent par trois fois que l'armée d'Italie avait bien mérité de la patrie, et décrétèrent une fête à la Victoire pour célébrer l'heureux début de la campagne. L'aide-de-camp envoyé par Bonaparte présenta les drapeaux au directoire. La cérémonie fut imposante. On reçut ce jour-là plusieurs ambassadeurs étrangers, et le gouvernement parut entouré d'une considération toute nouvelle.

Le Piémont soumis, le général Bonaparte n'avait plus qu'à marcher à la poursuite des Autrichiens, et à courir à la conquête de l'Italie. La nouvelle des victoires des Français avait profondément agité tous les peuples de cette contrée. Il fallait que celui qui allait y entrer fût aussi profond politique que grand capitaine, pour s'y conduire avec prudence. On sait comment l'Italie se présente à qui débouche de l'Apennin. Les Alpes, les plus grandes montagnes de notre Europe, après avoir décrit un vaste demi-cercle au couchant, dans lequel elles renferment la Haute-Italie, retournent sur elles-mêmes, et s'enfoncent tout-à-coup en ligne oblique vers le midi, formant ainsi une longue péninsule baignée par l'Adriatique et la Méditerranée. Bonaparte, arrivant du couchant, et ayant franchi la chaîne au point où elle s'abaisse, et va, sous le nom d'Apennin, former la péninsule, avait en face le beau demi-cercle de la Haute-Italie, et à sa droite, cette péninsule étroite et profonde qui forme l'Italie inférieure. Une foule de petits états divisaient cette contrée qui soupira toujours après l'unité, sans laquelle il n'y a pas de grande existence nationale.

Bonaparte venait de traverser l'état de Gênes, qui est placé de ce côté-ci de l'Apennin, et le

Piémont qui est au-delà. Gênes, antique république, constituée par Doria, avait seule conservé une véritable énergie entre tous les gouvernements italiens. Placée entre les deux armées belligérantes depuis quatre ans, elle avait su maintenir sa neutralité, et s'était ménagé ainsi tous les profits du commerce. Entre sa capitale et le littoral, elle comptait à peu près cent mille habitants; elle entretenait ordinairement trois à quatre mille hommes de troupes; elle pouvait au besoin armer tous les paysans de l'Apennin, et en former une milice excellente; elle était riche en revenus. Deux partis la divisaient: le parti contraire à la France avait eu l'avantage, et avait expulsé plusieurs familles. Le directoire dut demander le rappel de ces familles, et une indemnité pour l'attentat commis sur la frégate *la Modeste*.

En quittant Gênes, et en s'enfonçant à droite dans la péninsule, le long du revers méridional de l'Apennin, se présentait d'abord l'heureuse Toscane, placée sur les deux bords de l'Arno, sous le soleil le plus doux, et dans l'une des parties les mieux abritées de l'Italie. Une portion de cette contrée formait la petite république de Lucques, peuplée de cent quarante mille habitants; le reste formait le grand-duché de Toscane, gouverné récemment par l'archiduc Léopold, et maintenant par l'archiduc Ferdinand. Dans ce pays, le plus éclairé et le plus poli de l'Italie, la philosophie du dix-huitième siècle avait doucement germé. Léopold y avait accompli ses belles réformes législatives, et avait tenté avec succès les expériences les plus honorables pour l'humanité. L'évêque de Pistoie y avait même commencé une espèce de réforme religieuse, en y propageant les doctrines jansénistes. Quoique la révolution eût effrayé les esprits doux et timides de la Toscane, cependant c'était là que la France avait le plus d'appréciateurs et d'amis. L'archiduc, quoique Autrichien, avait été l'un des premiers princes de l'Europe à reconnaître notre république. Il avait un million de sujets, six mille hommes de troupes, et un revenu de quinze millions. Malheureusement la Toscane était de toutes les principautés italiennes la plus incapable de se défendre.

Après la Toscane venait l'État de l'Église. Les provinces soumises au pape, s'étendant sur les deux versants de l'Apennin, du côté de l'Adriatique et de la Méditerranée, étaient les plus mal administrées de l'Europe. Elles n'avaient que leur belle agriculture, ancienne tradition des âges reculés, qui est commune à toute l'Italie, et qui supplée aux richesses de l'industrie bannie depuis long-temps de son sein. Excepté dans les légations de Bologne et de Ferrare, où régnait un mépris profond pour le gouvernement des prêtres, et à Rome, antique dépôt du savoir et des arts, où quelques seigneurs avaient partagé la philosophie de tous les grands de l'Europe, les esprits étaient restés dans la plus honteuse barbarie. Un peuple superstitieux et sauvage, des moines paresseux et ignorants, formaient cette population de deux millions et demi de sujets. L'armée était de quatre à cinq mille soldats, on sait de quelle qualité. Le pape, prince vaniteux, magnifique, jaloux de son autorité et de celle du Saint-Siége, avait une haine profonde pour la philosophie du dix-huitième siècle; il croyait rendre à la chaire de saint Pierre une partie de son influence, en déployant une grande pompe, et il faisait exécuter des travaux utiles aux arts. Comptant sur la majesté de sa personne, et le charme de ses paroles qui était grand, il avait essayé jadis un voyage auprès de Joseph II, pour le ramener aux doctrines de l'Église, et pour conjurer la philosophie qui semblait s'emparer de l'esprit de ce prince. Ce voyage n'avait point été heureux. Le pontife, plein d'horreur pour la révolution française, avait lancé l'anathème contre elle, et prêché une croisade; il avait même souffert à Rome l'assassinat de l'agent français Basseville. Excités par les moines, ses sujets partageaient sa haine pour la France, et furent saisis de fureurs fanatiques en apprenant le succès de nos armes.

L'extrémité de la péninsule et la Sicile composent le royaume de Naples, le plus puissant de l'Italie, le plus analogue par l'ignorance et la barbarie à l'état de Rome, et plus mal gouverné encore, s'il est possible. Là régnait un Bourbon, prince doux et imbécile, voué à une seule espèce de soin, la pêche. Elle absorbait tous ses moments, et pendant qu'il s'y livrait, le gouvernement de son royaume était abandonné à sa femme, princesse autrichienne, sœur de la reine de France, Marie-Antoinette. Cette princesse d'un esprit capricieux, de passions désordonnées, ayant un favori vendu aux Anglais, le ministre Acton, conduisait les affaires d'une manière insensée. Les Anglais, dont la politique fut toujours de prendre pied sur le continent, en dominant les petits états qui en bordent le littoral, avaient essayé de s'impatroniser à Naples comme en Portugal et en Hollande. Ils excitaient la haine de la reine contre la France, et lui soufflaient avec cette haine l'ambition de dominer l'Italie. La population du royaume de Naples était de six millions d'habitants; l'armée de soixante mille hommes; mais bien différents de ces soldats dociles et braves du Piémont, les soldats napolitains, vrais lazaronis, sans tenue, sans discipline, avaient la lâcheté ordinaire des armées privées d'organisation. Naples avait toujours promis de réunir trente mille hommes à l'armée de Dewins, et n'avait envoyé que deux mille quatre cents hommes de cavalerie, bien montée et assez bonne.

Tels étaient les principaux états situés dans la péninsule, à la droite de Bonaparte. En face de lui, dans le demi-cercle de la Haute-Italie, il trouvait d'abord, sur le penchant de l'Apennin, le duché de Parme, Plaisance et Guastalla, comprenant cinq cent mille habitants, entretenant trois mille hommes de troupes, fournissant quatre millions de revenu, et gouverné par un prince espagnol qui était ancien élève de Condillac, et qui, malgré une saine éducation, était tombé sous le joug des moines et des prêtres. Un peu plus à droite encore, toujours sur le penchant de l'Apennin, se trouvait le duché de Modène, Reggio, la Mirandole, peuplé de quatre cent mille habitants, ayant six mille hommes sous les armes, et placé sous l'autorité du dernier descendant de l'illustre maison d'Est. Ce prince défiant avait conçu une telle crainte de l'esprit du siècle, qu'il était devenu prophète à force de peur, et avait prévu la révolution. On citait ses prédictions. Dans ses terreurs, il avait songé à se prémunir contre les coups du sort, et avait amassé d'immenses richesses en pressurant ses états. Avare et timide, il était méprisé de ses sujets, qui sont les plus éveillés, les plus malicieux de l'Italie, et les plus disposés à embrasser les idées nouvelles. Plus loin, au-delà du Pô, venait la Lombardie, gouvernée pour l'Autriche par un archiduc. Cette belle et fertile plaine, placée entre les eaux des Alpes qui la fécondent, et celles de l'Adriatique qui lui apportent les richesses de l'Orient, couverte de blés, de riz, de pâturages, de troupeaux, et riche entre toutes les provinces du monde, était mécontente de ses maîtres étrangers. Elle était guelfe encore, malgré son long esclavage. Elle contenait douze cent mille habitants. Milan, la capitale, fut toujours l'une des villes les plus éclairées de l'Italie : moins favorisée sous le rapport des arts que Florence ou Rome, elle était plus voisine cependant des lumières du Nord, et elle renfermait grand nombre d'hommes qui souhaitaient la régénération civile et politique des peuples

Enfin le dernier état de la Haute-Italie était l'antique république de Venise. Cette république, avec sa vieille aristocratie inscrite au Livre d'or, son inquisition d'état, son silence, sa politique défiante et cauteleuse, n'était plus pour ses sujets ni ses voisins une puissance redoutable. Avec ses provinces de terre-ferme situées au pied du Tyrol, et celles d'Illyrie, elle comptait à peu près trois millions de sujets. Elle pouvait lever jusqu'à cinquante mille Esclavons, bons soldats, parce qu'ils étaient bien disciplinés, bien entretenus et bien payés. Elle était riche d'une antique richesse; mais on sait que depuis deux siècles son commerce avait passé dans l'Océan, et porté ses trésors chez les insulaires de l'Atlantique. Elle conservait à peine quelques vaisseaux; et les passages des lagunes étaient presque comblés. Cependant elle était puissante encore en revenus. Sa politique consistait à amuser ses peuples, à les assoupir par le plaisir et le repos, et à observer la plus grande neutralité à l'égard des puissances. Cependant les nobles de terre-ferme étaient jaloux du Livre d'or, et supportaient impatiemment le joug de la noblesse retranchée dans les lagunes. A Venise même, une bourgeoisie assez riche commençait à réfléchir. En 1793, la coalition avait forcé le sénat à se prononcer contre la France; il avait cédé, mais il revint à sa politique neutre, dès qu'on commença à traiter avec la république française. Comme on l'a vu précédemment, il s'était pressé autant que la Prusse et la Toscane pour envoyer un ambassadeur à Paris. Maintenant encore, cédant aux instances du directoire, il venait de signifier au chef de la maison de Bourbon, alors Louis XVIII, de quitter Vérone. Ce prince partit, mais en déclarant qu'il exigeait la restitution d'une armure donnée par son aïeul Henri IV au sénat, et la suppression du nom de sa famille des pages du Livre d'or.

Telle était alors l'Italie. L'esprit général du siècle y avait pénétré, et enflammé beaucoup de têtes. Les habitants n'y souhaitaient pas tous une révolution, surtout ceux qui se souvenaient des épouvantables scènes qui avaient ensanglanté la nôtre; mais tous, quoique à des degrés différents, désiraient une réforme; et il n'y avait pas un cœur qui ne battît à l'idée de l'indépendance et de l'unité de la patrie italienne. Ce peuple d'agriculteurs, de bourgeois, d'artistes, de nobles, les prêtres exceptés qui ne connaissaient que l'Église pour patrie, s'enflammait à l'espoir de voir toutes les parties du pays réunies en une seule, sous un même gouvernement, républicain ou monarchique, mais italien. Certes, une population de vingt millions d'ames, des côtes et un sol admirables, de grands ports, de magnifiques villes, pouvaient composer un état glorieux et puissant! Il ne manquait qu'une armée. Le Piémont seul, toujours engagé dans les guerres du continent, avait des troupes braves et disciplinées. Sans doute la nature était loin d'avoir refusé le courage naturel aux autres parties de l'Italie; mais le courage naturel n'est rien sans une forte organisation militaire. L'Italie n'avait pas un régiment qui pût supporter la vue des baïonnettes françaises ou autrichiennes.

A l'approche des Français, les ennemis de la réforme politique furent frappés d'épouvante; ses partisans transportés de joie. La masse entière était dans l'anxiété; elle avait des pressentiments vagues, incertains; elle ne savait s'il fallait craindre ou espérer.

Bonaparte, en entrant en Italie, avait le projet et l'ordre d'en chasser les Autrichiens. Son gouvernement voulant, comme on l'a dit, se procurer la paix, ne songeait à conquérir la Lombardie que pour la rendre à l'Autriche, et forcer celle-ci à céder les Pays-Bas. Bonaparte ne pouvait donc guere songer à affranchir l'Italie; d'ailleurs avec trente et quelques mille hommes pouvait-il afficher un but politique? Cependant les Autrichiens une fois rejetés au-delà des Alpes, et sa puissance bien assurée, il pouvait exercer une grande influence, et, suivant les événements, tenter de grandes choses. Si, par exemple, les Autrichiens battus partout, sur le Pô, sur le Rhin et le Danube, étaient obligés de céder même la Lombardie; si les peuples vraiment enflammés pour la liberté se prononçaient pour elle à l'approche des armées françaises, alors de grandes destinées s'ouvraient pour l'Italie! Mais en attendant, Bonaparte devait n'afficher aucun but pour ne pas irriter tous les princes qu'il laissait sur ses derrières. Son intention était donc de ne montrer aucun projet révolutionnaire, mais de ne point contrarier non plus l'essor des imaginations, et d'attendre les effets de la présence des Français sur le peuple italien.

C'est ainsi qu'il avait évité d'encourager les mécontents du Piémont, parce qu'il y voyait un pays difficile à révolutionner, un gouvernement fort, et une armée dont l'alliance pouvait être utile.

L'armistice de Cherasco était à peine signé qu'il se mit en route. Beaucoup de gens dans l'armée désapprouvaient une marche en avant. Quoi! disaient-ils, nous ne sommes que trente et quelques mille, nous n'avons révolutionné ni le Piémont ni Gênes, nous laissons derrière nous ces gouvernements, nos ennemis secrets, et nous allons essayer le passage d'un grand fleuve comme le Pô! nous lancer à travers la Lombardie, et décider, peut-être, par notre présence, la république de Venise à jeter cinquante mille hommes dans la balance! — Bonaparte avait l'ordre d'avancer, et il n'était pas homme à rester en arrière d'un ordre audacieux; mais il l'exécutait parce qu'il l'approuvait, et il l'approuvait par des raisons profondes. Le Piémont et Gênes nous embarrasseraient bien plus, disait-il, s'ils étaient en révolution : grace à l'armistice, nous avons une route assurée par trois places fortes; tous les gouvernements de l'Italie seront soumis, si nous savons rejeter les Autrichiens au-delà des Alpes; Venise tremblera si nous sommes victorieux à ses côtés; le bruit de notre canon la décidera même à s'allier à nous; il faut donc s'avancer non pas seulement au-delà du Pô, mais de l'Adda, du Mincio, jusqu'à la belle ligne de l'Adige; là nous assiégerons Mantoue, et nous ferons trembler toute l'Italie sur nos derrières. — La tête du jeune général, enflammée par sa marche, concevait même des projets plus gigantesques encore que ceux qu'il avouait à son armée. Il voulait, après avoir anéanti Beaulieu, s'enfoncer dans le Tyrol, repasser les Alpes une seconde fois, et se jeter dans la vallée du Danube, pour s'y réunir aux armées parties des bords du Rhin. Ce projet colossal et imprudent était un tribut qu'un esprit vaste et précis ne pouvait manquer de payer à la double présomption de la jeunesse et du succès. Il écrivit à son gouvernement pour être autorisé à l'exécuter.

Il était entré en campagne le 20 germinal (9 avril); la soumission du Piémont était terminée le 9 floréal (28 avril) par l'armistice de Cherasco; il y avait employé dix-huit jours. Il partit sur-le-champ afin de poursuivre Beaulieu. Il avait stipulé avec le Piémont qu'on lui livrerait Valence pour y passer le Pô; mais cette condition était une feinte, car ce n'est pas à Valence qu'il voulait passer ce fleuve. Beaulieu, en apprenant l'armistice, avait songé à s'emparer, par surprise, des trois places de Tortone, Valence et Alexandrie. Il ne réussit à surprendre que Valence, dans laquelle il jeta les Napolitains; voyant ensuite Bonaparte s'avancer rapidement, il se hâta de repasser le Pô, pour mettre ce fleuve entre lui et l'armée française. Il alla camper à Valeggio, au confluent du Pô et du Tésin, vers le sommet de l'angle formé par ces deux fleuves. Il y éleva quelques retranchements pour consolider sa position, et s'opposer au passage de l'armée française.

Bonaparte, en quittant les états du roi de Piémont, et en entrant dans les états du duc de Parme, reçut des envoyés de ce prince, qui venaient intercéder la clémence du vainqueur. Le duc de Parme était parent de l'Espagne; il fallait donc avoir à son égard des ménagements, qui, du reste, entraient dans les projets du général. Mais on pouvait exercer sur lui quelques-uns des droits de la guerre. Bonaparte reçut ses envoyés au passage de la Trebbia; il affecta quelque courroux de ce que le duc de Parme n'avait pas saisi, pour faire sa paix, le moment où l'Espagne, sa parente, traitait avec la république française. Ensuite il accorda un armistice, en exigeant un tribut de 2 millions en argent, dont la caisse de l'armée avait un grand besoin; seize cents chevaux, nécessaires à l'artillerie et aux bagages; une grande quantité de blé et d'avoine; la faculté de traverser le duché, et l'établissement d'hôpitaux pour ses malades, aux frais du prince. Le général ne se borna pas là : il aimait et sentait les arts comme un Italien; il savait tout ce qu'ils ajoutent à la splendeur d'un empire, et l'effet moral qu'ils produisent sur l'imagination des hommes : il exigea vingt tableaux au choix des commissaires français, pour être transportés à Paris. Les envoyés du duc, trop heureux de désarmer, à ce prix, le courroux du général, consentirent à tout, et se hâtèrent d'exécuter les conditions de l'armistice. Cependant ils offraient un million pour sauver le tableau de saint Jérôme. Bonaparte dit à l'armée : « Ce mil-« lion, nous l'aurions bientôt dépensé, et nous « en trouverons bien d'autres à conquérir. Un « chef-d'œuvre est éternel, il parera notre pa-« trie. » Le million fut refusé.

Bonaparte, après s'être donné les avantages de la conquête sans ses embarras, continua sa marche. La condition contenue dans l'armistice de Cherasco, relativement au passage du Pô à Valence, la direction des principales colonnes françaises vers cette ville, tout faisait croire que Bonaparte allait tenter le passage du fleuve dans ses environs. Tandis que le gros de son armée était déjà réuni sur le point où Beaulieu s'attendait au passage, le 17 floréal (6 mai), il prend, avec un corps de trois mille cinq cents grenadiers, sa cavalerie et vingt-quatre pièces de canon, descend le long du Pô, et arrive le 18 au matin à Plaisance, après une marche de seize lieues et de trente-six heures. La cavalerie avait saisi en route tous les bateaux qui se trouvaient sur les bords du fleuve, et les avait amenés à Plaisance. Elle avait pris beaucoup de fourrages, et la pharmacie de l'armée autrichienne. Un bac transporte l'avant-garde commandée par le colonel Lannes. Cet officier, à peine arrivé à l'autre bord, fond avec ses grenadiers sur quelques détachements autrichiens, qui couraient sur la rive gauche du Pô, et les disperse. Le reste des grenadiers franchit successivement le fleuve, et on commence à construire un pont pour le passage de l'armée, qui avait reçu l'ordre de descendre à son tour sur Plaisance. Ainsi, par une feinte et une marche hardie, Bonaparte se trouvait au-delà du Pô, et avec l'avantage d'avoir tourné le Tésin. Si, en effet, il eût passé plus haut, outre la difficulté de le faire en présence de Beaulieu, il aurait donné contre le Tésin, et aurait eu encore un passage à effectuer. Mais, à Plaisance, cet inconvénient n'existait plus, car le Tésin est déjà réuni au Pô.

Le 18 mai, la division Liptai, avertie la première, s'était portée à Fombio, à une petite distance du Pô, sur la route de Pizzighitone. Bonaparte, ne voulant pas la laisser s'établir dans une position où toute l'armée autrichienne allait se rallier, et où il pouvait être ensuite obligé de recevoir bataille avec le Pô à dos, se hâte de combattre avec ce qu'il avait de forces sous la main. Il fond sur cette division qui s'était retranchée, la déloge après une action sanglante, et lui fait deux mille prisonniers. Le reste de la division, gagnant la route de Pizzighitone, va s'enfermer dans cette place.

Le soir du même jour, Beaulieu, averti du passage du Pô à Plaisance, arrivait au secours de la division Liptai. Il ignorait le désastre de cette division; il donna dans les avant-postes français, fut accueilli chaudement et obligé de se replier en toute hâte. Malheureusement le brave général Laharpe, si utile à l'armée par son intelligence et sa bravoure, fut tué par ses propres soldats, au milieu de l'obscurité de la nuit. Toute l'armée regretta ce brave Suisse, que la tyrannie de Berne avait conduit en France.

Le Pô franchi, le Tésin tourné, Beaulieu battu et hors d'état de tenir la campagne, la route de Milan était ouverte. Il était naturel à un vainqueur de vingt-six ans d'être impatient d'y entrer. Mais avant tout, Bonaparte désirait achever de détruire Beaulieu. Pour cela, il ne voulait pas se contenter de le battre, il voulait encore le tourner, lui couper sa retraite, et l'obliger, s'il était possible, à mettre bas les armes. Il fallait, pour arriver à ce but, le prévenir au passage des fleuves. Une multitude de fleuves descendent des Alpes, et traversent la Lombardie pour se rendre dans le Pô ou dans l'Adriatique. Après le Pô et le Tésin, viennent l'Adda, l'Oglio, le Mincio, l'Adige et quantité d'autres encore. Bonaparte avait maintenant devant lui l'Adda, qu'il n'avait pas pu tourner comme le Tésin, parce qu'il aurait fallu ne traverser le Pô qu'à Crémone. On passe l'Adda à Pizzighitone; mais les débris de la division Liptai venaient de se jeter dans cette place. Bonaparte se hâta de remonter l'Adda, pour arriver au pont de Lodi. Beaulieu y était bien avant lui. On ne pouvait donc pas le prévenir au passage de ce fleuve. Mais Beaulieu n'avait à Lodi que douze mille hommes et quatre mille cavaliers. Deux autres divisions, sous Colli et Wukassovich, avaient fait un détour sur Milan, pour jeter garnison dans le château, et devaient revenir ensuite sur l'Adda pour le passer à Cassano, fort au-dessus de Lodi. En essayant donc de franchir l'Adda à Lodi, malgré la présence de Beaulieu, on pouvait arriver sur l'autre rive avant que les deux divisions, qui devaient passer à Cassano, eussent achevé leur mouvement. Alors, il y avait espoir de les couper.

Bonaparte se trouve devant Lodi le 20 floréal (9 mai). Cette ville est placée sur la rive même par laquelle arrivait l'armée française. Bonaparte la fait attaquer à l'improviste, et y pénètre malgré les Autrichiens. Ceux-ci, quittant alors la ville, se retirent par le pont, et vont se réunir sur l'autre rive au gros de leur armée. C'est sur ce pont qu'il fallait passer, en sortant de Lodi, pour franchir l'Adda. Douze mille hommes d'infanterie et quatre mille cavaliers étaient rangés sur le bord opposé; vingt pièces d'artillerie enfilaient le pont; une nuée de tirailleurs étaient placés sur les rives. Il n'était pas d'usage à la guerre de braver de pareilles difficultés : un pont défendu par seize mille hommes et vingt pièces d'artillerie était un obstacle qu'on ne cherchait pas à surmonter. Toute l'armée française s'était mise à l'abri du feu derrière les murs de Lodi, attendant ce qu'ordonnerait le général. Bonaparte sort de la ville, parcourt tous les bords du fleuve au milieu d'une grêle de balles et de mitraille, et, après avoir arrêté son plan, rentre dans Lodi, pour le faire exécuter. Il ordonne à sa cavalerie de remonter l'Adda pour aller essayer de le passer à gué au-dessus du pont; puis il fait former une colonne de six mille grenadiers; il parcourt leurs rangs, les encourage, et leur communique, par sa présence et par ses paroles, un courage extraordinaire. Alors il ordonne de déboucher par la porte qui donnait sur le pont, et de marcher au pas de course. Il avait calculé que, par la rapidité du mouvement, la colonne n'aurait pas le temps de souffrir beaucoup. Cette colonne redoutable serre ses rangs, et débouche en courant sur le pont. Un feu épouvantable est vomi sur elle; la tête entière est renversée. Néanmoins elle avance : arrivée au milieu du pont, elle hésite, mais les généraux la soutiennent de la voix et de leur exemple. Elle se raffermit, marche en avant, arrive sur les pièces et tue les canonniers qui veulent les défendre. Dans cet instant, l'infanterie autrichienne s'approche à son tour pour soutenir son artillerie; mais après ce qu'elle venait de faire, la terrible colonne ne craignait plus les baïonnettes; elle fond sur les Autrichiens au moment où notre cavalerie, qui avait trouvé un gué, menaçait leurs flancs; elle les renverse, les disperse, et leur fait deux mille prisonniers.

Ce coup d'audace extraordinaire avait frappé les Autrichiens d'étonnement; mais malheureusement il devenait inutile. Colli et Wukassovich étaient parvenus à gagner la chaussée de Brescia, et ne pouvaient plus être coupés. Si le résultat était manqué, du moins la ligne de l'Adda se trouvait emportée, le courage des soldats était au plus haut point d'exaltation, leur dévouement pour leur général, au comble.

Dans leur gaîté ils imaginèrent un usage

singulier qui peint le caractère national. Les plus vieux soldats s'assemblèrent un jour, et, trouvant leur général bien jeune, imaginèrent de le faire passer par tous les grades : à Lodi, ils le nommèrent caporal, et le saluèrent, quand il parut au camp, du titre, si fameux depuis, de *petit caporal*. On les verra plus tard lui en conférer d'autres, à mesure qu'il les avait mérités.

L'armée autrichienne était assurée de sa retraite sur le Tyrol; il n'y avait plus aucune utilité à la suivre. Bonaparte songea alors à se rabattre sur la Lombardie, pour en prendre possession, et pour l'organiser. Les débris de la division Liptai s'étaient retranchés à Pizzighitone, et pouvaient en faire une place forte. Il s'y porta pour les en chasser. Il se fit ensuite précéder par Masséna à Milan; Augereau rétrograda pour occuper Pavie. Il voulait imposer à cette grande ville, célèbre par son université, et lui faire voir l'une des plus belles divisions de l'armée. Les divisions Serrurier et Laharpe furent laissées à Pizzighitone, Lodi, Crémone et Cassano, pour garder l'Adda.

Bonaparte songea enfin à se rendre à Milan. A l'approche de l'armée française, les partisans de l'Autriche, et tous ceux qu'épouvantait la renommée de nos soldats, qu'on disait aussi barbares que courageux, avaient fui, et couvraient les routes de Brescia et du Tyrol. L'archiduc était parti, et on l'avait vu verser des larmes en quittant sa belle capitale. La plus grande partie des Milanais se livraient à l'espérance et attendaient notre armée dans les plus favorables dispositions. Quand ils eurent reçu la première division commandée par Masséna, et qu'ils virent ces soldats dont la renommée était si effrayante, respecter les propriétés, ménager les personnes, et manifester la bienveillance naturelle à leur caractère, ils furent pleins d'enthousiasme, et les comblèrent des meilleurs traitements. Les patriotes accourus de toutes les parties d'Italie, attendaient ce jeune vainqueur dont les exploits étaient si rapides, et dont le nom italien leur était si doux à prononcer. Sur-le-champ on envoya le comte de Melzi au-devant de Bonaparte pour lui promettre obéissance. On forma une garde nationale, et on l'habilla aux trois couleurs, vert, rouge et blanc; le duc de Serbelloni fut chargé de la commander. On éleva un arc de triomphe pour y recevoir le général français. Le 26 floréal (15 mai), un mois après l'ouverture de la campagne, Bonaparte fit son entrée à Milan. Le peuple entier de cette capitale était accouru à sa rencontre.

La garde nationale était sous les armes. La municipalité vint lui remettre les clefs de la ville. Les acclamations le suivirent pendant toute sa marche, jusqu'au palais Serbelloni, où était préparé son logement. Maintenant l'imagination des Italiens lui était acquise comme celle des soldats, et il pouvait agir par la force morale, autant que par la force physique.

Son but n'était pas de s'arrêter à Milan plus qu'il n'avait fait à Cherasco, après la soumission du Piémont. Il voulait y séjourner assez pour organiser provisoirement la province, pour en tirer les ressources nécessaires à son armée, et pour régler toutes choses sur ses derrières. Son projet ensuite était toujours de courir à l'Adige et à Mantoue, et, s'il était possible, jusque dans le Tyrol et au-delà des Alpes.

Les Autrichiens avaient laissé deux mille hommes dans le château de Milan. Bonaparte le fit investir sur-le-champ. On convint avec le commandant du château, qu'il ne tirerait pas sur la ville, car elle était une propriété autrichienne qu'il n'avait pas intérêt à détruire. Les travaux du siége furent commencés sur-le-champ.

Bonaparte, sans se trop engager avec les Milanais, et sans leur promettre une indépendance qu'il ne pouvait pas leur assurer, leur donna cependant assez d'espérances pour exciter leur patriotisme. Il leur tint un langage énergique, et leur dit, que pour avoir la liberté, il fallait la mériter, en l'aidant à soustraire pour jamais l'Italie à l'Autriche. Il institua provisoirement une administration municipale. Il fit former des gardes nationales partout, afin de donner un commencement d'organisation militaire à la Lombardie. Il s'occupa ensuite des besoins de son armée, et fut obligé de frapper une contribution de 20 millions sur le Milanez. Cette mesure lui semblait fâcheuse, parce qu'elle devait retarder la marche de l'esprit public; mais elle ne fut cependant pas trop mal accueillie; d'ailleurs elle était indispensable. Grace aux magasins trouvés dans le Piémont, aux blés fournis par le duc de Parme, l'armée était dans une grande abondance de vivres. Les soldats engraissaient, ils mangeaient du bon pain, de la bonne viande, et buvaient de l'excellent vin. Ils étaient contents, et commençaient à observer une exacte discipline. Il ne restait plus qu'à les habiller. Couverts de leurs vieux habits des Alpes, ils étaient déguenillés, et n'étaient imposants que par leur renommée, leur tenue martiale, et leur belle discipline. Bonaparte trouva bientôt de nouvelles ressources. Le duc de Modène, dont les états longeaient le Pô, au-dessous de ceux du duc de Parme, lui dépêcha des envoyés pour obtenir les mêmes conditions que le duc de Parme. Ce vieux prince avare, voyant toutes ses prédictions réalisées, s'était sauvé à Venise, avec ses trésors, abandonnant le gouvernement de ses états à une régence. Ne voulant pas cependant les perdre, il demandait à traiter. Bonaparte ne pouvait accorder la paix, mais il pouvait accorder des armistices, qui équivalaient à une paix, et qui le rendaient maître de toutes les existences en Italie. Il exigea 10 millions, des subsistances de toute espèce, des chevaux, et des tableaux.

Avec ces ressources obtenues dans le pays, il établit, sur les bords du Pô, de grands magasins, des hôpitaux fournis d'effets pour quinze mille malades, et remplit toutes les caisses de l'armée. Se jugeant même assez riche, il achemina sur Gênes quelques millions pour le directoire. Comme il savait en outre que l'armée du Rhin manquait de fonds, et que cette pénurie arrêtait son entrée en campagne, il fit envoyer par la Suisse un million à Moreau. C'était un acte de bon camarade, qui lui était honorable et utile; car il importait que Moreau entrât en campagne pour empêcher les Autrichiens de porter leurs principales forces en Italie.

A la vue de toutes ces choses, Bonaparte se confirmait davantage dans ses projets. Il n'était pas nécessaire, selon lui, de marcher contre les princes d'Italie; il ne fallait agir que contre les Autrichiens; tant qu'on résisterait à ceux-ci, et qu'on pourrait leur interdire le retour en Lombardie, tous les états italiens, tremblant sous l'ascendant de l'armée française, se soumettraient l'un après l'autre. Les ducs de Parme et de Modène s'étaient soumis. Rome, Naples, en feraient autant, si l'on restait maître des portes de l'Italie. Il fallait de même garder l'expectative à l'égard des peuples; et, sans renverser les gouvernements, attendre que les sujets se soulevassent eux-mêmes.

Mais, au milieu de ces pensées si justes, de ces travaux si vastes, une contrariété des plus fâcheuses vint l'arrêter. Le directoire était enchanté de ses services; mais Carnot, en lisant ses dépêches, écrites avec énergie et précision, et aussi avec une imagination extrême, fut épouvanté de ses plans gigantesques. Il trouvait avec raison, que vouloir traverser le Tyrol, et franchir les Alpes une seconde fois, était un projet trop extraordinaire, et même impossible ; mais à son tour, pour corriger le projet du jeune capitaine, il en concevait un autre bien plus dangereux. La Lombardie conquise, il fallait se replier, suivant Carnot, dans la péninsule, aller punir le pape et les Bourbons de Naples, et chasser les Anglais de Livourne, où le duc de Toscane les laissait dominer. Pour cela Carnot ordonnait, au nom du directoire, de partager l'armée d'Italie en deux, d'en laisser une partie en Lombardie, sous les ordres de Kellermann, et de faire marcher l'autre sur Rome et sur Naples, sous les ordres de Bonaparte. Ce projet désastreux renouvelait la faute que les Français ont toujours faite, de s'enfoncer dans la péninsule, avant d'être maîtres de la Haute-Italie. Ce n'est pas au pape, au roi de Naples, qu'il faut disputer l'Italie, c'est aux Autrichiens. Or, la ligne d'opération n'est pas alors sur le Tibre, mais sur l'Adige. L'impatience de posséder nous porta toujours à Rome, à Naples, et pendant que nous courions dans la péninsule, nous vîmes toujours la route se fermer sur nous. Il était naturel à des républicains de vouloir sévir contre un pape et un Bourbon ; mais ils commettaient la faute des anciens rois de France.

Bonaparte, dans son projet de se jeter dans la vallée du Danube, n'avait vu que les Autrichiens; c'était en lui l'exagération de la vérité chez un esprit juste, mais jeune; il ne pouvait donc, après une pareille conviction, consentir à marcher dans la péninsule; d'ailleurs, sentant l'importance de l'unité de direction dans une conquête qui exigeait autant de génie politique que de génie militaire, il ne pouvait supporter l'idée de partager le commandement avec un vieux général, brave, mais médiocre, et plein d'amour-propre. C'était en lui l'égoïsme si légitime du génie, qui veut faire seul sa tâche, parce qu'il se sent seul capable de la remplir. Il se conduisit ici comme sur le champ de bataille; il hasarda son avenir, et offrit sa démission dans une lettre aussi respectueuse que hardie. Il sentait bien qu'on n'oserait pas l'accepter; mais il est certain qu'il aimait encore mieux se démettre qu'obéir, car il ne pouvait consentir à laisser perdre sa gloire et l'armée, en exécutant un mauvais plan.

Opposant la raison la plus lumineuse aux erreurs du directeur Carnot, il dit qu'il fallait toujours faire face aux Autrichiens, et s'occuper d'eux seuls; qu'une simple division, s'échelonnant en arrière sur le Pô et sur Ancône, suffirait pour épouvanter la péninsule, et obliger Rome et Naples à demander quartier. Il se disposa sur-le-champ à partir de Milan, pour courir à l'Adige, et faire le siége de Mantoue. Il se proposait d'attendre là les nouveaux ordres du directoire, et la réponse à ses dépêches.

Il publia une nouvelle proclamation à ses soldats, qui devait frapper vivement leur imagination, et qui était faite aussi pour agir fortement sur celle du pape et du roi de Naples.

« Soldats, vous vous êtes précipités comme
« un torrent du haut de l'Apennin; vous avez
« culbuté, dispersé tout ce qui s'opposait à vo-
« tre marche. Le Piémont, délivré de la tyran-
« nie autrichienne, s'est livré à ses sentiments
« naturels de paix et d'amitié pour la France.
« Milan est à vous, et le pavillon républicain
« flotte dans toute la Lombardie. Les ducs de
« Parme et de Modène ne doivent leur exis-
« tence politique qu'à votre générosité. L'ar-
« mée qui vous menaçait avec orgueil ne trouve
« plus de barrière qui la rassure contre votre
« courage; le Pô, le Tésin, l'Adda, n'ont pu
« vous arrêter un seul jour; ces boulevarts
« tant vantés de l'Italie ont été insuffisants;
« vous les avez franchis aussi rapidement que
« l'Apennin. Tant de succès ont porté la joie
« dans le sein de la patrie: vos représentants
« ont ordonné une fête dédiée à vos victoires,
« célébrées dans toutes les communes de la ré-

« publique. Là, vos pères, vos mères, vos
« épouses, vos sœurs, vos amantes, se réjouis-
« sent de vos succès, et se vantent avec orgueil
« de vous appartenir. Oui, soldats, vous avez
« beaucoup fait.... mais ne vous reste-t-il donc
« plus rien à faire?.... Dira-t-on de nous que
« nous avons su vaincre, mais que nous n'a-
« vons pas su profiter de la victoire? La pos-
« térité vous reprochera-t-elle d'avoir trouvé
« Capoue dans la Lombardie? Mais je vous vois
« déja courir aux armes.... Eh bien! partons!
« Nous avons encore des marches forcées à
« faire, des ennemis à soumettre, des lauriers
« à cueillir, des injures à venger. Que ceux qui
« ont aiguisé les poignards de la guerre civile
« en France, qui ont lâchement assassiné nos
« ministres, incendié nos vaisseaux à Toulon,
« tremblent! L'heure de la vengeance a sonné ;
« mais que les peuples soient sans inquiétude ;
« nous sommes amis de tous les peuples, et plus
« particulièrement des descendants de Brutus,
« des Scipion, et des grands hommes que nous
« avons pris pour modèles. Rétablir le Capitole,
« y placer avec honneur les statues des héros
« qui le rendirent célèbre ; réveiller le peuple
« romain, engourdi par plusieurs siècles d'es-
« clavage, tel sera le fruit de nos victoires. Elles
« feront époque dans la postérité : vous aurez

« la gloire immortelle de changer la face de la
« plus belle partie de l'Europe. Le peuple fran-
« çais, libre, respecté du monde entier, don-
« nera à l'Europe une paix glorieuse, qui l'in-
« demnisera des sacrifices de toute espèce qu'il
« a faits depuis six ans. Vous rentrerez alors dans
« vos foyers, et vos concitoyens diront en vous
« montrant : *Il était de l'armée d'Italie.* »

Il n'était resté que huit jours à Milan; il en partit le 2 prairial (21 mai), pour se rendre à Lodi, et s'avancer vers l'Adige.

Tandis que Bonaparte poursuivait sa marche, un événement inattendu le rappela tout-à-coup à Milan. Les nobles, les moines, les domestiques des familles fugitives, une foule de créatures du gouvernement autrichien, y préparaient une révolte contre l'armée française. Ils répandirent que Beaulieu, renforcé, arrivait avec soixante mille hommes; que le prince de Condé débouchait par la Suisse, sur les derrières des républicains, et qu'ils allaient être perdus. Les prêtres, usant de leur influence sur quelques paysans qui avaient souffert du passage de l'armée, les excitèrent à prendre les armes. Bonaparte, n'étant plus à Milan, on crut que le moment était favorable pour opérer la révolte, et faire soulever toute la Lombardie sur ses derrières. La garnison du château de

Milan donna le signal par une sortie. Aussitôt le tocsin sonna dans toutes les campagnes environnantes; des paysans armés se transportèrent à Milan pour s'en emparer. Mais la division que Bonaparte avait laissée pour bloquer le château, ramena vivement la garnison dans ses murs, et chassa les paysans qui se présentaient. Dans les environs de Pavie, les révoltés eurent plus de succès. Ils entrèrent dans cette ville, et s'en emparèrent malgré trois cents hommes que Bonaparte y avait laissés en garnison. Ces trois cents hommes, fatigués ou malades, se renfermèrent dans un fort, pour n'être pas massacrés. Les insurgés entourèrent le fort, et le sommèrent de se rendre. Un général français, qui passait dans ce moment à Pavie, fut entouré; on l'obligea, le poignard sur la gorge, à signer un ordre pour engager la garnison à ouvrir ses portes. L'ordre fut signé et exécuté.

Cette révolte pouvait avoir des conséquences désastreuses; elle pouvait provoquer une insurrection générale, et amener la perte de l'armée française. L'esprit public d'une nation est toujours plus avancé dans les villes que dans les campagnes. Tandis que la population des villes d'Italie se déclarait pour nous, les paysans, excités par les moines, et foulés par le passage des armées, étaient fort mal disposés. Bonaparte se trouvait à Lodi, lorsqu'il apprit, le 4 prairial (23 mai), les événements de Milan et de Pavie; sur-le-champ il rebroussa chemin avec trois cents chevaux, un bataillon de grenadiers, et six pièces d'artillerie. L'ordre était déjà rétabli dans Milan. Il continua sa route sur Pavie, en se faisant précéder par l'archevêque de Milan. Les insurgés avaient poussé une avant-garde jusqu'au bourg de Binasco. Lannes la dispersa. Bonaparte, pensant qu'il fallait agir avec promptitude et vigueur, pour arrêter le mal dans sa naissance, fit mettre le feu à ce bourg, afin d'effrayer Pavie par la vue des flammes. Arrivé devant cette ville, il s'arrêta. Elle renfermait trente mille habitants, elle était entourée d'un vieux mur, et occupée par sept ou huit mille paysans révoltés. Ils avaient fermé les portes, et couronnaient les murailles. Prendre cette ville avec trois cents chevaux et un bataillon, n'était pas chose aisée; et cependant il ne fallait pas perdre de temps, car l'armée était déjà sur l'Oglio, et avait besoin de la présence de son général. Dans la nuit, Bonaparte fit afficher aux portes de Pavie une proclamation menaçante, dans laquelle il disait, qu'une multitude égarée et sans moyens réels de résistance bravait une armée triomphante des rois, et voulait perdre le peuple italien; que, persistant dans son intention de ne pas faire la guerre aux peuples, il voulait bien pardonner à ce délire, et laisser une porte ouverte au repentir; mais que ceux qui ne poseraient pas les armes à l'instant seraient traités comme rebelles, et que leurs villages seraient brûlés. Les flammes de Binasco, ajoutait-il, devaient leur servir de leçon. Le matin, les paysans, qui dominaient dans la ville, refusaient de la rendre. Bonaparte fit balayer les murailles par de la mitraille et des obus, ensuite il fit approcher ses grenadiers, qui enfoncèrent les portes à coups de hache. Ils pénétrèrent dans la ville, et eurent un combat à soutenir dans les rues. Cependant on ne leur résista pas long-temps. Les paysans s'enfuirent, et livrèrent la malheureuse Pavie au courroux du vainqueur. Les soldats demandaient le pillage à grands cris. Bonaparte, pour donner un exemple sévère, leur accorda trois heures de pillage. Ils étaient à peine un millier d'hommes, et ils ne pouvaient pas causer de grands désastres dans une ville aussi considérable que Pavie. Ils fondirent sur les boutiques d'orfèvrerie, et s'emparèrent de beaucoup de bijoux. L'acte le plus condamnable fut le pillage du Mont-de-Piété; mais heureusement, en Italie comme partout où il y a des grands, pauvres et vaniteux, les monts-de-piété étaient remplis d'objets appartenant aux plus hautes classes du pays. Les maisons de Spallanzani et de Volta furent préservées par les officiers, qui gardèrent eux-mêmes les demeures de ces illustres savants. Exemple doublement honorable et pour la France et pour l'Italie!

Bonaparte lança ensuite dans la campagne ses trois cents chevaux, et fit sabrer une grande quantité de révoltés. Cette prompte répression ramena la soumission partout, et imposa au parti qui en Italie était opposé à la liberté et à la France. Il est triste d'être réduit à employer des moyens pareils; mais Bonaparte le devait sous peine de sacrifier son armée et les destinées de l'Italie. Le parti des moines trembla; les malheurs de Pavie, racontés de bouche en bouche, furent exagérés; et l'armée française recouvra sa renommée formidable.

Cette expédition terminée, Bonaparte rebroussa chemin sur-le-champ pour rejoindre l'armée qui était sur l'Oglio, et qui allait passer sur le territoire vénitien.

A l'approche de l'armée française, la question, tant agitée à Venise, du parti à prendre entre l'Autriche et la France, fut discutée de nouveau par le sénat. Quelques vieux oligarques, qui avaient conservé de l'énergie, auraient voulu qu'on s'alliât sur-le-champ à l'Autriche, patronne naturelle de tous les vieux despotismes; mais on craignait pour l'avenir l'ambition autrichienne, et dans le moment les foudres françaises. D'ailleurs il fallait prendre les armes, résolution qui coûtait beaucoup à un gouvernement énervé. Quelques jeunes oligarques aussi énergiques, mais moins entêtés que les vieux, voulaient aussi une détermination courageuse; ils proposaient de faire un armement formidable, mais de garder la neutralité, et de menacer de cinquante mille hommes celle des deux puissances qui violerait le territoire vénitien. Cette résolution était forte, mais trop forte pour être adoptée. Quelques esprits sages, au contraire, proposaient un troisième parti, c'était l'alliance avec la France. Le sénateur Battaglia, esprit fin, pénétrant et modéré, présenta des raisonnements que la suite des temps a rendus pour ainsi dire prophétiques. Selon lui, la neutralité, même armée, était la plus mauvaise de toutes les déterminations. On ne pourrait pas se faire respecter, quelque force qu'on déployât; et n'ayant attaché aucun des deux partis à sa cause, on serait tôt ou tard sacrifié par tous les deux. Il fallait donc se décider pour l'Autriche ou pour la France. L'Autriche était pour le moment expulsée de l'Italie; et même, en lui supposant les moyens d'y rentrer, elle ne le pourrait pas avant deux mois, temps pendant lequel la république pourrait être détruite par l'armée française; d'ailleurs, l'ambition de l'Autriche était toujours la plus redoutable pour Venise. Elle lui avait toujours envié ses provinces de l'Illyrie et de la Haute-Italie, et saisirait la première occasion de les lui enlever. La seule garantie contre cette ambition était la puissance de la France, qui n'avait rien à envier à Venise, et qui serait toujours intéressée à la défendre. La France, il est vrai, avait des principes qui répugnaient à la noblesse vénitienne; mais il était temps enfin de se résigner à quelques sacrifices indispensables à l'esprit du siècle, et de faire aux nobles de la terre-ferme les concessions qui pouvaient seules les rattacher à la république et au Livre d'or. Avec quelques modifications légères à l'ancienne constitution, on pouvait satisfaire l'ambition de toutes les classes de sujets vénitiens, et s'attacher la France; si de plus on prenait les armes pour celle-ci, on pouvait espérer, peut-être, en récompense des services qu'on lui aurait rendus, les dépouilles de l'Autriche en Lombardie. Dans tous les cas, répétait le sénateur Battaglia, la neutralité était le plus mauvais de tous les partis.

Cet avis, dont le temps a démontré la sagesse, blessait trop profondément l'orgueil et les haines de la vieille aristocratie vénitienne pour être adopté. Il faut dire aussi qu'on ne comptait point assez sur la durée de la puissance française en Italie, pour s'allier à elle. Il y avait un ancien axiome italien qui disait que l'*Italie était le tombeau des Français*, et on craignait de se trouver exposé ensuite, sans aucune défense, au courroux de l'Autriche.

A ces trois partis, on préféra le plus commode, le plus conforme aux routines et à la mollesse de ce vieux gouvernement, la neutralité désarmée. On décida qu'il serait envoyé des provéditeurs au-devant de Bonaparte pour protester de la neutralité de la république, et réclamer le respect dû au territoire et aux sujets vénitiens. On avait une grande terreur des Français, mais on les savait faciles et sensibles aux bons traitements. Ordre fut donné à tous les agents du gouvernement de les traiter et de les recevoir à merveille, de s'emparer des officiers et des généraux afin de capter leur bienveillance.

Bonaparte, en arrivant sur le territoire de Venise, avait tout autant besoin de prudence que Venise elle-même. Cette puissance, quoique aux mains d'un gouvernement affaibli, était grande encore ; il fallait ne pas l'indisposer au point de la forcer à s'armer ; car alors la Haute-Italie n'aurait plus été tenable pour les Français ; mais il fallait cependant, tout en observant la neutralité, obliger Venise à nous souffrir sur son territoire, à nous y laisser battre, à nous y nourrir même s'il était possible. Elle avait donné passage aux Autrichiens ; c'était là raison dont il fallait se servir pour tout se permettre et tout exiger, en restant dans les limites de la neutralité.

Bonaparte, en entrant à Brescia, publia une proclamation dans laquelle il disait, qu'en traversant le territoire vénitien afin de poursuivre l'armée impériale, qui avait eu la permission de le franchir, il respecterait le territoire et les habitants de la république de Venise, qu'il ferait observer la plus grande discipline à son armée, que tout ce qu'elle prendrait serait payé, et qu'il n'oublierait point les antiques liens qui unissaient les deux républiques. Il fut très-bien reçu par le provéditeur vénitien de Brescia, et poursuivit sa marche. Il avait franchi l'Oglio, qui coule après l'Adda ; il arriva devant le Mincio, qui sort du lac de Garda, circule dans la plaine du Mantouan, puis forme, après quelques lieues, un nouveau lac, au milieu duquel est placé Mantoue, et va enfin se jeter dans le Pô. Beaulieu, renforcé de dix mille hommes, s'était placé sur la ligne du Mincio, pour la défendre*. Une avant-garde de quatre mille fantassins et de deux mille cavaliers était rangée en avant du fleuve, au village de Borghetto. Le gros de l'armée était placé au-delà du Mincio, sur la position de Valeggio ; la réserve était un peu plus en arrière à Villa-Franca ; des corps détachés gardaient le cours du Mincio, au-dessus et au-dessous de Valeggio. La ville vénitienne de Peschiera est située sur le Mincio, à sa sortie du lac de Garda. Beaulieu, qui voulait avoir cette place pour appuyer plus solidement la droite de sa ligne, trompa les Vénitiens ; et, sous prétexte d'obtenir passage pour cinquante hommes, surprit la ville, et y plaça une forte garnison. Elle avait une enceinte bastionnée et quatre-vingts pièces de canon.

Bonaparte, en avançant sur cette ligne, négligea tout-à-fait Mantoue, qui était à sa droite, et qu'il n'était pas temps de bloquer encore, et appuya sur sa gauche vers Peschiera. Son projet était de passer le Mincio à Borghetto et Valeggio. Pour cela, il lui fallait tromper Beau-

* Voyez la carte à la fin du volume.

lieu sur son intention. Il fit ici comme au passage du Pô ; il dirigea un corps sur Peschiera et un autre sur Lonato, de manière à inquiéter Beaulieu sur le Haut-Mincio, et à lui faire supposer qu'il voulait ou passer à Peschiera, ou tourner le lac de Garda. En même temps, il dirigea son attaque la plus sérieuse sur Borghetto. Ce village, placé en avant du Mincio, était, comme on vient de dire, gardé par quatre mille fantassins et deux mille cavaliers. Le 9 prairial (28 mai), Bonaparte engagea l'action. Il avait toujours eu de la peine à faire battre sa cavalerie. Elle était peu habituée à charger, parce qu'on n'en faisait pas autrefois un grand usage, et qu'elle était d'ailleurs intimidée par la grande réputation de la cavalerie allemande. Bonaparte voulait à tout prix la faire battre, parce qu'il attachait une grande importance aux services qu'elle pouvait rendre. En avançant sur Borghetto, il distribua ses grenadiers et ses carabiniers à droite et à gauche de sa cavalerie, il plaça l'artillerie par derrière, et après l'avoir ainsi enfermée, il la poussa sur l'ennemi. Soutenue de tous côtés, et entraînée par le bouillant Murat, elle fit des prodiges, et mit en fuite les escadrons autrichiens. L'infanterie aborda ensuite le village de Borghetto, dont elle s'empara. Les Autrichiens, en se retirant par le pont qui conduit de Borghetto à Valeggio, voulurent le rompre. Ils parvinrent en effet à détruire une arche. Mais quelques grenadiers, conduits par le général Gardanne, entrèrent dans les flots du Mincio, qui était guéable en quelques endroits, et le franchirent en tenant leurs armes sur leurs têtes, et en bravant le feu des hauteurs opposées. Les Autrichiens crurent voir la colonne de Lodi, et se retirèrent sans détruire le pont. L'arche rompue fut rétablie, et l'armée put passer. Bonaparte se mit sur-le-champ à remonter le Mincio avec la division Augereau, afin de donner la chasse aux Autrichiens; mais ils refusèrent le combat toute la journée. Il laissa la division Augereau continuer la poursuite, et il revint à Valeggio, où se trouvait la division Masséna, qui commençait à faire la soupe. Tout-à-coup la charge sonna, les hussards autrichiens fondirent au milieu du bourg; Bonaparte eut à peine le temps de se sauver. Il monta à cheval, et reconnut bientôt que c'était un des corps ennemis laissés à la garde du Bas-Mincio, qui remontait le fleuve pour joindre Beaulieu, dans sa retraite vers les montagnes. La division Masséna courut aux armes, et donna la chasse à cette division, qui parvint cependant à rejoindre Beaulieu.

Le Mincio était donc franchi. Bonaparte avait décidé une seconde fois la retraite des Impériaux, qui se rejetaient définitivement dans le Tyrol. Il avait obtenu un avantage important, celui de faire battre sa cavalerie, qui maintenant ne craignait plus celle des Autrichiens. Il attachait à cela un grand prix. On se servait peu de la cavalerie avant lui, et il avait jugé qu'on pouvait en tirer un grand parti, en l'employant à couvrir l'artillerie. Il avait calculé que l'artillerie légère et la cavalerie, employées à propos, pouvaient produire l'effet d'une masse d'infanterie dix fois plus forte. Il affectionnait déjà beaucoup le jeune Murat, qui savait faire battre ses escadrons; mérite qu'il regardait alors comme fort rare chez les officiers de cette arme. La surprise qui avait mis sa personne en danger lui inspira une autre idée : ce fut de former un corps d'hommes d'élite, qui, sous le nom de guides, devaient l'accompagner partout. Sa sûreté personnelle n'était qu'un objet secondaire à ses yeux; il voyait l'avantage d'avoir toujours sous sa main un corps dévoué et capable des actions les plus hardies. On le verra en effet décider de grandes choses, en lançant vingt-cinq de ces braves gens. Il en donna le commandement à un officier de cavalerie, intrépide et calme, fort connu depuis sous le nom de Bessières.

Beaulieu avait évacué Peschiera, pour remonter dans le Tyrol. Un combat s'était engagé avec l'arrière-garde autrichienne, et l'armée française n'était entrée dans la ville qu'après une action assez vive. Les Vénitiens n'ayant pas pu la soustraire à Beaulieu, elle avait cessé d'être neutre; et les Français étaient autorisés à s'y établir. Bonaparte savait bien que les Vénitiens avaient été trompés par Beaulieu, mais il résolut de se servir de cet événement pour obtenir d'eux tout ce qu'il désirait. Il voulait la ligne de l'Adige, et particulièrement l'importante ville de Vérone qui commande le fleuve; il voulait surtout se faire nourrir.

Le provéditeur Foscarelli, vieil oligarque vénitien, très-entêté dans ses préjugés, et plein de haine contre la France, était chargé de se rendre au quartier-général de Bonaparte. On lui avait dit que le général était extrêmement courroucé de ce qui était arrivé à Peschiera, et la renommée répandait que son courroux était redoutable. Binasco, Pavie, faisaient foi de sa sévérité : deux armées détruites, et l'Italie conquise, faisaient foi de sa puissance. Le provéditeur vint à Peschiera, plein de terreur, et en partant il écrivit à son gouvernement : *Dieu veuille me recevoir en holocauste!* Il avait pour mission spéciale d'empêcher les Français d'entrer à Vérone. Cette ville, qui avait donné asile au prétendant, était dans la plus cruelle anxiété. Le jeune Bonaparte, qui avait des colères violentes, et qui en avait aussi de feintes, n'oublia rien pour augmenter l'effroi du provéditeur. Il s'emporta vivement contre le gouvernement vénitien, qui prétendait être neutre, et ne savait pas faire respecter sa neutralité; qui, en laissant les Autrichiens s'emparer de Peschiera, avait exposé l'armée française à perdre un grand nombre de braves devant cette place. Il dit que le sang de ses compagnons d'armes demandait vengeance, et qu'il la fallait éclatante. Le provéditeur excusa beaucoup les autorités vénitiennes, et parla ensuite de l'objet essentiel, qui était Vérone. Il prétendit qu'il avait ordre d'en interdire l'entrée aux deux puissances belligérantes. Bonaparte lui répondit qu'il n'était plus temps; que déjà Masséna s'y était rendu; que peut-être, en cet instant, il y avait mis le feu pour punir cette ville qui avait eu l'insolence de se regarder un moment comme la capitale de l'empire français. Le provéditeur supplia de nouveau; et Bonaparte, feignant de s'adoucir un peu, répondit qu'il pourrait tout au plus, si Masséna n'y était pas déjà entré de vive force, donner un délai de vingt-quatre heures, après lequel il emploierait la bombe et le canon.

Le provéditeur se retira consterné. Il retourna à Vérone, où il annonça qu'il fallait recevoir les Français. A leur approche, les habitants les plus riches, croyant qu'on ne leur pardonnerait pas le séjour du prétendant dans leur ville, s'enfuirent en foule dans le Tyrol, emportant ce qu'ils avaient de plus précieux. Cependant les Véronais se rassurèrent bientôt en voyant les Français, et en se persuadant, de leurs propres yeux, que ces républicains n'étaient pas aussi barbares que le publiait la renommée.

Deux autres envoyés vénitiens arrivèrent à Vérone pour voir Bonaparte. On avait fait choix des sénateurs Erizzo et Battaglia. Ce dernier était celui dont nous avons parlé, qui penchait pour l'alliance avec la France, et on espérait à Venise que ces deux nouveaux ambassadeurs réussiraient mieux que Foscarelli à calmer le général. Il les reçut en effet beaucoup mieux que Foscarelli; et, maintenant qu'il avait atteint l'objet de ses vœux, il feignit de s'apaiser, et de consentir à entendre raison. Ce qu'il voulait pour l'avenir, c'étaient des vivres, et même, s'il était possible, une alliance de Venise avec la France. Il fallait tour à tour imposer et séduire : il fit l'un et l'autre. — La première loi, dit-il, pour les hommes est de vivre. Je voudrais épargner à la république de Venise le soin de nous nourrir ; mais puisque le destin de la guerre nous a obligés de venir jusqu'ici, nous sommes contraints de vivre où nous nous trouvons. Que la république de Venise fournisse à mes soldats ce dont ils ont besoin ; elle comptera ensuite avec la république française. — Il fut convenu qu'un fournisseur juif procurerait à l'armée tout ce qui lui serait nécessaire, et que Venise paierait en secret ce fournisseur, pour qu'elle ne parût pas violer la neutralité en nourrissant les Français. Bonaparte aborda ensuite la question d'une alliance. — Je viens, dit-il, d'occuper l'Adige ; je l'ai fait parce qu'il me faut une ligne, parce que celle-ci est la meilleure, et que votre gouvernement est incapable de la défendre. Qu'il arme cinquante mille hommes, qu'il les place sur l'Adige, et je lui rends ses places de Vérone et de Porto-Legnago. Du reste, ajouta-t-il, vous devez nous voir ici avec plaisir. Ce que la France m'envoie faire dans ces contrées, est tout dans l'intérêt de Venise. Je viens chasser les Autrichiens au-delà des Alpes ; peut-être constituer la Lombardie en état indépendant : peut-on rien faire de plus avantageux à votre république? Si elle voulait s'unir à nous, peut-être recevrait-elle un grand prix de ce service. Nous ne faisons la guerre à aucun gouvernement : nous sommes les amis de tous ceux qui nous aideront à renfermer la puissance autrichienne dans ses limites.

Les deux Vénitiens sortirent frappés du génie de ce jeune homme, qui, tour à tour menaçant ou caressant, impérieux ou souple, et parlant de tous les objets militaires et politiques avec autant de profondeur que d'éloquence, annonçait que l'homme d'état était aussi précoce en lui que le guerrier. *Cet homme*, dirent-ils en écrivant à Venise, *aura un jour une grande influence sur sa patrie*[*].

Bonaparte était maître enfin de la ligne de l'Adige, à laquelle il attachait tant d'importance. Il attribuait toutes les fautes commises dans les anciennes campagnes des Français en Italie, au mauvais choix de la ligne défensive. Les lignes sont nombreuses dans la Haute-Italie, car une multitude de fleuves la parcourent des Alpes à la mer. La plus grande et la plus célèbre, la ligne du Pô, qui traverse toute la Lombardie, lui paraissait mauvaise comme trop étendue. Une armée, suivant lui, ne pouvait

---

[*] Cette prédiction est du 5 juin 1796.

pas garder cinquante lieues de cours. Une feinte pouvait toujours ouvrir le passage d'un grand fleuve. Lui-même avait franchi le Pô à quelques lieues de Beaulieu. Les autres fleuves, tels que le Tésin, l'Adda, l'Oglio, tombant dans le Pô, se confondaient avec lui, et avaient les mêmes inconvénients. Le Mincio était guéable, et d'ailleurs tombait aussi dans le Pô. L'Adige seul, sortant du Tyrol et allant se jeter dans la mer, couvrait toute l'Italie. Il était profond, n'avait qu'un cours très-peu étendu des montagnes à la mer. Il était couvert par deux places, Vérone et Porto-Legnago, très-voisines l'une de l'autre, et qui, sans être fortes, pouvaient résister à une première attaque. Enfin il parcourait, à partir de Legnago, des marais impraticables, qui couvraient la partie inférieure de son cours. Les fleuves plus avancés dans la Haute-Italie, tels que la Brenta, la Piave, le Tagliamento, étaient guéables, et tournés d'ailleurs par la grande route du Tyrol, qui débouchait sur leurs derrières. L'Adige, au contraire, avait l'avantage d'être placé au débouché de cette route, qui parcourt sa propre vallée.

Telles étaient les raisons qui décidèrent Bonaparte pour cette ligne, et une immortelle campagne a prouvé la justesse de son jugement. Cette ligne occupée, il fallait songer maintenant à commencer le siége de Mantoue. Cette place, située sur le Mincio, était en arrière de l'Adige, et se trouvait couverte par ce fleuve. On la regardait comme le boulevart de l'Italie. Assise au milieu d'un lac formé par les eaux du Mincio, elle communiquait avec la terre ferme par cinq digues. Malgré sa réputation, cette place avait des inconvénients qui en diminuaient la force réelle. Placée au milieu d'exhalaisons marécageuses, elle était exposée aux fièvres; ensuite, les têtes de chaussées enlevées, l'assiégé se trouvait rejeté dans la place, et pouvait être bloqué par un corps très-inférieur à la garnison. Bonaparte comptait la prendre avant qu'une nouvelle armée pût arriver au secours de l'Italie. Le 15 prairial (3 juin), il fit attaquer les têtes de chaussées, dont une était formée par le faubourg de Saint-George, et les enleva. Dès cet instant, Serrurier put bloquer, avec huit mille hommes, une garnison qui se composait de quatorze, dont dix mille étaient sous les armes, et quatre mille dans les hôpitaux. Bonaparte fit commencer les travaux du siége, et mettre toute la ligne de l'Adige en état de défense. Ainsi, dans moins de deux mois, il avait conquis l'Italie. Il s'agissait de la garder. Mais c'était là ce dont on doutait, et c'était l'épreuve sur laquelle on voulait juger le jeune général.

Le directoire venait de répondre aux observations faites par Bonaparte sur le projet de diviser l'armée, et de marcher dans la péninsule. Les idées de Bonaparte étaient trop justes pour ne pas frapper l'esprit de Carnot, et ses services trop éclatants pour que sa démission fût acceptée. Le directoire se hâta de lui écrire pour approuver ses projets, pour lui confirmer le commandement de toutes les forces agissant en Italie, et l'assurer de toute la confiance du gouvernement. Si les magistrats de la république avaient eu le don de prophétie, ils auraient bien fait d'accepter la démission de ce jeune homme, quoiqu'il eût raison dans l'avis qu'il soutenait, quoique sa retraite fît perdre à la république l'Italie et un grand capitaine; mais dans le moment on ne voyait en lui que la jeunesse, le génie, la victoire, et on éprouvait l'intérêt, on avait les égards que toutes ces choses inspirent.

Le directoire n'imposait à Bonaparte qu'une seule condition, c'était de faire sentir à Rome et à Naples la puissance de la république. Tout ce qu'il y avait de patriotes sincères en France le désirait. Le pape, qui avait anathématisé la France, prêché une croisade contre elle, et laissé assassiner dans sa capitale notre ambassadeur, méritait certes un châtiment. Bonaparte, libre d'agir maintenant comme il l'entendait, prétendait obtenir tous ces résultats sans quitter la ligne de l'Adige. Tandis qu'une partie de l'armée gardait cette ligne, qu'une autre assiégeait Mantoue et le château de Milan, il voulait, avec une simple division échelonnée en arrière sur le Pô, faire trembler toute la péninsule, et amener le pontife et la reine de Naples à implorer la clémence républicaine. On annonçait l'approche d'une grande armée, détachée du Rhin pour venir disputer l'Italie à ses vainqueurs. Cette armée, qui devait traverser la Forêt-Noire, le Voralberg, le Tyrol, ne pouvait arriver avant un mois. Bonaparte avait donc le temps de tout terminer sur ses derrières, sans trop s'éloigner de l'Adige, et de manière à pouvoir, par une simple marche rétrograde, se retrouver en face de l'ennemi.

Il était temps en effet qu'il songeât au reste de l'Italie. La présence de l'armée française y développait les opinions avec une singulière rapidité. Les provinces vénitiennes ne pouvaient plus souffrir le joug aristocratique. La ville de Brescia manifestait un grand penchant à la révolte. Dans toute la Lombardie, et surtout à Milan, l'esprit public faisait des progrès rapides. Les duchés de Modène et Reggio, les légations de Bologne et Ferrare, ne voulaient plus ni de leur vieux duc, ni du pape. En revanche, le parti contraire devenait plus hostile. L'aristocratie génoise était fort indisposée, et méditait de mauvais projets sur nos derrières. Le ministre autrichien Gérola était l'instigateur secret de tous ces projets. L'état de Gênes était rempli de petits fiefs relevant de l'Empire. Les seigneurs génois revêtus de ces fiefs réunissaient les déserteurs, les bandits, les prisonniers autrichiens qui avaient réussi à s'échapper, les soldats piémontais qu'on avait licenciés, et formaient des bandes de partisans connus sous le nom de *Barbets*. Ils infestaient l'Apennin par où l'armée française était entrée; ils arrêtaient les courriers, pillaient nos convois, massacraient les détachements français quand ils n'étaient pas assez nombreux pour se défendre, et répandaient l'inquiétude sur la route de France. En Toscane, les Anglais s'étaient rendus maîtres du port de Livourne, grace à la protection du gouverneur, et le commerce français était traité en ennemi. Enfin Rome faisait des préparatifs hostiles; l'Angleterre lui promettait quelques mille hommes; et Naples, toujours agitée par les caprices d'une reine violente, annonçait un armement formidable. Le faible roi, quittant un instant le soin de la pêche, avait publiquement imploré l'assistance du ciel; il avait, dans une cérémonie solennelle, déposé ses ornements royaux, et les avait consacrés au pied des autels. Toute la populace napolitaine avait applaudi et poussé d'affreuses vociférations; une multitude de misérables, incapables de manier un fusil et d'envisager une baïonnette française, demandaient des armes et voulaient marcher contre notre armée.

Quoique ces mouvements n'eussent rien de bien alarmant pour Bonaparte, tant qu'il pouvait disposer de six mille hommes, il devait se hâter de les réprimer, avant l'arrivée de la nouvelle armée autrichienne qui exigeait la présence de toutes nos forces sur l'Adige. Bonaparte commençait à recevoir de l'armée des Alpes quelques renforts, ce qui lui permettait d'employer quinze mille hommes au blocus de Mantoue et du château de Milan, vingt mille à la garde de l'Adige, et de porter une division sur le Pô pour exécuter ses projets sur le midi de l'Italie.

Il se rendit sur-le-champ à Milan pour faire ouvrir la tranchée autour du château, et hâter sa reddition. Il ordonna à Augereau, qui était sur le Mincio, très-près du Pò, de passer ce fleuve à Borgo-Forte, et de se diriger sur Bologne. Il enjoignit à Vaubois de s'acheminer de Tortone à Modène, avec quatre ou cinq mille hommes arrivant des Alpes. De cette manière il pouvait diriger huit à neuf mille hommes dans les légations de Bologne et de Ferrare, et menacer de là toute la péninsule.

Il attendit pendant quelques jours la fin des inondations sur le Bas-Pò, avant de mettre sa colonne en mouvement. Mais la cour de Naples, faible autant qu'elle était violente, avait passé de la fureur à l'abattement. En apprenant nos dernières victoires dans la Haute-Italie, elle avait fait partir le prince de Belmonte-Pignatelli pour se soumettre au vainqueur. Bonaparte renvoya pour la paix au directoire, mais crut devoir accorder un armistice. Il ne lui convenait pas de s'enfoncer jusqu'à Naples avec quelques mille hommes, et surtout dans l'attente de l'arrivée des Autrichiens. Il lui suffisait pour le moment de désarmer cette puissance, d'ôter son appui à Rome, et de la brouiller avec la coalition. On ne pouvait pas, comme aux autres petits princes qu'on avait sous la main, lui imposer des contributions, mais elle s'engageait à ouvrir tous ses ports aux Français, à retirer à l'Angleterre cinq vaisseaux et beaucoup de frégates qu'elle lui fournissait, enfin à priver l'armée autrichienne des deux mille quatre cents cavaliers qui servaient dans ses rangs. Ce corps de cavalerie devait rester séquestré sous la main de Bonaparte, qui était maître de le faire prisonnier à la première violation de l'armistice. Bonaparte savait très-bien que de pareilles conditions ne plairaient pas au gouvernement, mais dans le moment il lui importait d'avoir du repos sur ses derrières, et il n'exigeait que ce qu'il croyait pouvoir obtenir. Le roi de Naples soumis, le pape ne pouvait pas résister; alors l'expédition sur la droite du Pô se réduisait, comme il le voulait, à une expédition de quelques jours, et il revenait à l'Adige.

Il signa cet armistice, et partit ensuite pour passer le Pô et se mettre à la tête des deux colonnes qu'il dirigeait sur l'État de l'Église, celle de Vaubois qui arrivait des Alpes pour le renforcer, et celle d'Augereau qui rétrogradait du Mincio sur le Pô. Il attachait beaucoup d'importance à la situation de Gênes, parce qu'elle était placée sur l'une des deux routes qui conduisaient en France, et parce que son sénat avait toujours montré de l'énergie. Il sentait qu'il aurait fallu demander l'exclusion de vingt familles feudataires de l'Autriche et

de Naples, pour y assurer la domination de la France; mais il n'avait pas d'ordres à cet égard, et d'ailleurs il craignait de révolutionner. Il se contenta donc d'écrire une lettre au sénat, dans laquelle il demandait que le gouverneur de Novi, qui avait protégé les brigands, fût puni d'une manière exemplaire, et que le ministre autrichien fût chassé de Gênes; il voulait ensuite une explication catégorique. « Pouvez-
« vous, disait-il, ou ne pouvez-vous pas déli-
« vrer votre territoire des assassins qui l'infes-
« tent? Si vous ne pouvez pas prendre des
« mesures, j'en prendrai pour vous; je ferai
« brûler les villes et les villages où se commet-
« tra un assassinat; je ferai brûler les maisons
« qui donneront asile aux assassins, et punir
« exemplairement les magistrats qui les souf-
« friront. Il faut que le meurtre d'un Français
« porte malheur aux communes entières qui
« ne l'auraient pas empêché. » Comme il connaissait les lenteurs diplomatiques, il envoya son aide-de-camp Murat, pour porter sa lettre, et la lire lui-même au sénat. « Il faut, écrivait-il au ministre Faypoult, un genre de communication qui électrise ces messieurs. » Il fit partir en même temps Lannes avec douze cents hommes, pour aller châtier les fiefs impériaux. Le château d'Augustin Spinola, le principal

instigateur de la révolte, fut brûlé. Les Barbets saisis les armes à la main furent impitoyablement fusillés. Le sénat de Gênes épouvanté destitua le gouverneur de Novi, congédia le ministre Gérola, et promit de faire garder les routes par ses propres troupes. Il envoya à Paris M. Vincent Spinola, pour s'entendre avec le directoire sur tous les objets en litige, sur l'indemnité due pour la frégate *la Modeste*, sur l'expulsion des familles feudataires, et sur le rappel des familles exilées.

Bonaparte s'achemina ensuite sur Modène, où il arriva le 1er messidor (19 juin), tandis qu'Augereau entrait à Bologne le même jour.

L'enthousiasme des Modénois fut extrême. Ils vinrent à sa rencontre, et lui envoyèrent une députation pour le complimenter. Les principaux d'entre eux l'entourèrent de sollicitations, et le supplièrent de les affranchir du joug de leur duc, qui avait emporté leurs dépouilles à Venise. Comme la régence laissée par le duc s'était montrée fidèle aux conditions de l'armistice, et que Bonaparte n'avait aucune raison pour exercer les droits de conquête sur le duché, il ne pouvait satisfaire les Modénois; c'était d'ailleurs une question que la politique conseillait d'ajourner. Il se contenta de donner des espérances, et conseilla le calme. Il partit pour Bologne. Le fort d'Urbin était sur sa route, et c'était la première place appartenant au pape. Il la fit sommer; le château se rendit. Il renfermait soixante pièces de canon de gros calibre, et quelques cents hommes. Bonaparte fit acheminer cette grosse artillerie sur Mantoue, pour y être employée au siége. Il arriva à Bologne, où l'avait précédé la division Augereau. La joie des habitants fut des plus vives. Bologne est une ville de cinquante mille ames, magnifiquement bâtie, célèbre par ses artistes, ses savants et son université. L'amour pour la France et la haine pour le Saint-Siége y étaient extrêmes. Ici Bonaparte ne craignait pas de laisser éclater les sentiments de liberté, car il était dans les possessions d'un ennemi déclaré, le pape, et il lui était permis d'exercer le droit de conquête. Les deux légations de Ferrare et de Bologne l'entourèrent de leurs députés : il leur accorda une indépendance provisoire, en promettant de la faire reconnaître à la paix.

Le Vatican était dans l'alarme, et il envoya sur-le-champ un négociateur pour intercéder en sa faveur. L'ambassadeur d'Espagne, d'Azara, connu par son esprit et par son goût pour la France, et ministre d'une puissance amie, fut choisi. Il avait déjà négocié pour le duc de Parme. Il arriva à Bologne, et vint mettre la tiare aux pieds de la république victorieuse. Fidèle à son plan, Bonaparte, qui ne voulait rien abattre ni rien édifier encore, exigea d'abord que les légations de Bologne et de Ferrare restassent indépendantes, que la ville d'Ancône reçût garnison française, que le pape donnât 21 millions, des blés, des bestiaux, et cent tableaux ou statues : ces conditions furent acceptées. Bonaparte s'entretint beaucoup avec le ministre d'Azara, et le laissa plein d'enthousiasme. Il écrivit une lettre au célèbre astronome Oriani, au nom de la république, et demanda à le voir. Ce savant modeste fut interdit en présence du jeune vainqueur, et ne lui rendit hommage que par son embarras. Bonaparte ne négligeait rien pour honorer l'Italie, pour réveiller son orgueil et son patriotisme. Ce n'était point un conquérant barbare qui venait la ravager, c'était un héros de la liberté venant ranimer le flambeau du génie dans l'antique patrie de la civilisation. Il laissa Monge, Berthollet et les frères Thouin, que le directoire lui avait envoyés, pour choisir les objets destinés aux musées de Paris.

Le 8 messidor (26 juin), il passa l'Apennin avec la division Vaubois, et entra en Toscane. Le duc, épouvanté, lui envoya son ministre Manfredini. Bonaparte le rassura sur ses intentions, qu'il laissa secrètes. Pendant ce temps, sa colonne se porta à marches forcées sur Livourne, où elle entra à l'improviste, et s'empara de la factorerie anglaise. Le gouverneur Spannochi fut saisi, enfermé dans une chaise de poste, et envoyé au grand-duc avec une lettre, dans laquelle on expliquait les motifs de cet acte d'hostilité commis chez une puissance amie. On disait au grand-duc que son gouverneur avait manqué à toutes les lois de la neutralité, en opprimant le commerce français, en donnant asile aux émigrés et à tous les ennemis de la république; et on ajoutait que, par respect pour son autorité, on lui laissait à lui-même le soin de punir un ministre infidèle. Cet acte de vigueur prouvait à tous les états neutres que le général français ferait la police chez eux, s'ils ne savaient l'y faire. On n'avait pas pu saisir tous les vaisseaux des Anglais, mais leur commerce fit de grandes pertes. Bonaparte laissa garnison à Livourne, et désigna des commissaires pour se faire livrer tout ce qui appartenait aux Anglais, aux Autrichiens et aux Russes. Il se rendit ensuite de sa personne à Florence, où le grand-duc lui fit une réception magnifique. Après y avoir séjourné quelques jours, il repassa le Pô pour revenir à son quartier-général de Roverbella, près

Mantoue. Ainsi, une vingtaine de jours, et une division échelonnée sur la droite du Pô, lui avaient suffi pour imposer aux puissances de l'Italie, et pour s'assurer du calme pendant les nouvelles luttes qu'il avait encore à soutenir contre la puissance autrichienne.

Tandis que l'armée d'Italie remplissait avec tant de gloire la tâche qui lui était imposée dans le plan général de campagne, les armées d'Allemagne n'avaient pas pu encore se mettre en mouvement. La difficulté d'organiser leurs magasins et de se procurer des chevaux les avait jusqu'ici retenues dans l'inaction. De son côté, l'Autriche, qui aurait eu le plus grand intérêt à prendre brusquement l'initiative, avait mis une inconcevable lenteur à faire ses préparatifs, et ne s'était mise en mesure de commencer les hostilités que pour le milieu de prairial (commencement de juin). Ses armées étaient sur un pied formidable, et de beaucoup supérieures aux nôtres. Mais nos succès en Italie l'avaient obligée à détacher Wurmser avec trente mille hommes de ses meilleures troupes du Rhin, pour aller recueillir et réorganiser les débris de Beaulieu. Ainsi, outre ses conquêtes, l'armée d'Italie rendait l'important service de dégager les armées d'Allemagne. Le conseil aulique, qui avait résolu de prendre l'offensive, et de porter le théâtre de la guerre au sein de nos provinces, ne songea plus dès lors qu'à garder la défensive et à s'opposer à notre invasion. Il aurait même voulu laisser subsister l'armistice; mais il était dénoncé, et les hostilités devaient commencer le 12 prairial (31 mai).

Déjà nous avons donné une idée du théâtre de la guerre. Le Rhin et le Danube sortis, l'un des grandes Alpes, l'autre des Alpes de Souabe, après s'être rapprochés dans les environs du lac de Constance, se séparent pour aller, le premier vers le nord, le second vers l'orient de l'Europe. Deux vallées transversales et presque parallèles, celles du Mein et du Necker, forment en quelque sorte deux débouchés, pour aller, à travers le massif des Alpes de Souabe, dans la vallée du Danube, ou pour venir de la vallée du Danube dans celle du Rhin.

Ce théâtre de guerre, et le plan d'opérations qu'il comporte, n'étaient point connus alors comme ils le sont aujourd'hui, grace à de grands exemples. Carnot, qui dirigeait nos plans, s'était fait une théorie d'après la célèbre campagne de 1794, qui lui avait valu tant de gloire en Europe. A cette époque, le centre de l'ennemi, retranché dans la forêt de Mormale, ne pouvant être entamé, on avait filé sur ses ailes, et en les débordant, on l'avait obligé à la retraite. Cet exemple s'était gravé dans la mémoire de Carnot. Doué d'un esprit novateur mais systématique, il avait imaginé une théorie d'après cette campagne, et il était persuadé qu'il fallait toujours agir à la fois sur les deux ailes d'une armée, et chercher constamment à les déborder. Les militaires ont regardé cette idée comme un progrès véritable et comme déjà bien préférable au système des cordons, tendant à attaquer l'ennemi sur tous les points, mais elle s'était changée dans l'esprit de Carnot en un système arrêté et dangereux. Les circonstances qui s'offraient ici l'engageaient encore davantage à suivre ce système. L'armée de Sambre-et-Meuse et celle de Rhin-et-Moselle étaient placées toutes deux sur le Rhin, à deux points très-distants l'un de l'autre : deux vallées partaient de ces points pour déboucher sur le Danube. C'étaient là des motifs bien suffisants pour Carnot de former les Français en deux colonnes, dont l'une remontant par le Mein, l'autre par le Necker, tendraient ainsi à déborder les ailes des armées impériales, et à les obliger de rétrograder sur le Danube. Il prescrivit donc aux généraux Jourdan et Moreau de partir, le premier de Dusseldorf, le second de Strasbourg, pour s'avancer isolément en Allemagne. Comme l'ont remarqué un grand capitaine et un grand critique, et comme les faits l'ont prouvé depuis, se former en deux corps, c'était sur-le-champ donner à l'ennemi la faculté et l'idée de se concentrer, et d'accabler avec la masse entière de ses forces l'un ou l'autre de ces deux corps. Clerfayt avait fait à peu près cette manœuvre dans la campagne précédente, en repoussant d'abord Jourdan sur le Bas-Rhin, et en venant ensuite se jeter sur les lignes de Mayence. Le général ennemi ne fût-il pas un homme supérieur, on le forçait par là à suivre ce plan, et on lui suggérait la pensée que le génie aurait dû lui inspirer.

L'invasion fut donc concertée sur ce plan vicieux. Les moyens d'exécution étaient aussi mal conçus que le plan lui-même. La ligne qui séparait les armées, remontait le Rhin de Dusseldorf jusqu'à Bingen, puis décrivait un arc de Bingen à Manheim, par le pied des Vosges, et rejoignait le Rhin jusqu'à Bâle. Carnot voulait que l'armée de Jourdan, débouchant par Dusseldorf et la tête du pont de Neuwied, se portât au nombre de quarante mille hommes sur la rive droite, pour y attirer l'ennemi ; que le reste de cette armée, forte de vingt-cinq mille hommes, partant de

Mayence sous les ordres de Marceau, remontât le Rhin, et, filant par les derrières de Moreau, allât passer clandestinement le fleuve aux environs de Strasbourg. Les généraux Jourdan et Moreau se réunirent pour faire sentir au directoire les inconvénients de ce projet. Jourdan, réduit à quarante mille hommes sur le Bas-Rhin, pouvait être accablé et détruit, pendant que le reste de son armée perdrait un temps incalculable à remonter Mayence jusqu'à Strasbourg. Il était bien plus naturel de faire exécuter le passage vers Strasbourg, par l'extrême droite de Moreau. Cette manière de procéder permettait tout autant de secret que l'autre, et ne faisait pas perdre un temps précieux aux armées. Cette modification fut admise. Jourdan, profitant des deux têtes de pont qu'il avait à Dusseldorf et à Neuwied, dut passer le premier pour attirer l'ennemi à lui, et détourner ainsi l'attention du Haut-Rhin, où Moreau avait un passage de vive force à exécuter.

Le plan étant ainsi arrêté, on se prépara à le mettre à exécution. Les armées des deux nations étaient à peu près égales en forces. Depuis le départ de Wurmser, les Autrichiens avaient sur toute la ligne du Rhin cent cinquante et quelques mille hommes, cantonnés depuis Bâle jusqu'aux environs de Dusseldorf. Les Français en avaient autant, sans compter quarante mille hommes consacrés à la garde de la Hollande, et entretenus à ses frais. Il y avait cependant une différence entre les deux armées. Les Autrichiens, dans ces cent cinquante mille hommes, comptaient à peu près trente-huit mille chevaux, et cent quinze mille fantassins; les Français avaient plus de cent trente mille fantassins, mais quinze ou dix-huit mille chevaux tout au plus. Cette supériorité en cavalerie donnait aux Autrichiens un grand avantage, surtout pour les retraites. Les Autrichiens avaient un autre avantage, celui d'obéir à un seul général. Depuis le départ de Wurmser, les deux armées impériales avaient été placées sous les ordres suprêmes du jeune archiduc Charles, qui s'était déjà distingué à Turcoing, et des talents duquel on augurait beaucoup. Les Français avaient deux excellents généraux, mais agissant séparément, à une grande distance l'un de l'autre, et sous la direction d'un cabinet placé à deux cents lieues du théâtre de la guerre.

L'armistice expirait le 11 prairial (30 mai). Les hostilités commencèrent par une reconnaissance générale sur les avant-postes. L'armée de Jourdan s'étendait, comme on sait, des environs de Mayence jusqu'à Dusseldorf. Il avait à Dusseldorf une tête de pont pour déboucher sur la rive droite; il pouvait ensuite remonter entre la ligne de la neutralité prussienne et le Rhin, jusqu'aux bords de la Lahn, pour se porter de la Lahn sur le Mein. Les Autrichiens avaient quinze ou vingt mille hommes disséminés sous le prince de Wurtemberg, de Mayence à Dusseldorf. Jourdan fit déboucher Kléber par Dusseldorf avec vingt-cinq mille hommes. Ce général replia les Autrichiens, les battit le 16 prairial (4 juin) à Altenkirchen, et remonta la rive droite entre la ligne de neutralité et le Mein. Quand il fut parvenu à la hauteur de Neuwied, et qu'il eut couvert ce débouché, Jourdan, profitant du pont qu'il avait sur ce point, passa le fleuve avec une partie de ses troupes, et vint rejoindre Kléber sur la rive droite. Il se trouva ainsi avec quarante-cinq mille hommes à peu près, sur la Lahn, le 17 (5 juin). Il avait laissé Marceau avec trente mille hommes devant Mayence. L'archiduc Charles, qui était vers Mayence, en apprenant que les Français recommençaient l'excursion de l'année précédente, et débouchaient encore par Dusseldorf et Neuwied, se reporta avec une partie de ses forces sur la rive droite pour s'opposer à leur marche. Jourdan se proposait d'attaquer le corps du prince de Wurtemberg avant qu'il fût renforcé; mais obligé de différer d'un jour, il perdit l'occasion, et fut attaqué lui-même à Wetzlar, le 19 (7 juin). Il bordait la Lahn, ayant sa droite au Rhin, et sa gauche à Wetzlar. L'archiduc, donnant avec la masse de ses forces sur Wetzlar, battit son extrême gauche, formée par la division Lefèvre, et l'obligea à se replier. Jourdan, battu sur la gauche, était obligé d'appuyer sur sa droite, qui touchait au Rhin, et se trouvait ainsi poussé vers ce fleuve. Afin de n'y être pas jeté, il devait attaquer l'archiduc. Pour cela, il fallait livrer bataille, le Rhin à dos. Il pouvait s'exposer ainsi, dans le cas d'une défaite, à regagner difficilement ses ponts de Neuwied et Dusseldorf, et peut-être à essuyer une déroute désastreuse. Une bataille était donc dangereuse, et même inutile, puisqu'il avait rempli son but, en attirant l'ennemi à lui, et en amenant une dérivation des forces autrichiennes du Haut sur le Bas-Rhin. Il pensa donc qu'il fallait se replier, et ordonna la retraite, qui se fit avec calme et fermeté. Il repassa à Neuwied et prescrivit à Kléber de redescendre jusqu'à Dusseldorf, pour y revenir sur la rive gauche. Il lui avait recommandé de marcher lentement, mais de n'engager aucune action sérieuse. Kléber, se sentant trop pressé à Ukerath, et emporté par son instinct guerrier, fit volte-face un instant, et frappa sur l'ennemi un coup vigoureux, mais inutile; après quoi il regagna son camp retranché de Dusseldorf. Jourdan, en avançant pour reculer encore, avait exécuté une tâche ingrate, dans l'intérêt de l'armée du Rhin. Les gens mal instruits pouvaient en effet regarder cette manœuvre comme une défaite; mais le dévouement de ce brave général ne connaissait aucune considération, et il attendit, pour reprendre l'offensive, que l'armée du Rhin eût profité de la diversion qu'il venait d'opérer.

Moreau, qui avait montré une prudence, une fermeté, un sang-froid rares, dans les opérations auxquelles il avait été précédemment employé vers le Nord, disposait tout pour remplir dignement sa tâche. Il avait résolu de passer le Rhin à Strasbourg. Cette grande place était un excellent point de départ. Il pouvait y réunir une grande quantité de bateaux, et beaucoup de vivres et de troupes. Les îles boisées, qui coupent le cours du Rhin sur ce point, en favorisaient le passage. Le fort de Kehl, placé sur la rive droite, était facile à surprendre; une fois occupé, on pouvait le réparer, et s'en servir pour protéger le pont qui serait jeté devant Strasbourg.

Tout étant disposé pour cet objet, et l'attention des ennemis étant dirigée sur le Bas-Rhin, Moreau ordonna le 26 prairial (14 juin) une attaque générale sur le camp retranché de Manheim. Cette attaque avait pour but de fixer sur Manheim l'attention du général Latour, qui commandait les troupes du Haut-Rhin sous l'archiduc Charles, et de resserrer les Autrichiens dans leur ligne. Cette attaque, dirigée avec habileté et vigueur, réussit parfaitement. Immédiatement après, Moreau dirigea une partie de ses troupes sur Strasbourg; on répandit le bruit qu'elles allaient en Italie, pour en renforcer l'armée, et on leur fit préparer des vivres à travers la Franche-Comté, afin d'accréditer cette opinion. D'autres troupes partirent des environs de Huningue, pour descendre à Strasbourg; et, quant à celles-ci, on prétendit qu'elles allaient en garnison à Worms. Ces mouvements furent concertés de manière que toutes les troupes fussent arrivées au point désigné le 5 messidor (23 juin). Ce jour-là, en effet, vingt-huit mille hommes se trouvèrent réunis, soit dans le polygone de Strasbourg, soit dans les environs, sous le commandement du général Desaix. Dix mille hommes devaient essayer de passer au-dessous de Strasbourg, dans les environs de Gambsheim; quinze mille hommes devaient passer de Strasbourg à Kehl. Le 5 au soir (23 juin) on ferma les portes de Strasbourg, pour que l'avis du passage ne pût pas être donné à l'ennemi. Dans la nuit les troupes s'acheminèrent en silence vers le fleuve. Les bateaux furent conduits dans le bras Mabile, et du bras Mabile dans le Rhin. La grande île d'Ehrlen Rhin présentait un intermédiaire favorable au passage. Les bateaux y jetèrent deux mille six cents hommes. Ces braves gens ne voulant pas donner l'éveil par l'explosion des armes à feu, fondirent à la baïonnette sur les troupes répandues dans l'île, les poursuivirent, et ne leur donnèrent pas le temps de couper les petits ponts qui aboutissaient de cette île sur la rive droite. Ils passèrent ces ponts à leur suite; et quoique l'artillerie ni la cavalerie ne pussent les suivre, ils osèrent déboucher seuls dans la grande plaine qui borde le fleuve, et s'approchèrent de Kehl. Le contingent des Souabes était campé à quelque distance de là, à Wilstett. Les détachements qui en arrivaient, surtout en cavalerie, rendaient périlleuse la situation de l'infanterie française qui avait osé déboucher sur la rive droite. On n'hésita pas à renvoyer les bateaux qui l'avaient transportée, et à compromettre ainsi sa retraite, pour aller lui chercher du secours. D'autres troupes arrivèrent; on s'avança sur Kehl, on aborda les retranchements à la baïonnette, et on les enleva. L'artillerie trouvée dans le fort fut tournée aussitôt sur les troupes ennemies, arrivant de Wilstett, et elles furent repoussées. Alors un pont fut jeté entre Strasbourg et Kehl, et achevé le lendemain 7 (25 juin). L'armée y passa tout entière. Les dix mille hommes envoyés à Gambsheim n'avaient pu tenter le passage, à cause de la crue des eaux. Ils remontèrent à Strasbourg, et franchirent le fleuve sur le pont qu'on venait d'y jeter.

Cette opération avait été exécutée avec secret, précision et hardiesse. Cependant le disséminement des troupes autrichiennes depuis Bâle jusqu'à Manheim, en diminuait beaucoup la difficulté et le mérite. Le prince de Condé se trouvait avec trois mille huit cents hommes vers le Haut-Rhin, à Brissac; le contingent de Souabe, au nombre de sept mille cinq cents, était vers Wilstett, à la hauteur de Strasbourg; et huit mille hommes, à peu près, sous Starrai, campaient depuis Strasbourg jusqu'à Manheim. Les forces ennemies étaient donc peu redoutables sur ce point; mais cet avantage lui-même était dû au secret du passage, et le secret à la prudence avec laquelle il avait été préparé.

Cette situation présentait l'occasion des plus beaux triomphes. Si Moreau avait agi avec la rapidité du vainqueur de Montenotte, il pouvait fondre sur les corps disséminés le long du fleuve, les détruire l'un après l'autre, et venir même accabler Latour, qui repassait de Manheim sur la rive droite, et qui, dans le moment, comptait tout au plus trente-six mille hommes. Il aurait pu mettre ainsi hors de combat toute l'armée du Haut-Rhin, avant que l'archiduc Charles pût revenir des bords de la Lahn. L'histoire fait voir que la rapidité est toute puissante à la guerre, comme dans toutes les situations de la vie. Prévenant l'ennemi, elle détruit en détail; frappant coup sur coup, elle ne lui donne pas le temps de se remettre, le démoralise, lui ôte la pensée et le courage. Mais cette rapidité, dont on vient de voir de si beaux exemples sur les Alpes et le Pô, suppose plus que la simple activité; elle suppose un grand but, un grand esprit pour le concevoir, de grandes passions pour oser y prétendre. On ne fait rien de grand au monde sans les passions, sans l'ardeur et l'audace qu'elles communiquent à la pensée et au courage. Moreau, esprit lumineux et ferme, n'avait pas cette chaleur entraînante, qui, à la tribune, à la guerre, dans toutes les situations, enlève les hommes, et les conduit malgré eux à de vastes fins.

Moreau employa l'intervalle du 7 au 10 messidor (25, 28 juin) à réunir ses divisions sur la rive droite du Rhin. Celle de Saint-Cyr, qu'il avait laissée à Manheim, arrivait à marches forcées. En attendant cette division, il avait sous sa main cinquante-trois mille hommes, et il en voyait une vingtaine de mille disséminés autour de lui. Le 10 (28 juin), il fit attaquer dix mille Autrichiens retranchés sur le Renchen, les battit, et leur fit huit cents prisonniers. Les débris de ce corps se replièrent sur Latour, qui remontait la rive droite. Le 12 (30 juin), Saint-Cyr étant arrivé, toute l'armée se trouva au-delà du fleuve. Elle présentait une masse de soixante-onze mille hommes, dont soixante-trois mille d'infanterie, 6,000 chevaux, etc. Moreau donna la droite à Férino, le centre à Saint-Cyr, la gauche à Desaix. Il se trouvait au pied des Montagnes Noires.

Les Alpes de Souabe forment un massif qui rejette, comme on sait, le Danube à l'orient, le Rhin au nord : c'est à travers ce massif que serpentent le Necker et le Mein pour se jeter dans le Rhin. Ce sont des montagnes de médiocre hauteur, couvertes de bois, et traversées de défilés étroits. La vallée du Rhin est séparée de celle du Necker par une chaîne qu'on appelle les Montagnes Noires. Moreau, transporté sur la rive droite, était à leur pied. Il devait les franchir pour déboucher dans la vallée du Necker. Le contingent des Souabes, et le corps de Condé, remontaient vers la Suisse pour garder les passages supérieurs des Montagnes Noires. Latour, avec le corps principal, revenait de Manheim, pour garder les passages inférieurs par Rastadt, Ettlingen et Pforzheim. Moreau pouvait sans inconvénient négliger les détachements qui se retiraient du côté de la Suisse, et se porter, avec la masse entière de ses forces, sur Latour; il l'aurait infailliblement accablé. Alors il aurait débouché en vainqueur dans la vallée du Necker, avant l'archiduc Charles. Mais, en général prudent, il confia à Férino le soin de suivre avec sa droite les corps détachés des Souabes et de Condé; il dirigea Saint-Cyr avec le centre, directement vers les montagnes, pour occuper certaines hauteurs, et il longea lui-même leur pied pour descendre à Rastadt au-devant de Latour. Cette marche était le double résultat de sa circonspection et du plan de Carnot. Il voulait se couvrir partout, et en même temps étendre sa ligne vers la Suisse, pour être prêt à soutenir par les Alpes l'armée d'Italie. Moreau se mit en mouvement le 12 (30 juin). Il marchait entre le Rhin et les montagnes, dans un pays inégal, coupé de bois, et creusé par des torrents. Il s'avançait avec circonspection, et n'arriva que le 15 à Rastadt (3 juillet). Il était temps encore d'accabler Latour, qui n'avait pas été rejoint par l'archiduc Charles. Ce prince, en apprenant le passage, arrivait à marches forcées avec vingt-cinq mille hommes de renfort. Il en laissait trente-six mille sur la Lahn, et vingt-sept mille devant Mayence, pour tenir tête à Jourdan, le tout sous les ordres du général Wartensleben. Il se hâtait le plus qu'il pouvait: mais ses têtes de colonnes étaient encore fort éloignées. Latour, après avoir laissé garnison dans Manheim, comptait au plus trente-six mille hommes. Il était rangé sur la Murg, qui va se jeter dans le Rhin, ayant sa gauche à Gernsbach, dans les montagnes; son centre, à leur pied, vers Kuppenheim, un peu en avant de la Murg; sa droite dans la plaine, le long des bois de Niederbulh, qui s'étendent au bord du Rhin; sa réserve à Rastadt. Il était imprudent à Latour de s'engager avant l'arrivée de l'archiduc. Mais sa position le rassurant, il voulait résister pour couvrir la grande route qui de Rastadt va déboucher sur le Necker.

Moreau n'avait avec lui que sa gauche; son centre, sous Saint-Cyr, était resté en arrière, pour s'emparer de quelques postes dans les Montagnes Noires. Cette circonstance compensait l'inégalité des forces. Le 17 (5 juillet), il attaqua Latour. Ses troupes se conduisirent avec une grande valeur, enlevèrent la position de Gernsbach, sur le haut de la Murg, et pénétrèrent à Kuppenheim, vers le centre de la position ennemie. Mais, dans la plaine, ses divisions eurent de la peine à déboucher sous le feu de l'artillerie, et en présence de la nombreuse cavalerie autrichienne. Néanmoins, on aborda Niederbulh et Rastadt, et on parvint à se rendre maître de la Murg sur tous les points. On fit un millier de prisonniers.

Moreau s'arrêta sur le champ de bataille, sans vouloir poursuivre l'ennemi. L'archiduc n'était point arrivé, et il aurait encore pu accabler Latour; mais il trouvait ses troupes fatiguées, il sentait la nécessité d'amener Saint-Cyr à lui, pour agir avec une plus grande masse de forces, et il attendit jusqu'au 21 (9 juillet), avant de livrer une nouvelle attaque. Cet intervalle de quatre jours permit à l'archiduc d'arriver avec un renfort de vingt-cinq mille hommes, et à l'ennemi de combattre à chance égale.

La position respective des deux armées était à peu près la même. Elles étaient toutes deux en ligne perpendiculaire au Rhin, une aile dans les montagnes, le centre au pied, la gauche dans la plaine boisée et marécageuse qui longe le fleuve. Moreau, qui s'éclairait lentement, mais toujours à temps, parce qu'il conservait le calme nécessaire pour rectifier ses fautes, avait senti, en combattant à Rastadt, l'importance de porter son effort principal dans les montagnes. En effet, celui qui en était maître, avait les débouchés de la vallée du Necker, objet principal qu'on se disputait; il pouvait en outre déborder son adversaire, et le pousser dans le Rhin. Moreau avait une raison de plus de combattre dans les montagnes : c'était sa supériorité en infanterie, et son infériorité en cavalerie. L'archiduc sentait comme lui l'importance de s'y établir, mais il avait, dans ses nombreux escadrons, une raison de tenir aussi la plaine. Il rectifia la position prise par Latour; il jeta les Saxons dans les montagnes pour déborder Moreau; il fit renforcer le plateau de Rothensol, où s'appuyait sa gauche; il déploya son centre au pied des montagnes en avant de Malsch, et sa cavalerie dans la plaine. Il voulait attaquer le 22 (10 juillet) : Moreau le prévint, et l'attaqua le 21 (9 juillet).

Le général Saint-Cyr, que Moreau avait ramené à lui, et qui formait la droite, attaqua le plateau de Rothensol. Il déploya là cette précision, cette habileté de manœuvres, qui l'ont distingué pendant sa belle carrière. N'ayant pu déloger l'ennemi d'une position formidable, il l'entoura de tirailleurs, puis il fit essayer une charge, et feindre une fuite, pour engager les Autrichiens à quitter leur position, et à se jeter à la poursuite des Français. Cette manœuvre réussit : les Autrichiens, voyant les Français s'avancer, puis s'enfuir en désordre, se jetèrent après eux. Le général Saint-Cyr, qui avait des troupes préparées, les lança alors sur les Autrichiens, qui avaient quitté leur position, et se rendit maître du plateau. Dès ce moment, il s'avança, intimida les Saxons destinés à déborder notre droite, et les obligea à se replier. A Malsch, au centre, Desaix s'engagea vivement avec les Autrichiens, prit et perdit ce village, et finit la journée en se portant sur les dernières hauteurs, qui longent le pied des montagnes. Dans la plaine, notre cavalerie ne s'était point engagée, et Moreau l'avait tenue à la lisière des bois.

La bataille était donc indécise, excepté dans les montagnes. Mais c'était le point important, car, en poursuivant son succès, Moreau pouvait étendre son aile droite autour de l'archiduc, lui enlever les débouchés de la vallée du Necker, et le pousser dans le Rhin. Il est vrai qu'à son tour, l'archiduc, s'il perdait les montagnes, qui étaient sa base, pouvait faire perdre à Moreau le Rhin, qui était la nôtre; il pouvait renouveler son effort dans la plaine, battre Desaix, et, s'avançant le long du Rhin, mettre Moreau en l'air. Dans ces occasions, c'est le moins hardi qui est compromis : c'est celui qui se croit coupé, qui l'est en effet. L'archiduc crut devoir se retirer pour ne pas compromettre, par un mouvement hasardé, la monarchie autrichienne, qui n'avait plus que son armée pour appui. On a blâmé cette résolution, qui entraînait la retraite des armées impériales, et exposait l'Allemagne à une invasion. On peut admirer ces belles et sublimes hardiesses du génie, qui obtiennent de grands résultats au prix de grands périls; mais on ne saurait en faire une loi. La prudence est seule un devoir, dans une situation comme celle de l'archiduc, et on ne peut le blâmer d'avoir battu en retraite, pour devancer Moreau dans la vallée du Necker, et pour protéger ainsi les états héréditaires. Sur-le-champ, en effet, il forma la résolution d'abandonner l'Allemagne, qu'aucune ligne ne pouvait couvrir, et de se porter, en remontant le Mein et le Necker, à la grande ligne des états héréditaires, celle du Danube. Ce fleuve, couvert par les deux places de Ulm et Ratisbonne, était le plus sûr rempart de l'Autriche. En y concentrant ses forces, l'archiduc était là chez lui, à cheval sur un grand fleuve, avec des forces égales à celles de l'ennemi, avec la faculté de manœuvrer sur les deux rives, et d'accabler l'une des deux armées envahissantes. L'ennemi, au contraire, se trouvait fort loin de chez lui, à une distance immense de sa base, sans cette supériorité de forces qui compense le danger de l'éloignement, avec le désavantage d'un pays affreux à traverser pour envahir et pour s'en retourner, et enfin avec l'inconvénient d'être divisé en deux corps, et d'être commandé par deux généraux. Ainsi les Impériaux gagnaient, en se rapprochant du Danube, tout ce que perdaient les Français. Mais, pour s'assurer tous ces avantages, l'archiduc devait arriver sans défaite au Danube; et, dès lors, il devait se retirer avec fermeté, mais sans s'exposer à aucun engagement.

Après avoir laissé garnison à Mayence, à Ehrenbreitstein, à Cassel, à Manheim, il ordonna à Wartensleben de se retirer pied à pied par la vallée du Mein, et de gagner le Danube, en s'engageant tous les jours assez pour soutenir le moral de ses troupes, mais pas assez pour les compromettre dans une action générale. Lui-même en fit autant avec son armée; il la porta de Pforzheim dans la vallée du Necker, et ne s'y arrêta que le temps nécessaire pour réunir ses parcs, et leur donner le temps de se retirer. Wartensleben se repliait avec trente mille fantassins et quinze mille chevaux; l'archiduc avec quarante mille hommes d'infanterie et dix-huit de cavalerie; ce qui faisait cent trois mille hommes en tout. Le reste était dans les places, ou avait filé par le Haut-Rhin en Suisse, devant le général Férino, qui commandait la droite de Moreau.

Dès que Moreau eut décidé la retraite des Autrichiens, l'armée de Jourdan passa de nouveau le Rhin à Dusseldorf et Neuwied, en manœuvrant, comme elle l'avait toujours fait, et se porta sur la Lahn, pour déboucher ensuite dans la vallée du Mein. Les armées françaises s'avancèrent donc en deux colonnes, le long du Mein et du Necker, suivant les deux armées impériales, qui faisaient une très-belle retraite. Les nombreux escadrons des Autrichiens, voltigeant à l'arrière-garde, imposaient par leur masse, couvraient leur infanterie de nos insultes, et rendaient inutiles tous nos efforts pour l'entamer. Moreau, qui n'avait point eu de place à masquer en se détachant du Rhin, marchait avec soixante-onze mille hommes. Jourdan, ayant dû bloquer Mayence, Cassel, Ehrenbreitstein, et consacrer vingt-sept mille hommes à ces opérations, ne marchait qu'avec quarante-six mille, et n'était guère supérieur à Wartensleben.

D'après le plan vicieux de Carnot, il fallait toujours déborder les ailes de l'ennemi, c'est-à-dire, s'éloigner du but essentiel, la réunion des deux armées. Cette réunion aurait permis de porter sur le Danube une masse de cent quinze ou cent vingt mille hommes, masse écrasante, énorme, qui aurait trompé tous les calculs de l'archiduc, déjoué tous ses efforts pour se concentrer, passé le Danube sous ses yeux, enlevé Ulm, et, de cette base, eût menacé Vienne et ébranlé le trône impérial[*].

Conformément au plan de Carnot, Moreau devait appuyer sur le Haut-Rhin et le Haut-Danube, et Jourdan vers la Bohême. On donnait à Moreau une raison de plus d'appuyer sur ce point, c'était la possibilité de communiquer avec l'armée d'Italie par le Tyrol, ce qui sup-

---

[*] Il faut lire à cet égard les raisonnements qu'a faits Napoléon, et qu'il a appuyés de si grands exemples.

posait l'exécution du plan gigantesque de Bonaparte, justement désapprouvé par le directoire. Comme Moreau voulait en même temps ne pas être trop détaché de Jourdan, et lui donner la main gauche tandis qu'il tendait la droite à l'armée d'Italie, on le vit sur les bords du Necker, occuper une ligne de cinquante lieues. Jourdan, de son côté, chargé de déborder Wartensleben, était forcé de s'éloigner de Moreau; et comme Wartensleben, général routinier, ne comprenant en rien la pensée de l'archiduc, au lieu de se rapprocher du Danube, se portait vers la Bohême pour la couvrir, Jourdan, pour le déborder, était forcé de s'étendre toujours davantage. On voyait ainsi les armées ennemies faire, chacune de leur côté, le contraire de ce qu'elles auraient dû. Il y avait cependant cette différence entre Wartensleben et Jourdan, que le premier manquait à un ordre excellent, et que le second était obligé d'en suivre un mauvais. La faute de Wartensleben était à lui, celle de Jourdan au directeur Carnot.

Moreau livra un combat à Canstadt pour le passage du Necker, et s'enfonça ensuite dans les défilés de l'Alb, chaîne de montagnes qui sépare le Necker du Danube, comme les Montagnes Noires le séparent du Rhin. Il franchit ces défilés, et déboucha dans la vallée du Danube, vers le milieu de thermidor (fin de juillet), après un mois de marche. Jourdan, après avoir passé des bords de la Lahn sur ceux du Mein, et avoir livré un combat à Friedberg, s'arrêta devant la ville de Francfort, qu'il menaça de bombarder si on ne la lui livrait sur-le-champ. Les Autrichiens n'y consentirent qu'à la condition d'une suspension d'armes de deux jours. Cette suspension leur permettait de franchir le Mein, et de se donner une avance considérable; mais elle sauvait une ville intéressante, et dont les ressources pouvaient être utiles à l'armée : Jourdan y consentit. La place fut remise le 28 messidor (16 juillet). Jourdan frappa des contributions sur cette ville, mais y mit une grande modération, et déplut même à l'armée par les ménagements qu'il montra pour le pays ennemi. Le bruit de l'opulence au milieu de laquelle vivait l'armée d'Italie, avait excité les imaginations, et on voulait vivre de même en Allemagne. Jourdan remonta ensuite le Mein, s'empara de Wurtzbourg le 7 thermidor (25 juillet), puis déboucha au-delà des montagnes de Souabe, sur les bords de la Naab, qui tombe dans le Danube. Il était à peu près sur la hauteur de Moreau, et à la même époque, c'est-à-dire vers le milieu de thermidor (commencement d'août). La Souabe et la Saxe avaient accédé à la neutralité, envoyé des agents à Paris pour traiter de la paix, et consenti à des contributions. Les troupes saxonnes et souabes se retirèrent, et affaiblirent ainsi l'armée autrichienne d'une douzaine de mille hommes, à la vérité peu utiles, et se battant sans zèle.

Ainsi, vers le milieu de l'été, nos armées, maîtresses de l'Italie, qu'elles dominaient tout entière, maîtresses d'une moitié de l'Allemagne, qu'elles avaient envahie jusqu'au Danube, menaçaient l'Europe. Depuis deux mois la Vendée était soumise. Des cent mille hommes répandus dans l'Ouest, on pouvait en détacher cinquante mille pour les porter où l'on voudrait. Les promesses du gouvernement directorial ne pouvaient être plus glorieusement accomplies.

CHAPITRE V.

État intérieur de la France vers le milieu de l'année 1796 (an IV). — Embarras financiers du gouvernement. Chute des mandats et du papier-monnaie. — Attaque du camp de Grenelle par les jacobins. — Renouvellement du pacte de famille avec l'Espagne, et projet de quadruple alliance. — Projet d'une expédition en Irlande. — Négociations en Italie. — Continuation des hostilités; arrivée de Wurmser sur l'Adige; victoires de Lonato et de Castiglione. — Opérations sur le Danube; bataille de Neresheim; marche de l'archiduc Charles contre Jourdan. — Marche de Bonaparte sur la Brenta; batailles de Roveredo, Bassano et Saint-George; retraite de Wurmser dans Mantoue. — Retour de Jourdan sur le Mein; bataille de Wurtzbourg; retraite de Moreau.

La France n'avait jamais paru plus grande au dehors que pendant cet été de 1796; mais sa situation intérieure était loin de répondre à son éclat extérieur. Paris offrait un spectacle singulier : les patriotes, furieux depuis l'arrestation de Babœuf, de Drouet et de leurs autres chefs, exécraient le gouvernement, et ne souhaitaient plus les victoires de la république, depuis qu'elles profitaient au directoire. Les ennemis déclarés de la révolution les niaient obstinément; les hommes fatigués d'elle n'avaient pas l'air d'y croire. Quelques nouveaux riches, qui devaient leurs trésors à l'agiotage ou aux fournitures, étalaient un luxe effréné, et montraient la plus grande indifférence pour cette révolution qui avait fait leur fortune. Cet état moral était le résultat inévitable d'une fatigue générale dans la nation, de passions invétérées chez les partis, et de la cupidité excitée par une crise financière. Mais il y avait encore beaucoup de Français républicains et enthousiastes, dont les sentiments étaient conservés, dont nos victoires réjouissaient l'âme, qui, loin de les nier, en accueillaient au contraire la nouvelle avec transport, et qui prononçaient avec affection et admiration les noms de Hoche, Jourdan, Moreau et Bonaparte. Ceux-là voulaient qu'on fît de nouveaux efforts, qu'on obligeât les malveillants et les indifférents à contribuer de tous leurs moyens à la gloire et à la grandeur de la république.

Pour obscurcir l'éclat de nos conquêtes, les partis s'attachaient à décrier les généraux. Ils s'étaient surtout acharnés contre le plus jeune et le plus brillant, contre Bonaparte, dont le nom, en deux mois, était devenu si glorieux. Il avait fait au 13 vendémiaire une grande peur aux royalistes, et ils le traitaient peu favorablement dans leurs journaux. On savait qu'il avait déployé un caractère assez impérieux en Italie; on était frappé de la manière dont il en agissait avec les états de cette contrée, accordant ou refusant à son gré des armistices, qui décidaient de la paix ou de la guerre; on savait que, sans prendre l'intermédiaire de la trésorerie, il avait envoyé des fonds à l'armée du Rhin. On se plaisait donc à dire malicieusement qu'il était indocile, et qu'il allait être destitué. C'était un grand général perdu pour la république, et une gloire importune arrêtée tout-à-coup. Aussi les malveillants s'empressèrent-ils de répandre les bruits les plus absurdes; ils allèrent jusqu'à prétendre que Hoche, qui était alors à Paris, allait partir pour arrêter Bonaparte au milieu de son armée. Le gouvernement écrivit à Bonaparte une lettre qui démentait tous ces bruits, et dans laquelle il lui renouvelait le témoignage de toute sa confiance. Il fit publier la lettre dans tous les journaux. Le brave Hoche, incapable d'aucune basse jalousie contre un rival qui, en deux mois, s'était placé au-dessus des premiers généraux de la république, écrivit de son côté pour démentir le rôle qu'on lui prêtait. Il faut citer cette lettre si honorable pour ces deux jeunes héros; elle était adressée au ministre de la police, et fut rendue publique.

« Citoyen ministre, des hommes qui, cachés
« ou ignorés pendant les premières années de
« la fondation de la république, n'y pensent
« aujourd'hui que pour chercher les moyens
« de la détruire, et n'en parlent que pour ca-
« lomnier ses plus fermes appuis, répandent
« depuis quelques jours les bruits les plus in-
« jurieux aux armées, et à l'un des officiers-
« généraux qui les commandent. Ne leur est-il
« donc plus suffisant, pour parvenir à leur but,
« de correspondre ouvertement avec la horde
« conspiratrice résidante à Hambourg? Faut-il
« que, pour obtenir la protection des maîtres
« qu'ils veulent donner à la France, ils avilis-
« sent les chefs des armées? Pensent-ils que
« ceux-ci, aussi faibles qu'au temps passé, se
« laisseront injurier sans oser répondre, et ac-
« cuser sans se défendre? Pourquoi Bonaparte
« se trouve-t-il donc l'objet des fureurs de ces

« messieurs? est-ce parce qu'il a battu leurs
« amis et eux-mêmes en vendémiaire? est-ce
« parce qu'il dissout les armées des rois, et qu'il
« fournit à la république les moyens de ter-
« miner glorieusement cette honorable guerre?
« Ah! brave jeune homme, quel est le militaire
« républicain qui ne brûle du désir de t'imiter?
« Courage, Bonaparte! conduis à Naples, à
« Vienne, nos armées victorieuses; réponds à
« tes ennemis personnels en humiliant les rois,
« en donnant à nos armes un lustre nouveau;
« et laisse-nous le soin de ta gloire!

« J'ai ri de pitié en voyant un homme, qui
« d'ailleurs a beaucoup d'esprit, annoncer des
« inquiétudes qu'il n'a pas sur les pouvoirs
« accordés aux généraux français. Vous les con-
« naissez à peu près tous, citoyen ministre.
« Quel est celui qui, en lui supposant même
« assez de pouvoir sur son armée pour la faire
« marcher sur le gouvernement, quel est celui,
« dis-je, qui jamais entreprendrait de le faire,
« sans être sur-le-champ accablé par ses com-
« pagnons? A peine les généraux se connais-
« sent-ils, à peine correspondent-ils ensemble!
« leur nombre doit rassurer sur les desseins
« que l'on prête gratuitement à l'un d'eux.
« Ignore-t-on ce que peuvent sur les hommes,
« l'envie, l'ambition, la haine, je puis ajouter,

« je pense, l'amour de la patrie et l'honneur?
« Rassurez-vous donc, républicains modernes.

« Quelques journalistes ont poussé l'absur-
« dité au point de me faire aller en Italie pour
« arrêter un homme que j'estime, et dont le
« gouvernement a le plus à se louer. On peut
« assurer qu'au temps où nous vivons, peu
« d'officiers-généraux se chargeraient de rem-
« plir les fonctions de gendarmes, bien que
« beaucoup soient disposés à combattre les
« factions et les factieux.

« Depuis mon séjour à Paris, j'ai vu des
« hommes de toutes les opinions; j'ai pu en
« apprécier quelques-uns à leur juste valeur.
« Il en est qui pensent que le gouvernement
« ne peut marcher sans eux : ils crient pour
« avoir des places. D'autres, quoique personne
« ne s'occupe d'eux, croient qu'on a juré leur
« perte : ils crient pour se rendre intéressants.
« J'avais vu des émigrés, plus Français que roya
« listes, pleurer de joie au récit de nos vic-
« toires; j'ai vu des Parisiens les révoquer en
« doute. Il m'a semblé qu'un parti audacieux,
« mais sans moyens, voulait renverser le gou-
« vernement actuel, pour y substituer l'anar-
« chie; qu'un second, plus dangereux, plus
« adroit, et qui compte des amis partout, ten-
« dait au bouleversement de la république,

« pour rendre à la France la constitution boi-
« teuse de 1791, et une guerre civile de trente
« années; qu'un troisième enfin, s'il sait mé-
« priser les deux autres, et prendre sur eux
« l'empire que lui donnent les lois, les vaincra,
« parce qu'il est composé de républicains vrais,
« laborieux et probes, dont les moyens sont
« les talents et les vertus, parce qu'il compte
« au nombre de ses partisans tous les bons
« citoyens, et les armées, qui n'auront sans
« doute pas vaincu depuis cinq ans pour laisser
« asservir la patrie. »

Ces deux lettres firent taire tous les bruits, et imposèrent silence aux malveillants.

Au milieu de sa gloire, le gouvernement faisait pitié par son indigence. Le nouveau papier-monnaie s'était soutenu peu de temps, et sa chute privait le directoire d'une importante ressource. On se souvient que le 26 ventôse (16 mars), 2 milliards 400 millions de mandats avaient été créés, et hypothéqués sur une valeur correspondante de biens. Une partie de ces mandats avait été consacrée à retirer les 24 milliards d'assignats restant en circulation, et le reste à pourvoir à de nouveaux besoins. C'était en quelque sorte, comme nous l'avons dit, une réimpression de l'ancien papier, avec un nouveau titre et un nouveau chiffre. Les 24 milliards d'assignats étaient remplacés par 800 millions de mandats; et au lieu de créer encore 48 autres milliards d'assignats, on créait 1600 millions de mandats. La différence était donc dans le titre et le chiffre. Elle était aussi dans l'hypothèque; car les assignats, par l'effet des enchères, ne représentaient pas une valeur déterminée de biens; les mandats, au contraire, devant procurer les biens sur l'offre simple du prix de 1790, en représentaient bien exactement la somme de 2 milliards 400 millions. Tout cela n'empêcha pas leur chute, qui fut le résultat de différentes causes. La France ne voulait plus de papier, et était décidée à n'y plus croire. Or, quelque grandes que soient les garanties, quand on n'y veut plus regarder, elles sont comme si elles n'étaient pas. Ensuite le chiffre du papier, quoique réduit, ne l'était pas assez. On convertissait 24 milliards d'assignats en 800 millions de mandats; on réduisait donc l'ancien papier au trentième, et il aurait fallu le réduire au deux-centième pour être dans la vérité; car 24 milliards valaient tout au plus 120 millions. Les reproduire dans la circulation pour 800 millions, en les convertissant en mandats, c'était une erreur. Il est vrai qu'on leur affectait une pareille valeur de biens; mais une terre qui en

1790 valait 100 mille francs, ne se vendait aujourd'hui que 30 ou 25 mille francs; par conséquent le papier portant ce nouveau titre et ce nouveau chiffre, eût-il même représenté exactement les biens, ne pouvait valoir comme eux que le tiers de l'argent. Or, vouloir le faire circuler au pair, c'était encore soutenir un mensonge. Ainsi, quand même il y aurait eu possibilité de rendre la confiance au papier, la supposition exagérée de sa valeur devait toujours le faire tomber. Aussi, bien que sa circulation fût forcée partout, on ne l'accepta qu'un instant. Les mesures violentes qui avaient pu imposer en 1793, étaient impuissantes aujourd'hui. Personne ne traitait plus qu'en argent. Ce numéraire, qu'on avait cru enfoui ou exporté à l'étranger, remplissait la circulation. Celui qui était caché se montrait, celui qui était sorti de France y rentrait. Les provinces méridionales étaient remplies de piastres, qui venaient d'Espagne, appelées chez nous par le besoin. L'or et l'argent vont, comme toutes les marchandises, là où la demande les attire; seulement leur prix est plus élevé, et se maintient jusqu'à ce que la quantité soit suffisante, et que le besoin soit satisfait. Il se commettait bien encore quelques friponneries, par les remboursements en mandats, parce que les lois donnant cours forcé de monnaie au papier, permettaient de l'employer à l'acquittement des engagements écrits; mais on ne l'osait guère, et, quant à toutes les stipulations, elles se faisaient en numéraire. Dans tous les marchés on ne voyait que l'argent ou l'or; les salaires du peuple ne se payaient pas autrement. On aurait dit qu'il n'existait point de papier en France. Les mandats ne se trouvaient plus que dans les mains des spéculateurs, qui les recevaient du gouvernement, et les revendaient aux acquéreurs de biens nationaux.

De cette manière, la crise financière, quoique existant encore pour l'état, avait presque cessé pour les particuliers. Le commerce et l'industrie, profitant d'un premier moment de repos, et de quelques communications rouvertes avec le continent, par l'effet de nos victoires, commençaient à reprendre quelque activité.

Il ne faut point, comme les gouvernements ont la vanité de le dire, encourager la production pour qu'elle prospère; il faut seulement ne pas la contrarier. Elle profite du premier moment pour se développer avec une activité merveilleuse. Mais si les particuliers recouvraient un peu d'aisance, le gouvernement, c'est-à-dire, ses chefs, ses agents de toute espèce, militaires, administrateurs ou magistrats, ses créanciers, étaient réduits à une affreuse détresse. Les mandats qu'on leur donnait étaient inutiles dans leurs mains; ils n'en pouvaient faire qu'un seul usage, c'était de les passer aux spéculateurs sur le papier, qui prenaient 100 francs pour cinq ou six, et qui revendaient ensuite ces mandats aux acquéreurs de biens nationaux. Aussi les rentiers mouraient de faim; les fonctionnaires donnaient leur démission; et, contre l'usage, au lieu de demander des emplois, on les résignait. Les armées d'Allemagne et d'Italie vivant chez l'ennemi, étaient à l'abri de la misère commune; mais les armées de l'intérieur étaient dans une détresse affreuse. Hoche ne faisait vivre ses soldats que de denrées perçues dans les provinces de l'Ouest, et il était obligé d'y maintenir le régime militaire, pour avoir le droit de lever en nature les subsistances. Quant aux officiers et à lui-même, ils n'avaient pas de quoi se vêtir. Le service des étapes établi dans la France, pour les troupes qui la parcouraient, avait manqué souvent, parce que les fournisseurs ne voulaient plus rien avancer. Les détachements partis des côtes de l'Océan pour renforcer l'armée d'Italie, étaient arrêtés en route. On avait vu même des hôpitaux fermés, et les malheureux soldats qui les remplissaient, expulsés de l'asile que la république devait à leurs infirmités, parce qu'on ne pouvait plus leur fournir ni remèdes ni aliments. La gendarmerie était entièrement désorganisée. N'étant ni vêtue, ni équipée, elle ne faisait presque plus son service. Les gendarmes, voulant ménager leurs chevaux qu'on ne remplaçait pas, ne protégeaient plus les routes; les brigands qui abondent à la suite des guerres civiles, les infestaient. Ils pénétraient dans les campagnes, et souvent dans les villes, et y commettaient le vol et l'assassinat avec une audace inouïe.

Tel était donc l'état intérieur de la France. Le caractère particulier de cette nouvelle crise, c'était la misère du gouvernement au milieu d'un retour d'aisance chez les particuliers. Le directoire ne vivait que des débris du papier, et de quelques millions que ses armées lui envoyaient de l'étranger. Le général Bonaparte lui avait déjà envoyé 30 millions, et cent beaux chevaux de voiture pour contribuer un peu à ses pompes.

Il s'agissait de détruire maintenant tout l'échafaudage du papier-monnaie. Il fallait pour cela que le cours n'en fût plus forcé, et que l'impôt fût reçu en valeur réelle. On déclara donc le 28 messidor (16 juillet) que tout le monde pourrait traiter comme il lui plairait, et stipuler en monnaie de son choix, que les mandats ne seraient plus reçus qu'au cours réel, et que ce cours serait tous les jours constaté et publié par la trésorerie. On osa enfin déclarer que les impôts seraient perçus en numéraire ou en mandats au cours; on ne fit d'exception que pour la contribution foncière. Depuis la création des mandats on avait voulu la percevoir en papier, et non plus en nature. On sentit qu'il aurait mieux valu la percevoir toujours en nature, parce qu'au milieu des variations du papier, on aurait au moins recueilli des denrées. On décida donc, après de longues discussions, et plusieurs projets successivement rejetés chez les anciens, que, dans les départements frontières ou voisins des armées, la perception pourrait être exigée en nature; que dans les autres elle aurait lieu en mandats au cours des grains. Ainsi, on évaluait le blé en 1790 à 10 fr. le quintal; on l'évaluait aujourd'hui à 80 fr. en mandats. Chaque dix francs de cotisation, représentant un quintal de blé, devait se payer aujourd'hui 80 fr. en mandats. Il eût été bien plus simple d'exiger le paiement en numéraire ou mandats au cours; mais on ne l'osa pas encore; on commençait donc à revenir à la réalité, mais en hésitant.

L'emprunt forcé n'était point encore recouvré. L'autorité n'avait plus l'énergie d'arbitraire, qui aurait pu assurer la prompte exécution d'une pareille mesure. Il restait près de 300 millions à percevoir. On décida qu'en acquittement de l'emprunt et de l'impôt, les mandats seraient reçus au pair, et les assignats à cent capitaux pour un, mais pendant quinze jours seulement; et qu'après ce terme, le papier ne serait plus reçu qu'au cours. C'était une manière d'encourager les retardataires à s'acquitter.

La chute des mandats étant déclarée, il n'était plus possible de les recevoir en paiement intégral des biens nationaux qui leur étaient affectés; et la banqueroute qu'on leur avait prédite comme aux assignats, devenait inévitable. On avait annoncé, en effet, que les mandats émis pour 2 milliards 400 millions, tombant fort au-dessous de cette valeur, et ne valant plus que 2 à 3 cents millions, l'état ne voudrait plus donner la valeur promise des biens, c'est-à-dire 2 milliards 400 millions. On avait soutenu le contraire dans l'espoir que les mandats se maintiendraient à une certaine valeur; mais 100 francs tombant à 5 ou 6 fr., l'état ne pouvait plus donner une terre de 100 francs, en

1790, et de 30 à 40 francs aujourd'hui, pour 5 ou 6 francs. C'était là l'espèce de banqueroute qu'avaient subie les assignats, et dont nous avons expliqué plus haut la nature. L'état faisait là ce que fait aujourd'hui une caisse d'amortissement, qui rachète au cours de la place, et qui, dans le cas d'une baisse extraordinaire, rachèterait peut-être à 50 ce qui aurait été émis à 80 ou 90. En conséquence, il fut décidé le 8 thermidor (26 juillet) que le dernier quart des domaines nationaux soumissionnés depuis la loi du 26 ventôse (celle qui créait les mandats), serait acquitté en mandats au cours, et en six paiements égaux. Comme il avait été soumissionné pour 800 millions de biens, ce quart était de 200 millions.

On touchait donc à la fin du papier-monnaie. On se demandera pourquoi on fit ce second essai des mandats, qui eurent si peu de durée et de succès. En général on juge trop les mesures de ce genre indépendamment des circonstances qui les ont commandées. La crainte de manquer de numéraire avait sans doute contribué à la création des mandats; et, si on n'avait pas eu d'autre raison, on aurait eu grand tort, car le numéraire ne peut pas manquer; mais on avait été poussé surtout par la nécessité impérieuse de vivre avec les biens et d'anticiper sur leur vente. Il fallait mettre leur prix en circulation avant de l'avoir retiré, et pour cela l'émettre en forme de papier. Sans doute la ressource n'avait pas été grande, puisque les mandats étaient si vite tombés, mais enfin on avait vécu encore quatre ou cinq mois. Et n'est-ce rien que cela? Il faut considérer les mandats comme un nouvel escompte de la valeur des biens nationaux, comme un expédient, en attendant que ces biens pussent être vendus. On va voir que de moments de détresse le gouvernement eut encore à traverser, avant de pouvoir en réaliser la vente en numéraire.

Le trésor ne manquait pas de ressources prochainement exigibles; mais il en était de ces ressources comme des biens nationaux : il fallait les rendre actuelles. Il avait encore à recevoir 300 millions de l'emprunt forcé; 300 millions de la contribution foncière de l'année, c'est-à-dire toute la valeur de cette contribution; 25 millions de la contribution mobilière; tout le fermage des biens nationaux, et l'arriéré de ce fermage s'élevant en tout à 60 millions; différentes contributions militaires; le prix du mobilier des émigrés; divers arriérés; enfin 80 millions de papier sur l'étranger. Toutes ces ressources, jointes aux 200 millions du dernier quart du prix des biens, s'élevaient à 1,100 millions, somme énorme, mais difficile à réaliser. Il ne lui fallait, pour achever son année, c'est-à-dire pour aller jusqu'au 1er vendémiaire, que 400 millions; il était sauvé s'il pouvait les réaliser immédiatement sur les 1,100. Pour l'année suivante, il avait les contributions ordinaires qu'on espérait percevoir toutes en numéraire, et qui, s'élevant à 500 et quelques millions, couvraient ce qu'on appelait la dépense ordinaire. Pour les dépenses de la guerre, dans le cas d'une nouvelle campagne, il avait le reste des 1,100 millions, dont il ne devait absorber cette année que 400 millions; il avait enfin les nouvelles soumissions des biens nationaux. Mais le difficile était toujours la rentrée de ces sommes. Le comptant ne se compose jamais que des produits de l'année; or, il était difficile de tout prendre à la fois par l'emprunt forcé, par la contribution foncière et mobilière, par la vente des biens. On se mit de nouveau à travailler à la perception des contributions, et on donna au directoire la faculté extraordinaire d'engager des biens belges pour 100 millions de numéraire. Les rescriptions, espèces de bons royaux, ayant pour but d'escompter les rentrées de l'année, avaient partagé le sort de tout le papier. Ne pouvant pas faire usage de cette ressource, le ministre payait les fournisseurs en ordonnances de liquidation, qui devaient être acquittées sur les premières recettes.

Telles étaient les misères de ce gouvernement si glorieux au dehors. Les partis n'avaient pas cessé de s'agiter intérieurement. La soumission de la Vendée avait beaucoup réduit les espérances de la faction royaliste; mais les agents de Paris n'en étaient que plus convaincus du mérite de leur ancien plan, qui consistait à ne pas employer la guerre civile, mais à corrompre les opinions, à s'emparer peu à peu des conseils et des autorités. Ils y travaillaient par leurs journaux. Quant aux patriotes, ils étaient arrivés au plus haut point d'indignation. Ils avaient favorisé l'évasion de Drouet, qui était parvenu à s'échapper de prison, et ils méditaient de nouveaux complots, malgré la découverte de celui de Babœuf. Beaucoup d'anciens conventionnels et de thermidoriens, liés naguère au gouvernement qu'ils avaient formé eux-mêmes le lendemain du 13 vendémiaire, commençaient à être mécontents. Une loi ordonnait, comme on a vu, aux ex-conventionnels non réélus, et à tous les fonctionnaires destitués, de sortir de Paris. La police, par erreur, envoya des mandats d'amener à quatre conventionnels, membres du corps législatif. Ces mandats furent dénoncés avec amertume aux cinq-cents. Tallien, qui, lors de la découverte du complot de Babœuf, avait hautement exprimé son adhésion au système du gouvernement, s'éleva avec aigreur contre la police du directoire, et contre les défiances dont les patriotes étaient l'objet. Son adversaire habituel, Thibaudeau, lui répondit, et, après une discussion assez vive et quelques récriminations, chacun se renferma dans son humeur. Le ministre Cochon, ses agents, ses mouchards, étaient surtout l'objet de la haine des patriotes, qui avaient été les premiers atteints par sa surveillance. La marche du gouvernement était du reste parfaitement tracée : et s'il était tout-à-fait prononcé contre les royalistes, il était tout aussi séparé des patriotes, c'est-à-dire de cette portion du parti révolutionnaire qui voulait revenir à une république plus démocratique, et qui trouvait le régime actuel trop doux pour les aristocrates. Mais, sauf l'état des finances, cette situation du directoire, détaché de tous les partis, les contenant d'une main forte, et s'appuyant sur d'admirables armées, était assez rassurante et assez belle.

Les patriotes avaient déjà fait deux tentatives, et subi deux répressions, depuis l'installation du directoire. Ils avaient voulu recommencer le club des jacobins au Panthéon, et l'avaient vu fermer par le gouvernement. Ils avaient ensuite essayé un complot mystérieux sous la direction de Babœuf; ils avaient été découverts par la police, et privés de leurs nouveaux chefs. Ils s'agitaient cependant encore, et songeaient à faire une dernière tentative. L'opposition, en attaquant encore une fois la loi du 3 brumaire, excita chez eux un redoublement de colère, et les poussa à un dernier éclat. Ils cherchaient à corrompre la légion de police. Cette légion avait été dissoute, et changée en un régiment qui était le 21e de dragons. Ils voulaient tenter la fidélité de ce régiment, et ils espéraient, en l'entraînant, entraîner toute l'armée de l'intérieur, campée dans la plaine de Grenelle. Ils se proposaient en même temps d'exciter un mouvement, en tirant des coups de fusil dans Paris, en jetant des cocardes blanches dans les rues, en criant *Vive le Roi!* et en faisant croire ainsi que les royalistes s'armaient pour détruire la république. Ils auraient alors profité de ce prétexte, pour accourir en armes, s'emparer du gouvernement, et faire déclarer en leur faveur le camp de Grenelle.

Le 12 fructidor (29 août), ils exécutèrent une partie de leur projet, tirèrent des pétards, et jetèrent quelques cocardes blanches dans les rues. Mais la police avertie avait pris de telles précautions, qu'ils furent réduits à l'impossibilité de faire aucun mouvement. Ils ne se découragèrent pas, et, quelques jours après, le 22 (9 septembre), ils décidèrent de consommer leur complot. Trente des principaux se réunirent au Gros-Caillou, et résolurent de former la nuit même un rassemblement dans le quartier de Vaugirard. Ce quartier, voisin du camp de Grenelle, était plein de jardins, et coupé de murailles; il présentait des lignes derrière lesquelles ils pourraient se réunir, et faire résistance, dans le cas où ils seraient attaqués. Le soir, en effet, ils se trouvèrent réunis au nombre de sept ou huit cents, armés de fusils, de pistolets, de sabres, de cannes à épée. C'était tout ce que le parti renfermait de plus déterminé. Il y avait parmi eux quelques officiers destitués, qui se trouvaient à la tête du rassemblement avec leurs uniformes et leurs épaulettes. Il s'y trouvait aussi quelques ex-conventionnels en costume de représentants, et même, dit-on, Drouet, qui était resté caché dans Paris depuis son évasion. Un officier de la garde du directoire, à la tête de dix cavaliers, faisait patrouille dans Paris, lorsqu'il fut averti du rassemblement formé à Vaugirard. Il y accourut à la tête de ce faible détachement; mais à peine arrivé, il fut accueilli par une décharge de coups de fusil, et assailli par deux cents hommes armés, qui l'obligèrent à se retirer à toute bride. Il alla sur-le-champ faire mettre sous les armes la garde du directoire, et envoya un officier au camp de Grenelle pour y donner l'éveil. Les patriotes ne perdirent pas de temps, et, l'éveil donné, se rendirent en toute hâte à la plaine de Grenelle, au nombre de quelques cents. Ils se dirigèrent vers le quartier du vingt-et-unième de dragons, ci-devant légion de police, et essayèrent de le gagner, en disant qu'ils venaient fraterniser avec lui. Le chef d'escadron Malo, qui commandait ce régiment, sortit aussitôt de sa tente, se lança à cheval, moitié habillé, réunit autour de lui quelques officiers et les premiers dragons qu'il rencontra, et chargea à coups de sabre ceux qui lui proposaient de fraterniser. Cet exemple décida les soldats; ils coururent à leurs chevaux, fondirent sur le rassemblement, et l'eurent bientôt dispersé. Ils tuèrent ou blessèrent un grand nombre d'individus, et en arrêtèrent cent trente-deux. Le bruit de ce combat éveilla tout le camp, qui se mit aussitôt sous les armes, et jeta l'alarme dans Paris. Mais on fut bientôt rassuré en apprenant le résultat et la folie de la tentative. Le directoire fit aussitôt enfermer les prisonniers, et demanda aux deux conseils l'autorisation de faire des visites domiciliaires pour saisir, dans certains quartiers, beaucoup de séditieux que leurs blessures avaient empêchés de quitter Paris. Ayant fait partie d'un rassemblement armé, ils étaient justiciables des tribunaux militaires, et furent livrés à une commission, qui commença à en faire fusiller un certain nombre. L'organisation de la haute-cour nationale n'était point encore achevée; on en pressa de nouveau l'installation, pour commencer le procès de Babœuf.

Cette échauffourée fut prise pour ce qu'elle valait, c'est-à-dire pour une de ces imprudences qui caractérisent un parti expirant. Les ennemis seuls de la révolution affectèrent d'y attacher une grande importance, pour avoir une nouvelle occasion de crier à la terreur, et de répandre des alarmes. On fut peu épouvanté en général, et cette vaine attaque prouva mieux encore que tous les autres succès du directoire, que son établissement était définitif, et que les partis devaient renoncer à le détruire.

Tels étaient les événements qui se passaient à l'intérieur.

Pendant qu'au dehors on allait livrer de nouveaux combats, d'importantes négociations se préparaient en Europe. La république française était en paix avec plusieurs puissances, mais n'avait d'alliance avec aucune. Les détracteurs qui avaient dit qu'elle ne serait jamais reconnue, disaient maintenant qu'elle serait à jamais sans alliés. Pour répondre à ces insinuations malveillantes, le directoire songeait à renouveler le pacte de famille avec l'Espagne, et projetait une quadruple alliance entre la France, l'Espagne, Venise et la Porte. Par ce moyen, la quadruple alliance, composée de toutes les puissances du Midi, contre celles du Nord, dominerait la Méditerranée et l'Orient, donnerait des inquiétudes à la Russie, menacerait les derrières de l'Autriche, et susciterait une nouvelle ennemie maritime à l'Angleterre. De plus, elle procurerait de grands avantages à l'armée d'Italie, en lui assurant l'appui des escadres vénitiennes et trente mille Esclavons.

L'Espagne était parmi les puissances la plus facile à décider. Elle avait contre l'Angleterre des griefs qui dataient du commencement de la guerre. Les principaux étaient la conduite des Anglais à Toulon, et le secret gardé à l'amiral espagnol lors de l'expédition en Corse. Elle avait des griefs plus grands encore, depuis la paix avec la France; les Anglais avaient insulté ses vaisseaux, arrêté des munitions qui lui étaient destinées, violé son territoire, pris des postes menaçants pour elle en Amérique, violé les lois de douanes dans ses colonies, et cherché ouvertement à les soulever. Ces mécontentements joints aux offres brillantes du directoire, qui lui faisait espérer des possessions en Italie, et aux victoires qui permettaient de croire à l'accomplissement de ses offres, décidèrent enfin l'Espagne à signer, le 2 fructidor (19 août), un traité d'alliance offensive et défensive avec la France, sur les bases du pacte de famille. D'après ce traité, ces deux puissances se garantissaient mutuellement toutes leurs possessions en Europe et dans les Indes; elles se promettaient réciproquement un secours de dix-huit mille hommes d'infanterie, et de six mille chevaux, de quinze vaisseaux de haut bord, de quinze vaisseaux de 74 canons, de six frégates et quatre corvettes. Ce secours devait être fourni à la première réquisition de celle des deux puissances qui était en guerre.

Des instructions furent envoyées à nos ambassadeurs, pour faire sentir à la Porte et à

Venise les avantages qu'il y aurait pour elles à concourir à une pareille alliance.

La république française n'était donc plus isolée, et elle avait suscité à l'Angleterre une nouvelle ennemie. Tout annonçait que la déclaration de guerre de l'Espagne à l'Angleterre allait bientôt suivre le traité d'alliance avec la France.

Le directoire préparait en même temps à Pitt des embarras d'une autre nature. Hoche était à la tête de cent mille hommes, répandus sur les côtes de l'Océan. La Vendée et la Bretagne étant soumises, il brûlait d'employer ces forces d'une manière plus digne de lui, et d'ajouter de nouveaux exploits à ceux de Wissembourg et de Landau. Il suggéra au gouvernement un projet qu'il méditait depuis long-temps, celui d'une expédition en Irlande. Maintenant, disait-il, qu'on avait repoussé la guerre civile des côtes de France, il fallait reporter ce fléau sur les côtes de l'Angleterre, et lui rendre, en soulevant les catholiques d'Irlande, les maux qu'elle nous avait faits en soulevant les Poitevins et les Bretons. Le moment était favorable : les Irlandais étaient plus indisposés que jamais contre l'oppression du gouvernement anglais; le peuple des trois royaumes souffrait horriblement de la guerre, et une invasion, s'ajoutant aux autres maux qu'il endurait déjà, pouvait le porter au dernier degré d'exaspération. Les finances de Pitt étaient chancelantes; et l'entreprise dirigée par Hoche pouvait avoir les plus grandes conséquences. Le projet fut aussitôt accueilli. Le ministre de la marine Truguet, républicain excellent, et ministre capable, le seconda de toutes ses forces. Il rassembla une escadre dans le port de Brest, et fit pour l'armer convenablement tous les efforts que permettait l'état des finances. Hoche réunit tout ce qu'il avait de meilleures troupes dans son armée, et les rapprocha de Brest, pour les embarquer. On eut soin de répandre différents bruits, tantôt d'une expédition à Saint-Domingue, tantôt d'une descente à Lisbonne, pour chasser les Anglais du Portugal, de concert avec l'Espagne.

L'Angleterre, qui se doutait du but de ces préparatifs, était dans de sérieuses alarmes. Le traité d'alliance offensive et défensive entre l'Espagne et la France lui présageait de nouveaux dangers; et les défaites de l'Autriche lui faisaient craindre la perte de son puissant et dernier allié. Ses finances étaient surtout dans un grand état de détresse; la Banque avait resserré ses escomptes; les capitaux commençaient à manquer, et on avait arrêté l'emprunt ouvert pour l'empereur, afin de ne pas faire sortir de nouveaux fonds de Londres. Les ports d'Italie étaient fermés aux vaisseaux anglais; ceux d'Espagne allaient l'être; ceux de l'Océan l'étaient jusqu'au Texel. Ainsi le commerce de la Grande-Bretagne se trouvait singulièrement menacé. A toutes ces difficultés se joignaient celles d'une élection générale; car le parlement, touchant à sa septième année, était à réélire tout entier. Les élections se faisaient au milieu des cris de malédiction contre Pitt et contre la guerre.

L'Empire avait abandonné presque en entier la cause de la coalition. Les États de Bade et de Wurtemberg venaient de signer la paix définitive, en permettant aux armées belligérantes le passage sur leur territoire. L'Autriche était dans les alarmes, en voyant deux armées françaises sur le Danube, et une troisième sur l'Adige, qui semblait fermer l'Italie. Elle avait envoyé Wurmser, avec trente mille hommes, pour recueillir plusieurs réserves dans le Tyrol, rallier et réorganiser les débris de l'armée de Beaulieu, et descendre en Lombardie avec soixante mille soldats. De ce côté, elle se croyait moins en danger, et était rassurée; mais elle était fort effrayée pour le Danube, et y portait toute son attention. Pour empêcher les bruits alarmants, le conseil aulique avait défendu à Vienne de parler des événements politiques; il avait organisé une levée de volontaires, et travaillait avec une activité remarquable à équiper et armer de nouvelles troupes. Catherine, qui promettait toujours et ne tenait jamais, rendit un seul service : elle garantit les Gallicies à l'Autriche, ce qui permit d'en retirer les troupes qui s'y trouvaient, pour les acheminer vers les Alpes et le Danube.

Ainsi, la France effrayait partout ses ennemis, et on attendait avec impatience ce qu'allait décider le sort des armes le long du Danube et de l'Adige. Sur la ligne immense qui s'étend de la Bohême à l'Adriatique, trois armées allaient se choquer contre trois autres, et décider du sort de l'Europe.

En Italie, on avait négocié en attendant la reprise des hostilités. On avait fait la paix avec le Piémont, et depuis deux mois, un traité avait succédé à l'armistice. Ce traité stipulait la cession définitive du duché de Savoie et du comté de Nice à la France; la destruction des forts de Suze et de la Brunette, placés au débouché des Alpes; l'occupation, pendant la guerre, des places de Coni, Tortone et Alexandrie; le libre passage, pour les troupes françaises, dans les états du Piémont;

et la fourniture de ce qui était nécessaire à ces troupes pendant le trajet. Le directoire, à l'instigation de Bonaparte, aurait voulu de plus une alliance offensive et défensive avec le roi de Piémont, pour avoir dix ou quinze mille hommes de son armée. Mais ce prince, en retour, demandait la Lombardie, dont la France ne pouvait pas disposer encore, et dont elle songeait toujours à se servir comme équivalent des Pays-Bas. Cette concession étant refusée, le roi ne voulut pas consentir à une alliance.

Le directoire n'avait encore rien terminé avec Gênes; on disputait toujours sur le rappel des familles exilées, sur l'expulsion des familles feudataires de l'Autriche et de Naples, et sur l'indemnité pour la frégate *la Modeste*.

Avec la Toscane, les relations étaient amicales; cependant, les moyens qu'on avait employés à l'égard des négociants livournais, pour obtenir la déclaration des marchandises appartenant aux ennemis de la France, semaient des germes de mécontentement. Naples et Rome avaient envoyé des agents à Paris, conformément aux termes de l'armistice; mais la négociation de la paix souffrait de grands retards. Il était évident que les puissances attendaient, pour conclure, la suite des événements de la guerre. Les peuples de Bologne et de Ferrare étaient toujours aussi exaltés pour la liberté, qu'ils avaient reçue provisoirement. La régence de Modène et le duc de Parme étaient immobiles. La Lombardie attendait avec anxiété le résultat de la campagne. On avait fait de vives instances auprès du sénat de Venise, dans le double but de le faire concourir au projet de quadruple alliance, et de procurer un utile auxiliaire à l'armée d'Italie. Outre les ouvertures directes, nos ambassadeurs à Constantinople et à Madrid en avaient fait d'indirectes, et avaient fortement insisté auprès des légations de Venise, pour leur démontrer les avantages du projet; mais toutes ces démarches avaient été inutiles. Venise détestait les Français, depuis qu'elle les voyait sur son territoire, et que leurs idées se répandaient dans les populations. Elle ne s'en tenait plus à la neutralité désarmée; elle armait au contraire avec activité. Elle avait donné ordre aux commandants des îles d'envoyer dans les lagunes les vaisseaux et les troupes disponibles; elle faisait venir des régiments esclavons de l'Illyrie. Le provéditeur de Bergame armait secrètement les paysans superstitieux et braves du Bergamasque. Des fonds étaient recueillis par la double voie des contributions et des dons volontaires.

Bonaparte pensa que, dans le moment, il fallait dissimuler avec tout le monde, traîner les négociations en longueur, ne rien chercher à conclure, paraître ignorer toutes les démarches hostiles, jusqu'à ce que de nouveaux combats eussent décidé en Italie, ou notre établissement ou notre expulsion. Il fallait ne plus agiter les questions qu'on avait à traiter avec Gênes, et lui persuader qu'on était content des satisfactions obtenues, afin de la retrouver amie en cas de retraite. Il fallait ne pas mécontenter le duc de Toscane, par la conduite qu'on tenait à Livourne. Bonaparte ne croyait pas sans doute qu'il convînt de laisser un frère de l'empereur dans ce duché, mais il ne voulait point l'alarmer encore. Les commissaires du directoire, Garreau et Salicetti, ayant rendu un arrêté pour faire partir les émigrés français des environs de Livourne, Bonaparte leur écrivit une lettre, où, sans égard pour leur qualité, il les réprimandait sévèrement d'avoir enfreint leurs pouvoirs, et d'avoir mécontenté le duc de Toscane en usurpant dans ses états l'autorité souveraine. A l'égard de Venise, il voulait aussi garder le *statu quo*. Seulement il se plaignait très-hautement de quelques assassinats commis sur les routes, et des préparatifs qu'il voyait faire autour de lui. Son but, en entretenant querelle ouverte, était de continuer à se faire nourrir, et de se ménager un motif de mettre la république à l'amende de quelques millions, s'il triomphait des Autrichiens. « Si je suis vainqueur, écrivait-il, il suffira d'une simple estafette pour terminer toutes les difficultés qu'on me suscite. »

Le château de Milan était tombé en son pouvoir. La garnison s'était rendue prisonnière; toute l'artillerie avait été transportée devant Mantoue, où il avait réuni un matériel considérable. Il aurait voulu achever le siége de cette place, avant que la nouvelle armée autrichienne arrivât pour la secourir; mais il avait peu d'espoir d'y réussir. Il n'employait au blocus que le nombre de troupes indispensablement nécessaire, à cause des fièvres qui désolaient les environs. Cependant il serrait la place de très-près, et il allait essayer une de ces surprises qui, suivant ses expressions, dépendent *d'une oie ou d'un chien;* mais la baisse des eaux du lac empêcha le passage des bateaux qui devaient porter des troupes déguisées. Dès lors, il renonça pour le moment à se rendre maître de Mantoue; d'ailleurs Wurmser arrivait, et il fallait courir au plus pressant.

L'armée, entrée en Italie avec trente et quelques mille hommes environ, n'avait reçu que de faibles renforts pour réparer ses pertes. Neuf mille hommes lui étaient arrivés des Alpes. Les divisions tirées de l'armée de Hoche n'avaient point encore pu traverser la France. Grace à ce renfort de neuf mille hommes, et aux malades qui étaient sortis des dépôts de la Provence et du Var, l'armée avait réparé les effets du feu, et s'était même renforcée. Elle comptait à peu près quarante-cinq mille hommes, répandus sur l'Adige et autour de Mantoue, au moment où Bonaparte revint de sa marche dans la péninsule. Les maladies que gagnèrent les soldats devant Mantoue la réduisirent à quarante ou quarante-deux mille hommes environ. C'était là sa force au milieu de thermidor (fin de juillet). Bonaparte n'avait laissé que des dépôts à Milan, Tortone, Livourne. Il avait déjà mis hors de combat deux armées, une de Piémontais et une d'Autrichiens; et maintenant il avait à en combattre une troisième, plus formidable que les précédentes.

Wurmser arrivait à la tête de soixante mille hommes. Trente mille étaient tirés du Rhin, et se composaient de troupes excellentes. Le reste était formé des débris de Beaulieu, et de bataillons venus de l'intérieur de l'Autriche. Plus de dix mille hommes étaient enfermés dans Mantoue, sans compter les malades. Ainsi l'armée entière se composait de plus de soixante-dix mille hommes. Bonaparte en avait près de dix mille autour de Mantoue, et n'en pouvait opposer qu'environ trente mille aux soixante qui allaient déboucher du Tyrol. Avec une pareille inégalité de forces, il fallait une grande bravoure dans les soldats, et un génie bien fécond dans le général, pour rétablir la balance.

La ligne de l'Adige, à laquelle Bonaparte attachait tant de prix, allait devenir le théâtre de la lutte. Nous avons déjà donné les raisons pour lesquelles Bonaparte la préférait à toute autre. L'Adige n'avait pas la longueur du Pô, ou des fleuves qui, se rendant dans le Pô, confondent leur ligne avec la sienne; il descendait directement dans la mer, après un cours de peu d'étendue; il n'était pas guéable, et ne pouvait être tourné par le Tyrol, comme la Brenta, la Piave, et les fleuves plus avancés vers l'extrémité de la Haute-Italie. Ce fleuve a été le théâtre de si magnifiques événements, qu'il faut en décrire le cours avec quelque soin*.

Les eaux du Tyrol forment deux lignes, celle du Mincio et celle de l'Adige, presque parallèles, et s'appuyant l'une l'autre. Une partie de ces eaux forme dans les montagnes un lac vaste et allongé, qu'on appelle le lac de Garda; elles en sortent à Peschiera pour traverser la plaine du Mantouan, deviennent le Mincio, forment ensuite un nouveau lac autour de Mantoue, et vont se jeter enfin dans le Bas-Pô. L'Adige, formé des eaux des hautes vallées du Tyrol, coule au-delà de la ligne précédente; il descend à travers les montagnes parallèlement du lac de Garda, débouche dans la plaine aux environs de Vérone, court alors parallèlement au Mincio, se creuse un lit large et profond jusqu'à Legnago, et, à quelques lieues de cette ville, cesse d'être encaissé, et peut se changer en inondations impraticables, qui interceptent tout l'espace compris entre Legnago et l'Adriatique. Trois routes s'offraient à l'ennemi : l'une, franchissant l'Adige à la hauteur de Roveredo, avant la naissance du lac de Garda, tournait autour de ce lac, et venait aboutir sur ses derrières à Salo, Gavardo et

* Voyez la carte jointe à ce volume.

Brescia. Deux autres routes partant de Roveredo, suivaient les deux rives de l'Adige, dans son cours le long du lac de Garda. L'une, longeant la rive droite, circulait entre ce fleuve et le lac, passait à travers des montagnes, et venait déboucher dans la plaine entre le Mincio et l'Adige. L'autre, suivant la rive gauche, débouchait dans la plaine vers Vérone, et aboutissait ainsi sur le front de la ligne défensive. La première des trois, celle qui franchit l'Adige avant la naissance du lac de Garda, présentait l'avantage de tourner à la fois les deux lignes du Mincio et de l'Adige, et de conduire sur les derrières de l'armée qui les gardait. Mais elle n'était pas très-praticable; elle n'était accessible qu'à l'artillerie de montagne, et dès lors pouvait servir à une diversion, mais non à une opération principale. La seconde, descendant des montagnes entre le lac et l'Adige, passait le fleuve à Rivalta ou à Dolce, points où il était peu défendu; mais elle circulait dans les montagnes, à travers des positions faciles à défendre, telles que celles de la Corona et de Rivoli. La troisième enfin, circulant au-delà du fleuve jusqu'au milieu de la plaine, débouchait extérieurement, et venait tomber vers la partie la mieux défendue de son cours, de Vérone à Legnago. Ainsi les trois routes presentaient des difficultés fort grandes. La première ne pouvait être occupée que par un détachement; la seconde, passant entre le lac et le fleuve, rencontrait les positions de la Corona et de Rivoli; la troisième venait donner contre l'Adige, qui, de Vérone à Legnago, a un lit large et profond, et est défendu par deux places, à huit lieues l'une dè l'autre.

Bonaparte avait placé le général Sauret avec trois mille hommes à Salo, pour garder la route qui débouche sur les derrières du lac de Garda. Masséna, avec douze mille, interceptait la route qui passe entre le lac de Garda et l'Adige, et occupait les positions de la Corona et de Rivoli. Despinois, avec cinq mille, était dans les environs de Vérone; Augereau, avec huit mille, à Legnago; Kilmaine, avec deux mille chevaux et l'artillerie légère, était en réserve dans une position centrale, à Castel-Novo. C'est là que Bonaparte avait placé son quartier-général, pour être à égale distance de Salo, Rivoli et Vérone. Comme il tenait beaucoup à Vérone, qui renfermait trois ponts sur l'Adige, et qu'il se défiait des intentions de Venise, il songea à en faire sortir les régiments esclavons. Il prétendit qu'ils étaient en hostilité avec les troupes françaises; et, sous prétexte de prévenir les rixes, il les fit sortir de la place. Le provéditeur obéit, et il ne resta dans Vérone que la garnison française.

Wurmser avait porté son quartier-général à Trente et Roveredo. Il détacha vingt mille hommes sous Quasdanovich, pour prendre la route qui tourne le lac de Garda, et vint déboucher sur Salo. Il en prit quarante mille avec lui, et les distribua sur les deux routes qui longent l'Adige. Les uns devaient attaquer la Corona et Rivoli, les autres déboucher sur Vérone. Il croyait envelopper ainsi l'armée française, qui, étant attaquée à la fois sur l'Adige, et par derrière le lac de Garda, se trouvait exposée à être forcée sur son front, et à être coupée de sa ligne de retraite.

La renommée avait devancé l'arrivée de Wurmser. Dans toute l'Italie on attendait sa venue, et le parti ennemi de l'indépendance italienne se montrait plein de joie et de hardiesse. Les Vénitiens laissèrent éclater une satisfaction qu'ils ne pouvaient plus contenir. Les soldats esclavons couraient les places publiques, et, tendant la main aux passants, demandaient le prix du sang français qu'ils allaient répandre. A Rome, les agents de la France furent insultés; le pape, enhardi par l'espoir d'une délivrance prochaine, fit rétrograder les voitures portant le premier à-compte de la contribution qui lui était imposée; il renvoya même son légat à Ferrare et Bologne. Enfin, la cour de Naples, toujours aussi insensée, foulant aux pieds les conditions de l'armistice, fit marcher des troupes sur les frontières des États romains. La plus cruelle anxiété régnait au contraire dans les villes dévouées à la France et à la liberté. On attendait avec impatience les nouvelles de l'Adige. L'imagination italienne qui grossit tout, avait exagéré la disproportion des forces. On disait que Wurmser arrivait avec deux armées, l'une de soixante, et l'autre de quatre-vingt mille hommes. On se demandait comment ferait cette poignée de Français pour résister à une si grande masse d'ennemis; on se répétait le fameux proverbe, que l'*Italie était le tombeau des Français.*

Le 11 thermidor an IV (29 juillet), les Autrichiens se trouvèrent en présence de nos postes et les surprirent tous. Le corps qui avait tourné le lac de Garda arriva sur Salo, d'où il repoussa le général Sauret. Le général Guyeux y resta seul avec quelques cents hommes, et s'enferma dans un vieux bâtiment, d'où il refusa de sortir, quoiqu'il n'eût ni pain ni eau, et à peine quelques munitions. Sur les deux routes qui longent l'Adige, les Autrichiens s'avancèrent avec le même avantage;

ils forcèrent l'importante position de la Corona, entre l'Adige et le lac de Garda; ils franchirent également la troisième route, et vinrent déboucher devant Vérone. Bonaparte, à son quartier-général de Castel-Novo, recevait toutes ces nouvelles. Les courriers se succédaient sans relâche, et dans la journée du lendemain, 12 thermidor (30 juillet), il apprit que les Autrichiens s'étaient portés de Salo sur Brescia, et qu'ainsi sa retraite sur Milan était fermée, que la position de Rivoli était forcée comme celle de la Corona, et que les Autrichiens allaient passer l'Adige partout. Dans cette situation alarmante, ayant perdu sa ligne défensive et sa ligne de retraite, il était difficile qu'il ne fût pas ébranlé. C'était la première épreuve du malheur. Soit qu'il fût saisi par l'énormité du péril, soit que, prêt à prendre une détermination téméraire, il voulût partager la responsabilité avec ses généraux, il leur demanda leur avis pour la première fois, et assembla un conseil de guerre. Tous opinèrent pour la retraite. Sans point d'appui devant eux, ayant perdu l'une des deux routes de France, il n'en était aucun qui crût prudent de tenir. Augereau seul, dont ces journées furent les plus belles de sa vie, insista fortement pour tenter la fortune des armes. Il était jeune, ardent; il avait appris dans les faubourgs à bien parler le langage des camps, et il déclara qu'il avait de bons grenadiers qui ne se retireraient pas sans combattre. Peu capable de juger les ressources qu'offraient encore la situation des armées et la nature du terrain, il n'écoutait que son courage, et il échauffa de son ardeur guerrière le génie de Bonaparte. Celui-ci congédia ses généraux sans exprimer son avis, mais son plan était arrêté. Quoique la ligne de l'Adige fût forcée, et que celle du Mincio et du lac de Garda fût tournée, le terrain était si heureux, qu'il présentait encore des ressources à un homme de génie résolu.

Les Autrichiens, partagés en deux corps, descendaient le long des deux rives du lac de Garda : leur jonction s'opérait à la pointe du lac, et, arrivés là, ils avaient soixante mille hommes pour en accabler trente. Mais, en se concentrant à la pointe du lac, on empêchait leur jonction. En formant assez rapidement une masse principale, on pouvait accabler les vingt mille qui avaient tourné le lac, et revenir aussitôt après vers les quarante mille qui avaient filé entre le lac et l'Adige. Mais pour occuper la pointe du lac, il fallait y ramener toutes les troupes du Bas-Adige et du Bas-Mincio; il fallait retirer Augereau de Legnago, et

Serrurier de Mantoue, car on ne pouvait plus tenir une ligne aussi étendue. C'était un grand sacrifice, car on assiégeait Mantoue depuis deux mois, on y avait transporté un grand matériel, la place allait se rendre, et en la laissant ravitailler, on perdait le fruit de longs travaux, et une proie presque assurée. Bonaparte cependant n'hésita pas, et, entre deux buts importants, sut saisir le plus important et y sacrifier l'autre : résolution simple, et qui décèle non pas le grand capitaine, mais le grand homme. Ce n'est pas à la guerre seulement, c'est aussi en politique, et dans toutes les situations de la vie qu'on trouve deux buts, qu'on veut les tenir l'un et l'autre, et qu'on les manque tous les deux. Bonaparte eut cette force si grande et si rare du choix et du sacrifice. En voulant garder tout le cours du Mincio, depuis la pointe du lac de Garda jusqu'à Mantoue, il eût été percé; en se concentrant sur Mantoue pour la couvrir, il aurait eu soixante-dix mille hommes à combattre à la fois, dont soixante mille de front, et dix mille à dos. Il sacrifia Mantoue, et se concentra à la pointe du lac de Garda. Ordre fut donné sur-le-champ à Augereau de quitter Legnago, à Serrurier de quitter Mantoue, pour se concentrer vers Valeggio et Peschiera, sur le Haut-Mincio. Dans la nuit du

13 thermidor (31 juillet), Serrurier brûla ses affûts, encloua ses canons, enterra ses projectiles, et jeta ses poudres à l'eau, pour aller joindre l'armée active.

Bonaparte, sans perdre un seul instant, voulut marcher d'abord sur le corps ennemi le plus engagé, et le plus dangereux par la position qu'il avait prise. C'étaient les vingt mille hommes de Quasdanovich, qui avaient débouché par Salo, Gavardo et Brescia, sur les derrières du lac de Garda, et qui menaçaient la communication avec Milan. Le jour même où Serrurier abandonnait Mantoue, le 13 (31 juillet), Bonaparte rétrograda pour aller tomber sur Quasdanovich, et repassa le Mincio, à Peschiera, avec la plus grande partie de son armée. Augereau le repassa à Borghetto, à ce même pont, témoin d'une action glorieuse au moment de la première conquête. On laissa des arrière-gardes pour surveiller la marche de l'ennemi, qui avait passé l'Adige. Bonaparte ordonna au général Sauret d'aller dégager le général Guyeux, qui était enfermé dans un vieux bâtiment avec dix-sept cents hommes, sans avoir ni pain ni eau, et qui se battait héroïquement depuis deux jours. Il résolut de marcher lui-même sur Lonato, où Quasdanovich venait déjà de pousser une division, et il ordonna à Augereau de se porter sur Brescia, pour rouvrir la communication avec Milan. Sauret réussit en effet à dégager le général Guyeux, repoussa les Autrichiens dans les montagnes, et leur fit quelques cents prisonniers. Bonaparte, avec la brigade d'Allemagne, n'eut pas le temps d'attaquer les Autrichiens à Lonato; il fut prévenu. Après un combat des plus vifs, il repoussa l'ennemi, entra à Lonato, et fit six cents prisonniers. Augereau, pendant ce temps, marchait sur Brescia; il y entra le lendemain 14 (1er août), sans coup férir, délivra quelques prisonniers qu'on nous y avait faits, et força les Autrichiens à rebrousser vers les montagnes. Quasdanovich, qui croyait arriver sur les derrières de l'armée française et la surprendre, fut étonné de trouver partout des masses imposantes, et faisant front avec tant de vigueur. Il avait perdu peu de monde, tant à Salo qu'à Lonato; mais il crut devoir faire halte, et ne pas s'engager davantage, avant de savoir ce que devenait Wurmser avec la principale masse autrichienne. Il s'arrêta.

Bonaparte s'arrêta aussi de son côté. Le temps était précieux : sur ce point il ne fallait pas pousser un succès plus qu'il ne convenait. C'était assez d'avoir imposé à Quasdanovich; il fallait revenir maintenant pour faire face à

Wurmser. Il rétrograda avec les divisions Masséna et Augereau. Le 15 (2 août), il plaça la division Masséna à Pont-San-Marco, et la division Augereau à Monte-Chiaro. Les arrière-gardes qu'il avait laissées sur le Mincio devinrent ses avant-gardes. Il était temps d'arriver; car les quarante mille hommes de Wurmser avaient franchi non-seulement l'Adige, mais le Mincio. La division Bayalitsch ayant masqué Peschiera par un détachement, et passé le Mincio, s'avançait sur la route de Lonato. La division Liptai avait franchi le Mincio à Borghetto, et repoussé de Castiglione le général Valette. Wurmser était allé, avec deux divisions d'infanterie et une de cavalerie, débloquer Mantoue. En voyant nos affûts en cendres, nos canons encloués, et les traces d'une extrême précipitation, il n'y vit point le calcul du génie, mais un effet de l'épouvante; il fut plein de joie, et entra en triomphe dans la place qu'il venait délivrer : c'était le 15 thermidor (2 août).

Bonaparte, revenu à Pont-San-Marco et à Monte-Chiaro, ne s'arrêta pas un instant. Ses troupes n'avaient cessé de marcher; lui-même avait toujours été à cheval; il résolut de les faire battre dès le lendemain matin. Il avait devant lui Bayalitsch à Lonato, Liptai à Castiglione, présentant à eux deux un front de vingt-cinq mille hommes. Il fallait les attaquer avant que Wurmser revînt de Mantoue. Sauret venait une seconde fois d'abandonner Salo; Bonaparte y envoya de nouveau Guyeux, pour reprendre la position et contenir toujours Quasdanovich. Après ces précautions sur sa gauche et ses derrières, il résolut de marcher devant lui à Lonato, avec Masséna, et de jeter Augereau sur les hauteurs de Castiglione, abandonnées la veille par le général Valette. Il destitua ce général devant l'armée, pour faire à tous ses lieutenants un devoir de la fermeté. Le lendemain 16 (3 août), toute l'armée s'ébranla; Guyeux rentra à Salo, ce qui rendit encore plus impossible toute communication de Quasdanovich avec l'armée autrichienne. Bonaparte s'avança sur Lonato; mais son avant-garde fut culbutée, quelques pièces furent prises, et le général Pigeon resta prisonnier. Bayalitsch, fier de ce succès, s'avança avec confiance, et étendit ses ailes autour de la division française. Il avait deux buts en faisant cette manœuvre, d'abord d'envelopper Bonaparte, et puis de s'étendre par sa droite, pour entrer en communication avec Quasdanovich, dont il entendait le canon à Salo. Bonaparte, ne s'effrayant point pour ses derrières, se laisse envelopper avec un imperturbable sang-froid; il jette quelques tirailleurs sur ses ailes menacées, puis il saisit les dix-huitième et trente-deuxième demi-brigades d'infanterie, les range en colonne serrée, les fait appuyer par un régiment de dragons, et fond, tête baissée, sur le centre de l'ennemi, qui s'était affaibli pour s'étendre. Il renverse tout avec cette brave infanterie, et perce ainsi la ligne des Autrichiens. Ceux-ci, coupés en deux corps, perdent aussitôt la tête; une partie de cette division Bayalitsch se replie en toute hâte vers le Mincio; mais l'autre, qui s'était étendue pour communiquer avec Quasdanovich, se trouve rejetée vers Salo, où Guyeux se trouvait dans le moment. Bonaparte la fait poursuivre sans relâche, pour la mettre entre deux feux. Il lance Junot à sa poursuite avec un régiment de cavalerie. Junot se précipite au galop, tue six cavaliers de sa main, et tombe blessé de plusieurs coups de sabre. La division fugitive, prise entre le corps qui était à Salo et celui qui la poursuivait de Lonato, s'éparpille, se met en déroute, et laisse à chaque pas des milliers de prisonniers. Pendant qu'on achevait la poursuite, Bonaparte se porte sur sa droite, à Castiglione, où Augereau combattait depuis le matin avec une admirable bravoure. Il lui fallait enlever des hauteurs où la division Liptai s'était placée. Après un combat opiniâtre plusieurs fois recommencé, il en était enfin venu à bout, et Bonaparte, en arrivant, trouva l'ennemi qui se retirait de toutes parts. Telle fut la bataille dite de Lonato, livrée le 16 thermidor (3 août).

Les résultats en étaient considérables. On avait pris vingt pièces de canon, fait trois mille prisonniers à la division coupée et rejetée sur Salo, et l'on poursuivait les restes épars dans les montagnes. On avait fait mille ou quinze cents prisonniers à Castiglione; on avait tué ou blessé trois mille hommes; donné l'épouvante à Quasdanovich, qui, trouvant l'armée française devant lui à Salo, et l'entendant au loin à Lonato, la croyait partout. On avait ainsi presque désorganisé les divisions Bayalitsch et Liptai, qui se repliaient sur Wurmser. Ce général arrivait en ce moment avec quinze mille hommes, pour rallier à lui les deux divisions battues, et commençait à s'étendre dans les plaines de Castiglione. Bonaparte le vit, le lendemain matin 17 (4 août), se mettre en ligne pour recevoir le combat. Il résolut de l'aborder de nouveau, et de lui livrer une dernière bataille, qui devait décider du sort de l'Italie. Mais pour cela il fallait réunir à Castiglione toutes les troupes disponibles. Il remit donc au lendemain 18 (5 août) cette bataille décisive. Il repartit au galop pour Lonato, afin d'activer lui-même le mouvement de ses troupes. Il avait en quelques jours crevé cinq chevaux. Il ne s'en fiait à personne de l'exécution de ses ordres; il voulait tout voir, tout vérifier de ses yeux, tout animer de sa présence. C'est ainsi qu'une grande ame se communique à une vaste masse, et la remplit de son feu. Il arriva à Lonato au milieu du jour. Déjà ses ordres s'exécutaient; une partie des troupes était en marche sur Castiglione; les autres se portaient vers Salo et Gavardo. Il restait tout au plus mille hommes à Lonato. A peine Bonaparte y est-il entré, qu'un parlementaire autrichien se présente, et vient le sommer de se rendre. Le général surpris ne comprend pas d'abord comment il est possible qu'il soit en présence des Autrichiens. Cependant il se l'explique bientôt. La division coupée la veille à la bataille de Lonato, et rejetée sur Salo, avait été prise en partie; mais un corps de quatre mille hommes à peu près avait erré toute la nuit dans les montagnes, et voyant Lonato presque abandonné, cherchait à y rentrer pour s'ouvrir une issue sur le Mincio. Bonaparte n'avait qu'un millier d'hommes à lui opposer, et surtout n'avait pas le temps de livrer un combat. Sur-le-champ il fait monter à cheval tout ce qu'il avait d'officiers autour de lui. Il ordonne qu'on amène le parlementaire, et qu'on lui débande les yeux. Celui-ci est saisi d'étonnement en voyant ce nombreux état-major. « Malheureux, lui dit Bonaparte, vous ne sa-« vez donc pas que vous êtes en présence du « général en chef, et qu'il est ici avec toute « son armée ! Allez dire à ceux qui vous en-« voient, que je leur donne cinq minutes pour « se rendre, ou que je les ferai passer au fil « de l'épée, pour les punir de l'outrage qu'ils « osent me faire. » Sur-le-champ il fait approcher son artillerie, menaçant de faire feu sur les colonnes qui s'avancent. Le parlementaire va rapporter cette réponse, et les quatre mille hommes mettent bas les armes devant mille*. Bonaparte, sauvé par cet acte de présence d'esprit, donna ses ordres pour la lutte qui allait se livrer. Il joignit de nouvelles troupes à celles qui étaient déjà dirigées sur Salo. La division Despinois fut réunie à la division Sauret, et

* Ce fait a été révoqué en doute par un historien, M. Botta, mais il est confirmé par toutes les relations; et j'ai reçu l'attestation de son authenticité, de l'ordonnateur en chef de l'armée active, M. Aubernon, qui a passé les quatre mille prisonniers en revue.

toutes deux, profitant de l'ascendant de la victoire, durent attaquer Quasdanovich, et le rejeter définitivement dans les montagnes. Il ramena tout le reste à Castiglione. Il y revint dans la nuit, ne prit pas un instant de repos, et après avoir changé de cheval, courut sur le champ de bataille, afin de faire ses dispositions. Cette journée allait décider du destin de l'Italie.

C'était dans la plaine de Castiglione qu'on allait combattre. Une suite de hauteurs, formées par les derniers bancs des Alpes, se prolongent de la Chiesa au Mincio, par Lonato, Castiglione, Solferino. Au pied de ces hauteurs s'étend la plaine qui allait servir de champ de bataille. Les deux armées y étaient en présence, perpendiculairement à la ligne des hauteurs, à laquelle toutes deux appuyaient une aile. Bonaparte y appuyait sa gauche, Wurmser sa droite. Bonaparte avait vingt-deux mille hommes au plus; Wurmser en comptait trente mille. Ce dernier avait encore un autre avantage : son aile qui était dans la plaine, était couverte par une redoute placée sur le mamelon de Medolano. Ainsi il était appuyé des deux côtés. Pour balancer les avantages du nombre et de la position, Bonaparte comptait sur l'ascendant de la victoire, et sur ses manœuvres. Wurmser devait tendre à se prolonger par sa droite, qui s'appuyait à la ligne des hauteurs, pour s'ouvrir une communication vers Lonato et Salo. C'est ainsi qu'avait fait Bayalitsch l'avant-veille, et c'est ainsi que devait faire Wurmser, dont tous les vœux devaient avoir pour but la réunion avec son grand détachement. Bonaparte résolut de favoriser ce mouvement dont il espérait tirer un grand parti. Il avait maintenant sous sa main la division Serrurier, qui, poursuivie par Wurmser depuis qu'elle avait quitté Mantoue, n'avait pu jusqu'ici entrer en ligne. Elle arrivait par Guidizzolo. Bonaparte lui ordonna de déboucher vers Cauriana, sur les derrières de Wurmser. Il attendait son feu pour commencer le combat.

Dès la pointe du jour, les deux armées entrèrent en action. Wurmser, impatient d'attaquer, ébranla sa droite le long des hauteurs; Bonaparte, pour favoriser ce mouvement, replia sa gauche, qui était formée par la division Masséna; il maintint son centre immobile dans la plaine. Bientôt il entendit le feu de Serrurier. Alors, tandis qu'il continuait à replier sa gauche, et que Wurmser continuait à prolonger sa droite, il fit attaquer la redoute de Medolano. Il dirigea d'abord vingt pièces d'artillerie légère sur cette redoute, et, après l'avoir vivement canonnée, il détacha le général Verdier, avec trois bataillons de grenadiers, pour l'emporter. Ce brave général s'avança, appuyé par un régiment de cavalerie, et enleva la redoute. Le flanc gauche des Autrichiens fut alors découvert, à l'instant même où Serrurier, arrivé à Cauriana, répandait l'alarme sur leurs derrières. Wurmser jeta aussitôt une partie de sa seconde ligne à sa gauche, privée d'appui, et la plaça en potence pour faire face aux Français qui débouchaient de Medolano. Il porta le reste de sa seconde ligne en arrière, pour couvrir Cauriana, et continua ainsi à faire tête à l'ennemi. Mais Bonaparte, saisissant le moment avec sa promptitude accoutumée, cesse aussitôt de refuser sa gauche et son centre; il donne à Masséna et Augereau le signal qu'ils attendaient impatiemment. Masséna, avec la gauche, Augereau, avec le centre, fondent sur la ligne affaiblie des Autrichiens, et la chargent avec impétuosité. Attaquée si brusquement sur tout son front, menacée sur sa gauche et ses derrières, elle commence à céder le terrain. L'ardeur des Français redouble. Wurmser, voyant son armée compromise, donne alors le signal de la retraite. On le poursuit en lui faisant des prisonniers. Pour le mettre dans une déroute complète, il fallait redoubler de célérité, et le pousser en désordre sur le Mincio. Mais, depuis six jours, les troupes marchaient et se battaient sans relâche; elles ne pouvaient plus avancer, et couchèrent sur le champ de bataille. Wurmser n'avait perdu que deux mille hommes ce jour-là, mais il n'en avait pas moins perdu l'Italie.

Le lendemain Augereau se porta au pont de Borghetto, et Masséna devant Peschiera. Augereau engagea une canonnade qui fut suivie de la retraite des Autrichiens; et Masséna livra un combat d'arrière-garde à la division qui avait masqué Peschiera. Le Mincio fut abandonné par Wurmser; il reprit la route de Rivoli, entre l'Adige et le lac de Garda, pour rentrer dans le Tyrol. Masséna le suivit à Rivoli, à la Corona, et reprit ses anciennes positions. Augereau se présenta devant Vérone. Le provéditeur vénitien, pour donner aux Autrichiens le temps d'évacuer la ville et de sauver leurs bagages, demandait deux heures de temps avant d'ouvrir les portes; Bonaparte les fit enfoncer à coups de canon. Les Véronais, qui étaient dévoués à la cause de l'Autriche, et qui avaient manifesté hautement leurs sentiments au moment de la retraite des Français, craignaient le courroux du vainqueur; mais il fit observer à leur égard les plus grands ménagements.

Du côté de Salo et de la Chiesa, Quasdanovich faisait une retraite pénible par derrière le lac de Garda. Il voulut s'arrêter et défendre le défilé, dit la Rocca-d'Anfo; mais il fut battu, et perdit douze cents hommes. Bientôt les Français eurent repris toutes leurs anciennes positions.

Cette campagne avait duré six jours; et dans ce court espace de temps, trente et quelques mille hommes en avaient mis soixante mille hors de combat. Wurmser avait perdu vingt mille hommes, dont sept à huit mille tués ou blessés, et douze ou treize mille prisonniers. Il était rejeté dans les montagnes, et réduit à l'impossibilité de tenir la campagne. Ainsi s'était évanouie cette formidable expédition, devant une poignée de braves. Ces résultats extraordinaires et inouis dans l'histoire étaient dus à la promptitude et à la vigueur de résolution du jeune chef. Tandis que deux armées redoutables couvraient les deux rives du lac de Garda, et que tous les courages étaient ébranlés, il avait su réduire toute la campagne à une seule question, la jonction de ces deux armées à la pointe du lac de Garda; il avait su faire un grand sacrifice, celui du blocus de Mantoue, pour se concentrer au point décisif; et, frappant alternativement des coups terribles sur chacune des masses ennemies, à Salo, à

Lonato, à Castiglione, il les avait successivement désorganisées et rejetées dans les montagnes d'où elles étaient sorties.

Les Autrichiens étaient saisis d'effroi; les Français transportés d'admiration pour leur jeune chef. La confiance et le dévouement en lui étaient au comble. Un bataillon pouvait en faire fuir trois. Les vieux soldats qui l'avaient nommé caporal à Lodi, le firent sergent à Castiglione. En Italie la sensation fut profonde. Milan, Bologne, Ferrare, les villes du duché de Modène, et tous les amis de la liberté, furent transportés de joie. La douleur se répandit dans les couvents et chez toutes les vieilles aristocraties. Les gouvernements qui avaient fait des imprudences, Venise, Rome, Naples, étaient épouvantés.

Bonaparte, jugeant sainement sa position, ne crut pas la lutte terminée, quoiqu'il eût enlevé à Wurmser vingt mille hommes. Le vieux maréchal se retirait dans les Alpes avec quarante mille. Il allait les reposer, les rallier, les recruter, et il était à présumer qu'il fondrait encore une fois sur l'Italie. Bonaparte avait perdu quelques mille hommes, prisonniers, tués ou blessés; il en avait beaucoup dans les hôpitaux : il jugea qu'il fallait temporiser encore, avoir toujours les yeux sur le Tyrol, et les pieds sur l'Adige, et se contenter d'imposer aux puissances italiennes, en attendant qu'il eût le temps de les châtier. Il se contenta d'apprendre aux Vénitiens qu'il était instruit de leurs armements, et continua à se faire nourrir à leurs frais, ajournant encore les négociations pour une alliance. Il avait appris l'arrivée à Ferrare d'un légat du pape, qui était venu pour reprendre possession des légations; il le manda à son quartier-général. Ce légat, qui était le cardinal Mattei, tomba à ses pieds en disant: *Peccavi*. Bonaparte le mit aux arrêts dans un séminaire. Il écrivit à M. d'Azara, qui était son intermédiaire auprès des cours de Rome et de Naples; il se plaignit à lui de l'imbécillité et de la mauvaise foi du gouvernement papal, et lui annonça son intention de revenir bientôt sur ses derrières, si on l'y obligeait. Quant à la cour de Naples, il prit le langage le plus menaçant. « Les Anglais, dit-il à M. d'Azara, ont persuadé au roi de Naples qu'il était quelque chose; moi, je lui prouverai qu'il n'est rien. S'il persiste, au mépris de l'armistice, à se mettre sur les rangs, je prends l'engagement, à la face de l'Europe, de marcher contre ses prétendus soixante-dix mille hommes avec six mille grenadiers, quatre mille chevaux, et cinquante pièces de canon. »

Il écrivit une lettre polie, mais ferme, au duc de Toscane, qui avait laissé occuper aux Anglais Porto-Ferajo, et lui dit que la France pourrait le punir de cette négligence en occupant ses états, mais qu'elle voulait bien n'en rien faire, en considération d'une ancienne amitié. Il changea la garnison de Livourne, afin d'imposer à la Toscane par un mouvement de troupes. Il se tut avec Gênes. Il écrivit une lettre vigoureuse au roi de Piémont, qui souffrait les Barbets dans ses états, et fit partir une colonne de douze cents hommes avec une commission militaire ambulante, pour saisir et fusiller les Barbets trouvés sur les routes. Le peuple de Milan avait montré les dispositions les plus amicales aux Français. Il lui adressa une lettre délicate et noble, pour le remercier. Ses dernières victoires lui donnant des espérances plus fondées de conserver l'Italie, il crut pouvoir s'engager davantage avec les Lombards; il leur accorda des armes, et leur permit de lever une légion à leur solde, dans laquelle s'enrôlèrent en foule les Italiens attachés à la liberté, et les Polonais errants en Europe depuis le dernier partage. Bonaparte témoigna sa satisfaction aux peuples de Bologne et de Ferrare. Ceux de Modène demandaient à être affranchis de la régence établie par leur duc;

Bonaparte avait déjà quelques motifs de rompre l'armistice, car la régence avait fait passer des vivres à la garnison de Mantoue. Il voulut attendre encore. Il demanda des secours au directoire pour réparer ses pertes, et se tint à l'entrée des gorges du Tyrol, prêt à fondre sur Wurmser, et à détruire les restes de son armée, dès qu'il apprendrait que Moreau avait passé le Danube.

Pendant que ces grands événements se passaient en Italie, il s'en préparait d'autres sur le Danube. Moreau avait poussé l'archiduc pied à pied, et était arrivé dans le milieu de thermidor (premiers jours d'août) sur le Danube. Jourdan se trouvait sur la Naab, qui tombe dans ce fleuve. La chaîne de l'Alb, qui sépare le Necker du Danube, se compose de montagnes de moyenne hauteur, terminées en plateaux, traversées par des défilés, étroits comme des fissures de rochers. C'est par ces défilés que Moreau avait débouché sur le Danube, dans un pays inégal, coupé de ravins et couvert de bois. L'archiduc, qui nourrissait le dessein de se concentrer sur le Danube, et de reprendre force sur cette ligne puissante, forma tout-à-coup une résolution qui faillit compromettre ses sages projets. Il apprenait que Wartensleben, au lieu de se replier sur lui, le plus près possible de Donawerth, se repliait vers la Bohême, dans la sotte pensée de la couvrir; il craignait que, profitant de ce faux mouvement, qui découvrait le Danube, l'armée de Sambre-et-Meuse ne voulût en tenter le passage. Il voulait donc le passer lui-même, pour filer rapidement sur l'autre rive, et aller faire tête à Jourdan. Mais le fleuve était encombré de ses magasins, et il lui fallait encore du temps pour les faire évacuer; il ne voulait pas d'ailleurs exécuter le passage sous les yeux de Moreau et trop près de ses coups, et il songea à l'éloigner, en lui livrant bataille avec le Danube à dos : mauvaise pensée dont il s'est blâmé sévèrement depuis, car elle l'exposait à être jeté dans le fleuve, ou du moins à ne pas y arriver entier, condition indispensable pour le succès de ses projets ultérieurs.

Le 24 thermidor (11 août), il s'arrêta devant les positions de Moreau, pour lui livrer une attaque générale. Moreau était à Neresheim, tenant les positions de Dunstelkingen et de Dischingen par sa droite et son centre, et celle de Nordlingen par sa gauche. L'archiduc, voulant d'abord l'écarter du Danube, puis le couper, s'il était possible, des montagnes par lesquelles il avait débouché, et enfin l'empêcher de communiquer avec Jourdan, l'attaqua, pour arriver à toutes ses fins, sur tous les points à la fois. Il parvint à tourner la droite de Moreau, en dispersant ses flanqueurs; il s'avança jusqu'à Heidenheim, presque sur ses derrières, et y jeta une telle alarme, que tous les parcs rétrogradèrent. Au centre, il tenta une attaque vigoureuse, mais qui ne fut pas assez décisive. A la gauche, vers Nordlingen, il fit des démonstrations menaçantes. Moreau ne s'intimida ni des démonstrations faites à sa gauche, ni de l'excursion derrière sa droite; et, jugeant avec raison que le point essentiel était au centre, fit le contraire de ce que font les généraux ordinaires, toujours alarmés lorsqu'on menace de les déborder; il affaiblit ses ailes au profit du centre. Sa prévision était juste; car l'archiduc, redoublant d'efforts au centre vers Dunstelkingen, fut repoussé avec perte. On coucha de part et d'autre sur le champ de bataille.

Le lendemain, Moreau se trouva fort embarrassé par le mouvement rétrograde de ses parcs, qui le laissait sans munitions. Cependant il pensa qu'il fallait payer d'audace, et faire mine de vouloir attaquer. Mais l'archiduc, pressé de repasser le Danube, n'avait nulle envie de recommencer le combat : il fit sa retraite avec beaucoup de fermeté sur le fleuve, le repassa sans être inquiété par Moreau, et en coupa les ponts jusqu'à Donawerth. Là, il apprit ce qui s'était passé entre les deux armées qui avaient opéré par le Mein. Wartensleben ne s'était pas jeté en Bohème comme il le craignait, il était resté sur la Naab en présence de Jourdan. Le jeune prince autrichien forma une résolution très-belle, qui était la conséquence de sa longue retraite, et qui était propre à décider la campagne. Son but, en se repliant sur le Danube, avait été de s'y concentrer, pour être en mesure d'agir sur l'une ou sur l'autre des deux armées françaises, avec une masse supérieure de forces. La bataille de Neresheim aurait pu compromettre ce plan, si, au lieu d'être incertaine, elle avait été tout-à-fait malheureuse. Mais s'étant retiré entier sur le Danube, il pouvait maintenant profiter de l'isolement des armées françaises, et tomber sur l'une des deux. En conséquence, il résolut de laisser le général Latour avec trente-six mille hommes pour occuper Moreau, et de se porter de sa personne avec vingt-cinq mille vers Wartensleben, afin d'accabler Jourdan par cette réunion de forces. L'armée de Jourdan était la plus faible des deux. A une aussi grande distance de sa base, elle ne comptait guère plus de quarante-cinq mille hommes. Il était évident qu'elle ne pourrait pas résister, et qu'elle allait même se trouver exposée à de grands désastres. Jourdan étant battu et ramené sur le Rhin, Moreau, de son côté, ne pouvait rester en Bavière, et l'archiduc pouvait même se porter sur le Necker et le prévenir sur sa ligne de retraite. Cette conception si juste a été regardée comme la plus belle dont puissent s'honorer les généraux autrichiens pendant ces longues guerres; comme celles qui dans le moment signalaient le génie de Bonaparte en Italie, elle appartenait à un jeune homme.

L'archiduc partit d'Ingolstadt le 29 thermidor (16 août), cinq jours après la bataille de Neresheim. Jourdan, placé sur la Naab, entre Naabourg et Schwandorff, ne s'attendait pas à l'orage qui se préparait sur sa tête. Il avait détaché le général Bernadotte à Neumark, sur sa droite, de manière à se mettre en communication avec Moreau; objet impossible à remplir, et pour lequel un corps détaché était inutilement compromis. Ce fut contre ce détachement que l'archiduc, arrivant du Danube, devait donner nécessairement. Le général Bernadotte, attaqué par des forces supérieures, fit une résistance honorable, mais fut obligé de repasser rapidement les montagnes par lesquelles l'armée avait débouché de la vallée du Mein dans celle du Danube. Il se retira à Nuremberg. L'archiduc, après avoir jeté un corps à sa poursuite, se porta avec le reste de ses forces sur Jourdan. Celui-ci, prévenu de l'arrivée d'un renfort, averti du danger qu'avait couru Bernadotte, et de sa retraite sur Nuremberg, se disposa à repasser aussi les montagnes. Au moment où il se mettait en marche, il fut attaqué à la fois par l'archiduc et par Wartensleben; il eut un combat difficile à soutenir à Amberg, et perdit sa route directe vers Nuremberg. Jeté avec ses parcs, sa cavalerie et son infanterie, dans des routes de traverse, il courut de grands dangers, et fit, pendant huit jours, une retraite des plus difficiles et des plus honorables pour les troupes et pour lui. Il se retrouva sur le Mein, à Schweinfurt, le 12 fructidor (29 août), se proposant de se diriger sur Wurtzbourg, pour y faire halte, y rallier ses corps, et tenter de nouveau le sort des armes.

Pendant que l'archiduc exécutait ce beau mouvement sur l'armée de Sambre-et-Meuse, il fournissait à Moreau l'occasion d'en exécuter un pareil, aussi beau et aussi décisif. L'ennemi ne tente jamais une hardiesse sans se découvrir, et sans ouvrir de belles chances à son adversaire. Moreau, n'ayant plus que trente-huit mille hommes devant lui, pouvait facilement les accabler, en agissant avec un peu de vigueur. Il pouvait mieux (au jugement de Napoléon et de l'archiduc Charles), il pouvait tenter un mouvement dont les résultats auraient été immenses. Il devait lui-même suivre la marche de l'ennemi, se rabattre sur l'archiduc, comme ce prince se rabattait sur Jourdan, et arriver à l'improviste sur ses derrières. L'archiduc, pris entre Jourdan et Moreau, eût couru des dangers incalculables. Mais, pour cela, il fallait exécuter un mouvement très-étendu, changer tout-à-coup sa ligne d'opération, se jeter du Necker sur le Mein; il fallait surtout manquer aux instructions du directoire, qui prescrivaient de s'appuyer au Tyrol, afin de déborder les flancs de l'ennemi, et de communiquer avec l'armée d'Italie. Le jeune vainqueur de Castiglione n'aurait pas hésité à faire cette marche hardie, et à commettre une désobéissance, qui aurait décidé la campagne d'une manière victorieuse; mais Moreau était incapable d'une pareille détermination. Il resta plusieurs jours sur les bords du Danube, ignorant le départ de l'archiduc, et explorant lentement un terrain qui était alors peu connu. Ayant appris enfin le mouvement qui venait de s'opérer, il conçut des inquiétudes pour Jourdan; mais, n'osant prendre aucune détermination vigoureuse, il se décida à franchir le Danube, et à s'avancer en Bavière, pour essayer par-là de ramener l'archiduc à lui, tout en restant fidèle au plan du directoire. Il était cependant aisé de juger que l'archiduc ne quitterait pas Jourdan avant de l'avoir mis hors de combat, et ne se laisserait pas détourner de l'exécution d'un vaste plan, par une excursion en Bavière. Moreau n'en passa pas moins le Danube, à la suite de Latour, et s'approcha du Lech. Latour fit mine de disputer le passage du Lech; mais, trop étendu pour s'y soutenir, il fut obligé de l'abandonner, après avoir essuyé un combat malheureux à Friedberg. Moreau s'approcha ensuite de Munich; il se trouvait le 15 fructidor (1er septembre) à Dachau, Pfaffenhofen et Geisenfeld.

Ainsi la fortune commençait à nous être moins favorable en Allemagne, par l'effet d'un plan vicieux qui, séparant nos armées, les exposait à être battues isolément. D'autres résultats se préparaient encore en Italie.

On a vu que Bonaparte, après avoir rejeté les Autrichiens dans le Tyrol, et repris ses anciennes positions sur l'Adige, méditait de nouveaux projets contre Wurmser, auquel il n'était pas content d'avoir détruit vingt mille hommes, et dont il voulait ruiner entièrement l'armée. Cette opération était indispensable pour l'exécution de tous ses desseins en Italie. Wurmser détruit, il pourrait faire une pointe jusqu'à Trieste, ruiner ce point si important pour l'Autriche, revenir ensuite sur l'Adige, faire la loi à Venise, à Rome et à Naples, dont la malveillance était toujours aussi manifeste, et donner enfin le signal de la liberté en Italie, en constituant la Lombardie, les légations de Bologne et de Ferrare, peut-être même le duché de Modène, en république indépendante. Il résolut donc, pour accomplir tous ces projets, de monter dans le Tyrol, certain aujourd'hui d'être secondé par la présence de Moreau sur l'autre versant des Alpes.

Pendant que les troupes françaises employaient une vingtaine de jours à se reposer, Wurmser réorganisait et renforçait les siennes. De nouveaux détachements venus de l'Autriche, et les milices tyroliennes, lui permirent de porter son armée à près de cinquante mille hommes. Le conseil aulique lui envoya un autre chef d'état-major, le général du génie Laüer, avec de nouvelles instructions sur le plan à suivre pour enlever la ligne de l'Adige. Wurmser devait laisser dix-huit ou vingt mille hommes sous Davidovich, pour garder le Tyrol, et descendre avec le reste, par la vallée de la Brenta, dans les plaines du Vicentin et du Padouan. La Brenta prend naissance non loin de Trente, s'éloigne de l'Adige en forme de courbe, redevient parallèle à ce fleuve dans la plaine, et va finir dans l'Adriatique. Une chaussée, partant de Trente, conduit dans la vallée de la Brenta, et vient aboutir, par Bassano, dans les plaines du Vicentin et du Padouan. Wurmser devait parcourir cette vallée pour déboucher dans la plaine, et venir tenter le passage de l'Adige, entre Vérone et Legnago. Ce plan n'était pas mieux conçu que le précédent, car il avait toujours l'inconvénient de diviser les forces en deux corps, et de mettre Bonaparte au milieu.

Wurmser entrait en action, dans le même moment que Bonaparte. Celui-ci ignorant les projets de Wurmser, mais prévoyant avec une sagacité rare, que, pendant son excursion au fond du Tyrol, il serait possible que l'ennemi vînt tâter la ligne de l'Adige, de Vérone à Legnago, laissa le général Kilmaine à Vérone avec une réserve de près de trois mille hommes, et avec tous les moyens de résister pendant deux jours au moins. Le général Sahuguet resta avec une division de huit mille hommes devant Mantoue. Bonaparte partit avec vingt-huit mille, et remonta par les trois routes du Tyrol, celle qui circule derrière le lac de Garda, et les deux qui longent l'Adige. Le 17 fructidor (3 septembre) la division Sauret, devenue division Vaubois, après avoir circulé par derrière le lac de Garda, et livré plusieurs combats, arriva à Torbole, la pointe supérieure du lac. Le même jour, les divisions Masséna et Augereau, qui longeaient d'abord les deux rives de l'Adige, et qui s'étaient ensuite réunies sur la même rive par le pont de Golo, arrivèrent devant Seravalle. Elles livrèrent un combat d'avant-garde, et firent quelques prisonniers à l'ennemi.

Les Français avaient à remonter maintenant une vallée étroite et profonde : à leur gauche était l'Adige, à leur droite des montagnes élevées. Souvent le fleuve, serrant le pied des montagnes, ne laissait que la largeur de la chaussée, et formait ainsi d'affreux défilés à franchir. Il y en avait plus d'un de ce genre, pour pénétrer dans le Tyrol. Mais les Français, audacieux et agiles, étaient aussi propres à cette guerre qu'à celle qu'ils venaient de faire dans les vastes plaines du Mantouan.

Davidovich avait placé deux divisions, l'une

au camp de Mori, sur la rive droite de l'Adige, pour faire tête à la division Vaubois qui remontait la chaussée de Salo à Roveredo, par derrière le lac de Garda; l'autre à San-Marco, sur la rive gauche, pour garder le défilé contre Masséna et Augereau. Le 18 fructidor (4 septembre), on se trouva en présence. C'était la division Wukassovich qui défendait le défilé de San-Marco. Bonaparte, saisissant sur-le-champ le genre de tactique convenable aux lieux, forme deux corps d'infanterie légère, et les distribue à droite et à gauche, sur les hauteurs environnantes; puis, quand il a fatigué quelque temps les Autrichiens, il forme la dix-huitième demi-brigade en colonne serrée par bataillons, et ordonne au général Victor de percer avec elle le défilé. Un combat violent s'engage; les Autrichiens résistent d'abord; mais Bonaparte décide l'action, en ordonnant au général Dubois de charger à la tête des hussards. Ce brave général fond sur l'infanterie autrichienne, la rompt, et tombe percé de trois balles. On l'emporte expirant. « Avant que je meure, dit-il à Bonaparte, fai-« tes-moi savoir si nous sommes vainqueurs. » De toutes parts les Autrichiens fuient et se retirent à Roveredo, situé à une lieue de Marco; on les poursuit au pas de course. Roveredo est à une certaine distance de l'Adige; Bonaparte dirige Rampon, avec la trente-deuxième, vers l'espace qui sépare le fleuve de la ville; il porte Victor, avec la dix-huitième, sur la ville même. Celui-ci entre au pas de charge dans la grande rue de Roveredo, balaie les Autrichiens devant lui, et arrive à l'autre extrémité de la ville, à l'instant où Rampon en achevait le circuit extérieur. Pendant que l'armée principale emportait ainsi San-Marco et Roveredo, la division Vaubois arrivait à Roveredo par l'autre rive de l'Adige. La division autrichienne de Reuss lui avait disputé le camp de Mori, mais Vaubois venait de l'emporter à l'instant même, et toutes les divisions se trouvaient réunies maintenant au milieu du jour à la hauteur de Roveredo, sur les deux rives du fleuve. Mais le plus difficile restait à faire.

Davidovich avait rallié ses deux divisions sur sa réserve, dans le défilé de Calliano, défilé redoutable, et bien autrement dangereux que celui de Marco. Sur ce point, l'Adige serrant les montagnes, ne laissait, entre son lit et leur pied, que la largeur de la chaussée. L'entrée du défilé était fermée par le château de la Pietra, qui joignait la montagne au fleuve, et qui était couronné d'artillerie.

Bonaparte, persistant dans sa tactique, distribue son infanterie légère à droite, sur les escarpements de la montagne, et à gauche, sur les bords du fleuve. Ses soldats, nés sur les bords du Rhône, de la Seine ou de la Loire, égalent l'agilité et la hardiesse des chasseurs des Alpes. Les uns gravissent de rochers en rochers, atteignent le sommet de la montagne, et font un feu plongeant sur l'ennemi; les autres, non moins intrépides, se glissent le long du fleuve, appuient le pied partout où ils peuvent se soutenir, et tournent le château de la Pietra. Le général Dammartin place avec bonheur une batterie d'artillerie légère qui fait le meilleur effet; le château est enlevé. Alors l'infanterie le traverse, et fond en colonne serrée sur l'armée autrichienne amassée dans le défilé. Artillerie, cavalerie, infanterie, se confondent, et fuient dans un désordre épouvantable. Le jeune Lemarois, aide-de-camp du général en chef, veut prévenir la fuite des Autrichiens; il se précipite au galop à la tête de cinquante hussards, traverse dans toute sa longueur la masse autrichienne, et, tournant bride sur-le-champ, fait effort pour en arrêter la tête. Il est renversé de cheval, mais il répand la terreur dans les rangs autrichiens, et donne le temps à la cavalerie, qui accourait, de recueillir plusieurs mille prisonniers. Là finit cette suite de combats, qui valurent à l'armée française les défilés du Tyrol, la ville de Roveredo, toute l'artillerie autrichienne, quatre mille prisonniers, sans compter les morts et les blessés. Bonaparte appela cette journée bataille de Roveredo.

Le lendemain 19 fructidor (5 septembre), les Français entrèrent à Trente, capitale du Tyrol italien. L'évêque avait fui. Bonaparte, pour calmer les Tyroliens, qui étaient fort attachés à la maison d'Autriche, leur adressa une proclamation, dans laquelle il les invitait à poser les armes, et à ne point commettre d'hostilités contre son armée, leur promettant qu'à ce prix leurs propriétés et leurs établissements publics seraient respectés. Wurmser n'était plus à Trente. Bonaparte l'avait surpris à l'instant où il se mettait en marche pour exécuter son plan. En voyant les Français s'engager dans le Tyrol pour communiquer peut-être avec l'Allemagne, Wurmser n'en fut que plus disposé à descendre par la Brenta, pour emporter l'Adige pendant leur absence. Il espérait même, par ce circuit rapide, qui allait l'amener à Vérone, enfermer les Français dans la haute vallée de l'Adige, et, tout à la fois, les envelopper et les couper de Mantoue. Il était parti l'avant-veille et devait être déjà rendu à

Bassano; Bonaparte forme sur-le-champ une résolution des plus hardies: il va laisser Vaubois à la garde du Tyrol, et se jeter à travers les gorges de la Brenta, à la suite de Wurmser. Il ne peut emmener avec lui que vingt mille hommes, et Wurmser en a trente; il peut être enfermé dans ces gorges épouvantables, si Wurmser lui tient tête; il peut aussi arriver trop tard pour tomber sur les derrières de Wurmser, et celui-ci peut avoir eu le temps de forcer l'Adige: tout cela est possible. Mais ses vingt mille hommes en valent trente; mais si Wurmser veut lui tenir tête et l'enfermer dans les gorges, il lui passera sur le corps; mais s'il a vingt lieues à faire, il les fera en deux jours, et arrivera dans la plaine aussitôt que Wurmser. Alors il le rejettera ou sur Trieste, ou sur l'Adige. S'il le rejette sur Trieste, il le poursuivra, et ira brûler ce port sous ses yeux; s'il le rejette sur l'Adige, il l'enfermera entre son armée et ce fleuve, et enveloppera ainsi l'ennemi, qui croyait le prendre dans les gorges du Tyrol.

Ce jeune homme, dont la pensée et la volonté sont aussi promptes que la foudre, ordonne à Vaubois, le jour même de son arrivée à Trente, de se porter sur le Lavis, pour enlever cette position à l'arrière-garde de Davidovich.

Il fait exécuter cette opération sous ses yeux, indique à Vaubois la position qu'il doit garder avec ses dix mille hommes, et part ensuite avec les vingt autres, pour se jeter à travers les gorges de la Brenta.

Il part le 20 au matin (6 septembre); il couche le soir à Levico. Le lendemain 21 (7) il se remet en marche le matin, et arrive devant un nouveau défilé, dit de Primolano, où Wurmser avait placé une division. Bonaparte emploie les mêmes manœuvres, jette des tirailleurs sur les hauteurs et sur le bord de la Brenta, puis fait charger en colonne sur la route. On enlève le défilé. Un petit fort se trouvait au-delà, on l'entoure et on s'en rend maître. Quelques soldats intrépides courant sur la route, y devancent les fugitifs, les arrêtent, et donnent à l'armée le temps d'arriver pour les prendre. On fait trois mille prisonniers. On arrive le soir à Cismone, après avoir fait vingt lieues en deux jours. Bonaparte voudrait avancer encore, mais les soldats n'en peuvent plus; lui-même est accablé de fatigue. Il a devancé son quartier-général, il n'a ni suite ni vivres; il partage le pain de munition d'un soldat, et se couche, en attendant avec impatience le lendemain.

Cette marche foudroyante et inattendue

frappe Wurmser d'étonnement. Il ne conçoit pas que son ennemi se soit jeté dans ces gorges, au risque d'y être enfermé ; il se propose de profiter de la position de Bassano qui les ferme, et d'en barrer le passage avec toute son armée. S'il réussit à y tenir, Bonaparte est pris dans la courbe de la Brenta. Déjà il avait envoyé la division De Mezaros pour tâter Vérone, mais il la rappelle pour lutter ici avec toutes ses forces ; cependant il n'est pas probable que l'ordre arrive à temps. La ville de Bassano est située sur la rive gauche de la Brenta. Elle communique avec la rive droite par un pont. Wurmser place les deux divisions Sebottendorff et Quasdanovich sur les deux rives de la Brenta, en avant de la ville. Il dispose six bataillons en avant-garde, dans les défilés qui précèdent Bassano, et qui ferment la vallée.

Le 22 (8 septembre) au matin, Bonaparte part de Cismone, et s'avance sur Bassano. Masséna marche sur la rive droite, Augereau sur la gauche. On emporte les défilés, et on débouche en présence de l'armée ennemie, rangée sur les deux rives de la Brenta. Les soldats de Wurmser, déconcertés par l'audace des Français, ne résistent pas avec le courage qu'ils ont montré en tant d'occasions ; ils s'ébranlent, se rompent, et entrent dans Bassano. Augereau se présente à l'entrée de la ville. Masséna, qui est sur la rive opposée, veut pénétrer par le pont; il l'enlève en colonne serrée, comme celui de Lodi, et entre en même temps qu'Augereau. Wurmser, dont le quartier-général était encore dans la ville, n'a que le temps de se sauver, en nous laissant quatre mille prisonniers et un matériel immense. Le plan de Bonaparte était donc réalisé; il avait débouché dans la plaine aussitôt que Wurmser, et il lui restait maintenant à l'envelopper, en l'acculant sur l'Adige.

Wurmser, dans le désordre d'une action si précipitée, se trouve séparé des restes de la division Quasdanovich. Cette division se retire vers le Frioul, et lui, se voyant pressé par les divisions Masséna et Augereau, qui lui ferment la route du Frioul et le replient vers l'Adige, forme la résolution de passer l'Adige de vive force, et d'aller se jeter dans Mantoue. Il avait rallié à lui la division De Mezaros, qui venait de faire de vains efforts pour emporter Vérone. Il ne comptait plus que quatorze mille hommes, dont huit d'infanterie et six de cavalerie excellente. Il longe l'Adige, et fait chercher partout un passage. Heureusement pour lui, le poste qui gardait Legnago avait été transporté à Vérone, et un détachement qui devait venir occuper cette place, n'était point encore arrivé. Wurmser, profitant de ce hasard, s'empare de Legnago. Certain maintenant de pouvoir regagner Mantoue, il accorde quelque repos à ses troupes, qui étaient abîmées de fatigue.

Bonaparte le suivait sans relâche : il fut cruellement déçu en apprenant la négligence qui sauvait Wurmser; cependant il ne désespéra pas encore de le prévenir à Mantoue. Il porta la division Masséna sur l'autre rive de l'Adige par le bac de Ronco, et la dirigea sur Sanguinetto, pour barrer le chemin de Mantoue. Il dirigea Augereau vers Legnago même. L'avant-garde de Masséna, devançant sa division, entra dans Céréa le 25 (11 septembre), au moment où Wurmser y arrivait de Legnago, avec tout son corps d'armée. Cette avant-garde de cavalerie et d'infanterie légère, commandée par les généraux Murat et Pigeon, fit une résistance des plus héroïques, mais fut culbutée : Wurmser lui passa sur le corps, et continua sa marche. Bonaparte arrivait seul au galop au moment de cette action : il manqua être pris, et se sauva en toute hâte.

Wurmser passa à Sanguinetto, puis apprenant que tous les ponts de la Molinella étaient rompus, excepté celui de Villimpenta, il descendit jusqu'à ce pont, y franchit la rivière, et marcha sur Mantoue. Le général Charton voulut lui résister avec trois cents hommes formés en carré; ces braves gens furent sabrés ou pris. Wurmser arriva ainsi à Mantoue le 27 (13). Ces légers avantages étaient un adoucissement aux malheurs du vieux et brave maréchal. Il se répandit dans les environs de Mantoue, et tint un moment la campagne, grâce à sa nombreuse et belle cavalerie.

Bonaparte arrivait à perte d'haleine, furieux contre les officiers négligents qui lui avaient fait manquer une si belle proie. Augereau était rentré dans Legnago, et avait fait prisonnière la garnison autrichienne, forte de seize cents hommes. Bonaparte ordonna à Augereau de se porter à Governolo, sur le Bas-Mincio. Il livra ensuite de petits combats à Wurmser, pour l'attirer hors de la place; et, dans la nuit du 28 au 29 (14—15 septembre), il prit une position en arrière, pour engager Wurmser à se montrer en plaine. Le vieux général, alléché par ses petits succès, se déploya en effet hors de Mantoue, entre la citadelle et le faubourg de Saint-George. Bonaparte l'attaqua le troisième jour complémentaire an IV (19 septembre). Augereau, venant de Governolo, formait la gauche; Masséna, partant de Due-Castelli, formait le centre, et Sahuguet, avec le corps de blocus, formait la droite. Wurmser avait encore vingt-un mille hommes en ligne. Il fut enfoncé partout, et rejeté dans la place avec une perte de deux mille hommes. Quelques jours après, il fut entièrement renfermé dans Mantoue. La nombreuse cavalerie qu'il avait ramenée ne lui servait à rien, et ne faisait qu'augmenter le nombre des bouches inutiles; il fit tuer et saler tous les chevaux. Il avait vingt et quelques mille hommes de garnison, dont plusieurs mille aux hôpitaux.

Ainsi, quoique Bonaparte eût perdu en partie le fruit de sa marche audacieuse sur la Brenta, et qu'il n'eût pas fait mettre bas les armes au maréchal, il avait entièrement ruiné et dispersé son armée. Quelques mille hommes étaient rejetés dans le Tyrol sous Davidovich; quelques mille fuyaient en Frioul sous Quasdanovich. Wurmser, avec douze ou quatorze mille, s'était enfermé dans Mantoue. Treize ou quatorze mille étaient prisonniers, six ou sept mille tués ou blessés. Ainsi cette armée venait de perdre encore une vingtaine de mille hommes en dix jours, outre un matériel considérable. Bonaparte en avait perdu sept ou huit mille, dont quinze cents prisonniers, et le reste tué, blessé, ou malade. Ainsi, aux armées de Colli et de

Beaulieu, détruites en entrant en Italie, il fallait ajouter celle de Wurmser, détruite en deux fois, d'abord dans les plaines de Castiglione, et ensuite sur les rives de la Brenta. Aux trophées de Montenotte, de Lodi, de Borghetto, de Lonato, de Castiglione, il fallait donc joindre ceux de Roveredo, de Bassano et de Saint-George. A quelle époque de l'histoire avait-on vu de si grands résultats, tant d'ennemis tués, tant de prisonniers, de drapeaux, de canons enlevés! Ces nouvelles répandirent de nouveau la joie dans la Lombardie, et la terreur dans le fond de la péninsule. La France fut transportée d'admiration pour le général de l'armée d'Italie.

Nos armes étaient moins heureuses sur les autres théâtres de la guerre. Moreau s'était avancé sur le Lech, comme on l'a vu, dans l'espoir que ses progrès en Bavière ramèneraient l'archiduc, et dégageraient Jourdan. Cet espoir était peu fondé, et l'archiduc aurait mal jugé de l'importance de son mouvement, s'il se fût détourné de son exécution, pour revenir vers Moreau. Toute la campagne dépendait de ce qui allait se passer sur le Mein. Jourdan battu, et ramené sur le Rhin, les progrès de Moreau ne faisaient que le compromettre davantage, et l'exposer à perdre sa ligne de retraite. L'archiduc se contenta donc de renvoyer le général Nauendorff, avec deux régiments de cavalerie et quelques bataillons, pour renforcer Latour, et continua sa poursuite de l'armée de Sambre-et-Meuse.

Cette brave armée se retirait avec le plus vif regret, et en conservant tout le sentiment de ses forces. C'est elle qui avait fait les plus grandes et les plus belles choses, pendant les premières années de la révolution; c'est elle qui avait vaincu à Watignies, à Fleurus, aux bords de l'Ourthe et de la Roër. Elle avait beaucoup d'estime pour son général, et une grande confiance en elle-même. Cette retraite ne l'avait point découragée, et elle était persuadée qu'elle ne cédait qu'à des combinaisons supérieures, et à la masse des forces ennemies. Elle désirait ardemment une occasion de se mesurer avec les Autrichiens, et de rétablir l'honneur de son drapeau. Jourdan le désirait aussi. Le directoire lui écrivait qu'il fallait à tout prix se maintenir en Franconie, sur le Haut-Mein, pour prendre ses quartiers d'hiver en Allemagne, et surtout pour ne pas découvrir Moreau, qui s'était avancé jusqu'aux portes de Munich. Moreau, de son côté, venait d'apprendre à Jourdan, à la date du 8 fructidor (25 août), sa marche au-delà du Lech, les avantages qu'il y avait remportés, et le projet qu'il avait de s'avancer toujours davantage pour ramener l'archiduc. Toutes ces raisons décidèrent Jourdan à tenter le sort des armes, quoiqu'il eût devant lui des forces très-supérieures. Il aurait cru manquer à l'honneur, s'il eût quitté la Franconie sans combattre, et s'il eût laissé son collègue en Bavière. Trompé d'ailleurs par le mouvement du général Nauendorff, Jourdan croyait que l'archiduc venait de partir pour regagner les bords du Danube. Il s'arrêta donc à Wurtzbourg, place dont il jugeait la conservation importante, mais dont les Français n'avaient conservé que la citadelle. Il y donna quelque repos à ses troupes, fit quelques changements dans la distribution et le commandement de ses divisions, et annonça l'intention de combattre. L'armée montra la plus grande ardeur à enlever toutes les positions que Jourdan croyait utile d'occuper avant d'engager la bataille. Il avait sa droite appuyée à Wurtzbourg, et le reste de sa ligne sur une suite de positions qui s'étendent le long du Mein jusqu'à Schveinfurt. Le Mein le séparait de l'ennemi. Une partie seulement de l'armée autrichienne avait franchi ce fleuve, ce qui le confirmait dans l'idée que l'archiduc avait rejoint le Danube. Il laissa à l'extrémité de sa ligne la division Lefebvre, à Schveinfurt, pour assurer sa retraite sur la Saale et la Fulde, dans le cas où la bataille lui ferait perdre la route de Francfort. Il se privait ainsi d'une seconde ligne et d'un corps de réserve; mais il crut devoir ce sacrifice à la nécessité d'assurer sa retraite. Il se décida à attaquer, le 17 fructidor (3 septembre), au matin.

Dans la nuit du 16 au 17, l'archiduc, averti du projet de son adversaire, fit rapidement passer le reste de son armée au-delà du Mein, et déploya aux yeux de Jourdan des forces très-supérieures. La bataille s'engagea d'abord avec succès pour nous; mais notre cavalerie, assaillie dans les plaines qui s'étendent le long du Mein par une cavalerie formidable, fut rompue, se rallia, fut rompue de nouveau, et ne trouva d'abri que derrière les lignes et les feux bien nourris de notre infanterie. Jourdan, si sa réserve n'avait pas été si éloignée de lui, aurait pu remporter la victoire; il envoya à Lefebvre des officiers qui ne purent percer à travers les nombreux escadrons ennemis. Il espérait cependant que Lefebvre, voyant que Schveinfurt n'était pas menacé, marcherait au lieu du péril; mais il attendit vainement, et replia son armée pour la dérober à la redoutable cavalerie de l'ennemi. La retraite se fit en bon ordre sur Arnstein. Jourdan, victime du mauvais plan du directoire, et de son dévouement à son collègue, dut dès lors se replier sur la Lahn. Il continua sa marche sans aucun relâche, donna ordre à Marceau de se retirer de devant Mayence, et arriva derrière la Lahn le 24 fructidor (10 septembre). Son armée, dans cette marche pénible jusqu'aux frontières de la Bohême, n'avait guère perdu que cinq à six mille hommes. Elle fit une perte sensible par la mort du jeune Marceau, qui fut frappé d'une balle par un chasseur tyrolien, et qu'on ne put emporter du champ de bataille. L'archiduc Charles le fit entourer de soins; mais il expira bientôt. Ce jeune héros, regretté des deux armées, fut enseveli au bruit de leur double artillerie.

Pendant que ces choses se passaient sur le Mein, Moreau, toujours au-delà du Danube et du Lech, attendait impatiemment des nouvelles de Jourdan. Aucun des officiers détachés pour lui en donner n'était arrivé. Il tâtonnait sans oser prendre un parti. Dans l'intervalle, sa gauche, sous les ordres de Desaix, eut un combat des plus rudes à soutenir contre la cavalerie de Latour, qui, réunie à celle de Nauendorff, déboucha à l'improviste par Langenbruck. Desaix fit des dispositions si justes et si promptes, qu'il repoussa les nombreux escadrons ennemis, et les dispersa dans la plaine après leur avoir fait subir une perte considérable. Moreau, toujours dans l'incertitude, se décida enfin, après une vingtaine de jours, à tenter un mouvement pour aller à la découverte. Il résolut de s'approcher du Danube, pour étendre son aile gauche jusqu'à Nuremberg, et avoir des nouvelles de Jourdan, ou lui apporter des secours. Le 24 fructidor (10 septembre), il fit repasser le Danube à sa gauche et à son centre, et laissa sa droite seule au-delà de ce fleuve, vers Zell. La gauche, sous Desaix, s'avança jusqu'à Aichstett. Dans cette situation singulière, il étendait sa gauche vers Jourdan, qui dans le moment était à soixante lieues de lui; il avait son centre sur le Danube, et sa droite au-delà, exposant l'un de ces trois corps à être détruit, si Latour avait su profiter de leur isolement. Tous les militaires ont reproché à Moreau ce mouvement, comme un de ces demi-moyens qui ont tous les dangers des grands moyens, sans en avoir les avantages. Moreau n'ayant pas, en effet, saisi l'occasion de se rabattre vivement sur l'archiduc, lorsque celui-ci se rabattait sur Jourdan, ne pouvait plus que se compromettre en se plaçant ainsi à cheval sur le Danube.

Enfin, après quatre jours d'attente dans cette position singulière, il en sentit le danger, se reporta au-delà du Danube, et songea à le remonter pour se rapprocher de sa base d'opération. Il apprit alors la retraite forcée de Jourdan sur la Lahn, et ne douta plus qu'après avoir ramené l'armée de Sambre-et-Meuse, l'archiduc ne volàt sur le Necker, pour fermer le retour à l'armée du Rhin. Il apprit aussi une tentative faite par la garnison de Manheim sur Khel, pour détruire le pont par lequel l'armée française avait débouché en Allemagne. Dans cet état de choses, il n'hésita plus à se mettre en marche pour regagner la France. Sa position était périlleuse. Engagé au milieu de la Bavière, obligé de repasser les montagnes Noires pour revenir sur le Rhin, ayant en tête Latour avec quarante mille hommes, et exposé à trouver l'archiduc Charles avec trente mille sur ses derrières, il pouvait prévoir des dangers extrêmes. Mais s'il était dépourvu du vaste et ardent génie que son émule déployait en Italie, il avait une ame ferme et inaccessible à ce trouble dont les ames vives sont quelquefois saisies. Il commandait une superbe armée, forte de soixante et quelques mille hommes, dont le moral n'avait été ébranlé par aucune défaite, et qui avait dans son chef une extrême confiance. Appréciant une pareille ressource, il ne s'effraya pas de sa position, et résolut de reprendre tranquillement sa route. Pensant que l'archiduc, après avoir replié Jourdan, reviendrait probablement sur le Necker, il craignit de trouver ce fleuve déjà occupé; il remonta donc la vallée du Danube, pour aller joindre directement celle du Rhin, par la route des villes forestières. Ces passages étant les plus éloignés du point où se trouvait actuellement l'archiduc, lui parurent les plus sûrs.

Il resta au-delà du Danube, et le remonta tranquillement, en appuyant une de ses ailes au fleuve. Ses parcs, ses bagages marchaient devant lui, sans confusion, et tous les jours ses arrière-gardes repoussaient bravement les avant-gardes ennemies. Latour, au lieu de passer le Danube, et de tâcher de prévenir Moreau à l'entrée des défilés, se contentait de le suivre pas à pas, sans oser l'entamer. Arrivé auprès du lac de Fédersée, Moreau crut devoir s'arrêter. Latour s'était partagé en trois corps : il en avait donné un à Nauendorff, et l'avait envoyé à Tubingen, sur le Haut-Necker, par où Moreau ne voulait pas passer; il était lui-même avec le second à Biberach; et le troisième se trouvait fort loin, à Schussenried. Moreau, qui approchait du Val-d'Enfer, par où il voulait se retirer, qui ne voulait pas être trop pressé au passage de ce défilé, qui voyait devant lui Latour isolé, et qui sentait ce qu'une victoire devait donner de fermeté à ses troupes pour le reste de la retraite, s'arrêta le 11 vendémiaire an V (2 octobre) aux environs du lac de Fédersée, non loin de Biberach. Le pays était montueux, boisé et coupé de vallées. Latour était rangé sur différentes hauteurs, qu'on pouvait isoler et tourner, et qui, de plus, avaient à dos un ravin profond, celui de la Riss. Moreau l'attaqua sur tous les points, et, sachant pénétrer avec art à travers ses positions, abordant les unes de front, tournant les autres, l'accula sur la Riss, le jeta dedans, et lui fit quatre mille prisonniers. Cette victoire importante, dite de Biberach, rejeta Latour fort loin, et raffermit singulièrement le moral de l'armée française. Moreau reprit sa marche, et s'approcha des défilés. Il avait déjà dépassé les routes qui traversent la vallée du Necker pour déboucher dans celle du Rhin; il lui restait celle qui, passant par Tuttlingen et Rottweil, vers les sources même du Necker, suit la vallée de la Kintzig, et vient aboutir à Kehl; mais Nauendorff l'avait déjà occupée. Les détachements sortis de Manheim s'étaient joints à ce dernier, et l'archiduc s'en approchait.

Moreau aima mieux remonter un peu plus haut, et passer par le Val-d'Enfer, qui, traversant la Forêt-Noire, formait un coude plus long, mais aboutissait à Brissach, beaucoup plus loin de l'archiduc. En conséquence, il plaça Desaix et Ferino avec la gauche et la droite vers Tuttlingen et Rottweil, pour se couvrir du côté des débouchés, où se trouvaient les principales forces autrichiennes, et il envoya le centre, sous Saint-Cyr, pour forcer le Val-d'Enfer. En même temps, il fit filer ses grands parcs sur Huningue, par la route des villes forestières. Les Autrichiens l'avaient entouré d'une nuée de petits corps, comme s'ils avaient espéré l'envelopper, et ne s'étaient mis nulle part en mesure de lui résister. Saint-Cyr trouva à peine un détachement au Val-d'Enfer, passa sans peine à Neustadt, et arriva à Fribourg. Les deux ailes le suivirent immédiatement, et débouchèrent à travers cet affreux défilé, dans la vallée du Rhin, plutôt avec l'attitude d'une armée victorieuse qu'avec celle d'une armée en retraite. Moreau était rendu dans la vallée du Rhin le 21 vendémiaire (12 octobre). Au lieu de repasser le Rhin au pont de Brissach, et de remonter, en suivant la rive française, jusqu'à Strasbourg, il voulut remonter la rive droite jusqu'à Kehl, en présence de toute l'armée ennemie. Soit qu'il voulût faire un retour plus imposant, soit qu'il espérât se maintenir sur la rive droite, et couvrir Kehl en s'y portant directement, ces raisons ont paru insuffisantes pour hasarder une bataille. Il pouvait, en repassant le Rhin à Brissach, remonter librement à Strasbourg, et déboucher de nouveau par Kehl. Cette tête de pont pouvait résister assez long-temps pour lui donner le temps d'arriver. Vouloir marcher au contraire en face de l'armée ennemie, qui venait de se réunir tout entière sous l'archiduc, et s'exposer ainsi à une bataille générale, avec le Rhin à dos, était une imprudence inexcusable, maintenant qu'on n'avait plus le motif, ni de l'offensive à prendre, ni d'une retraite à protéger. Le 28 vendémiaire (19 octobre), les deux armées se trouvèrent en présence sur les bords de l'Elz, de Valdkirch à Emmendingen. Après un combat sanglant et varié, Moreau sentit l'impossibilité de percer jusqu'à Kehl, en suivant la rive droite, et résolut de passer sur le pont de Brissach. Ne croyant pas néanmoins pouvoir faire passer toute son armée sur ce pont, de peur d'encombrement, et voulant envoyer au plus tôt des forces à Kehl, il fit repasser Desaix avec la gauche par Brissach, et retourna vers Huningue avec le centre et la droite. Cette détermination a été jugée non moins imprudente que celle de combattre à Emmendingen; car Moreau, affaibli d'un tiers de son armée, pouvait être très-compromis. Il comptait, il est vrai, sur une très-belle position, celle de Schliengen, qui couvre le débouché d'Huningue, et sur laquelle il pouvait s'arrêter et combattre, pour rendre son passage plus tranquille et plus sûr. Il s'y replia en effet, s'y arrêta le 3 brumaire (24 octobre), et livra un combat opiniâtre et balancé. Après avoir, par cette journée de combat, donné à ses bagages le temps de passer, il évacua la position pendant la nuit, repassa sur la rive gauche, et s'achemina vers Strasbourg.

Ainsi finit cette campagne célèbre, et cette retraite plus célèbre encore. Le résultat indique assez le vice du plan. Si, comme l'ont démontré Napoléon, l'archiduc Charles et le général Jomini, si au lieu de former deux armées, s'avançant en colonnes isolées, sous deux généraux différents, dans l'intention mesquine de déborder les flancs de l'ennemi, le directoire eût formé une seule armée de cent soixante mille hommes, dont un détachement de cinquante mille aurait assiégé Mayence, et dont cent dix mille, réunis en un seul corps, auraient envahi l'Allemagne, par la vallée du

Rhin, le Val-d'Enfer et la Haute-Bavière, les armées impériales auraient été réduites à se retirer toujours, sans pouvoir se concentrer avec avantage contre une masse trop supérieure. Le beau plan du jeune archiduc serait devenu impossible, et le drapeau républicain aurait été porté jusqu'à Vienne. Avec le plan donné, Jourdan était une victime forcée. Aussi sa campagne, toujours malheureuse, fut toute de dévouement, soit lorsqu'il franchit le Rhin la première fois, pour attirer à lui les forces de l'archiduc, soit lorsqu'il s'avança jusqu'en Bohême et qu'il combattit à Wurtzbourg. Moreau seul, avec sa belle armée, pouvait réparer en partie les vices du plan, soit en se hâtant d'écraser tout ce qui était devant lui, au moment où il déboucha par Kehl, soit en se rabattant sur l'archiduc Charles, lorsque celui-ci se porta sur Jourdan. Il n'osa ou ne sut rien faire de tout cela; mais s'il ne montra pas une étincelle de génie, si à une manœuvre décisive et victorieuse, il préféra une retraite, du moins il déploya dans cette retraite un grand caractère et une rare fermeté. Sans doute elle n'était pas aussi difficile qu'on l'a dit, mais elle fut conduite néanmoins de la manière la plus imposante.

Le jeune archiduc dut au vice du plan français une belle pensée, qu'il exécuta avec prudence; mais, comme Moreau, il manqua de cette ardeur, de cette audace qui pouvaient rendre la faute du gouvernement français mortelle pour ses armées. Conçoit-on ce qui serait arrivé, si d'un côté ou de l'autre s'était trouvé le génie impétueux qui venait de détruire trois armées au-delà des Alpes! Si les soixante-dix mille hommes de Moreau, à l'instant où ils débouchèrent de Kehl, si les Impériaux, à l'instant où ils quittèrent le Danube pour se rabattre sur Jourdan, avaient été conduits avec l'impétuosité déployée en Italie, certainement la guerre eût été terminée sur-le-champ, d'une manière désastreuse pour l'une des deux puissances.

Cette campagne valut en Europe une grande réputation au jeune archiduc. En France, on sut un gré infini à Moreau d'avoir ramené saine et sauve l'armée compromise en Bavière. On avait eu sur cette armée des inquiétudes extrêmes, surtout depuis le moment où Jourdan s'étant replié, où le pont de Kehl ayant été menacé, où une nuée de petits corps ayant intercepté les communications par la Souabe, on ignorait ce qu'elle était devenue et ce qu'elle allait devenir. Mais quand, après de vives inquiétudes, on la vit déboucher dans la vallée du Rhin, avec une si belle attitude, on fut enchanté du général qui l'avait si heureusement ramenée. Sa retraite fut exaltée comme un chef-d'œuvre de l'art, et comparée sur-le-champ à celle des Dix mille. On n'osait rien mettre sans doute à côté des triomphes si brillants de l'armée d'Italie; mais comme il y a toujours une foule d'hommes que le génie supérieur, que la grande fortune offusquent, et que le mérite moins éclatant rassure davantage, ceux-là se rangeaient tous pour Moreau, vantaient sa prudence, son habileté consommée, et la préféraient au génie ardent du jeune Bonaparte. Dès ce jour-là, Moreau eut pour lui tout ce qui préfère les facultés secondaires aux facultés supérieures; et, il faut l'avouer, dans une république on pardonne presque à ces ennemis du génie, quand on voit de quoi le génie peut se rendre coupable envers la liberté qui l'a enfanté, nourri, et porté au comble de la gloire.

CHAPITRE VI.

Situation intérieure et extérieure de la France après la retraite des armées d'Allemagne au commencement de l'an V. — Combinaisons de Pitt; ouverture d'une négociation avec le directoire; arrivée de lord Malmesbury à Paris. — Paix avec Naples et avec Gênes; négociations infructueuses avec le pape; déchéance du duc de Modène; fondation de la république cispadane. — Mission de Clarke à Vienne. — Nouveaux efforts de l'Autriche en Italie; arrivée d'Alvinzy; extrêmes dangers de l'armée française; bataille d'Arcole.

L'ISSUE que venait d'avoir la campagne d'Allemagne était fâcheuse pour la république. Ses ennemis, qui s'obstinaient à nier ses victoires, ou à lui prédire de cruels retours de fortune, voyaient leurs pronostics réalisés, et ils en triomphaient ouvertement. Ces rapides conquêtes en Allemagne, disaient-ils, n'avaient donc aucune solidité. Le Danube et le génie d'un jeune prince y avaient bientôt mis un terme. Sans doute la téméraire armée d'Italie, qui semblait si fortement établie sur l'Adige, en serait arrachée à son tour, et rejetée sur les Alpes, comme les armées d'Allemagne sur le Rhin. Il est vrai, les conquêtes du général Bonaparte semblaient reposer sur une base un peu plus solide. Il ne s'était pas borné à pousser Colli et Beaulieu devant lui; il les avait détruits : il ne s'était pas borné à repousser la nouvelle armée de Wurmser; il l'avait d'abord désorganisée à Castiglione, et anéantie enfin sur la Brenta. Il y avait donc un peu plus d'espoir de rester en Italie que de rester en Allemagne; mais on se plaisait à répandre des bruits alarmants. Des forces nombreuses arrivaient, disait-on, de la Pologne et de la Turquie pour se porter vers les Alpes; les armées impériales du Rhin pourraient faire maintenant de nouveaux détachements; et, avec tout son génie, le général Bonaparte, ayant toujours de nouveaux ennemis à combattre, trouverait enfin le terme de ses succès, ne fût-ce que dans l'épuisement de son armée. Il était naturel que, dans l'état des choses, on formât de pareilles conjectures; car les imaginations, après avoir exagéré les succès, devaient aussi exagérer les revers.

Les armées d'Allemagne s'étaient retirées sans de grandes pertes, et tenaient la ligne du Rhin. Il n'y avait en cela rien de trop malheureux; mais l'armée d'Italie se trouvait sans appui, et c'était un inconvénient grave. De plus, nos deux principales armées, rentrées sur le territoire français, allaient être à la charge de nos finances, qui étaient toujours dans un état déplorable : et c'était là le plus grand mal. Les mandats ayant cessé d'avoir cours forcé de monnaie, étaient tombés entièrement; d'ailleurs ils étaient dépensés, et il n'en restait presque plus à la disposition du gouvernement. Ils se trouvaient à Paris, dans les mains de quelques spéculateurs, qui les vendaient aux acquéreurs de biens nationaux. L'arriéré des créances de l'état était toujours considérable, mais ne rentrait pas: les impôts, l'emprunt forcé, se percevaient lentement; les biens nationaux soumissionnés n'étaient payés qu'en partie; les paiements qui restaient à faire n'étaient pas encore exigibles d'après la loi; et les soumissions qui se faisaient encore n'étaient pas assez nombreuses pour alimenter le trésor. Du reste, on vivait de ces soumissions, ainsi que des denrées provenant de l'emprunt, et des promesses de paiement faites par les ministres. On venait de faire le budget pour l'an V, divisé en dépenses ordinaires et en dépenses extraordinaires. Les dépenses ordinaires montaient à 450 millions; les autres à 550. La contribution foncière, les douanes, le timbre et tous les produits annuels, devaient assurer la dépense ordinaire. Les 550 millions de l'extraordinaire étaient suffisamment couverts par l'arriéré des impôts de l'an IV et de l'emprunt forcé, et par les paiements qui restaient à faire sur les biens vendus. On avait en outre la ressource des biens que la république possédait encore; mais il fallait réaliser tout cela, et c'était toujours la même difficulté. Les fournisseurs non payés refusaient de continuer leurs avances, et tous les services manquaient à la fois. Les fonctionnaires publics, les rentiers n'étaient pas payés, et mouraient de faim.

Ainsi l'isolement de l'armée d'Italie, et nos finances, pouvaient donner de grandes espérances à nos ennemis. Du projet de quadruple alliance, formé par le directoire, entre la France, l'Espagne, la Porte et Venise, il n'était résulté encore que l'alliance avec l'Espagne. Celle-ci, entraînée par nos offres et notre brillante fortune au milieu de l'été, s'était décidée, comme on l'a vu, à renouveler avec la république le pacte de famille, et elle venait de faire sa déclaration de guerre à la Grande-Bretagne. Vemise, malgré les instances de l'Espagne et les invitations de la Porte, malgré les victoires de Bonaparte en Italie, avait refusé de s'unir à la république. On lui avait vainement représenté que la Russie en voulait à ses colonies de la Grèce, et l'Autriche à ses provinces d'Illyrie ; que son union avec la France et la Porte, qui n'avaient rien à lui envier, la garantirait de ces deux ambitions ennemies ; que les victoires réitérées des Français sur l'Adige devaient la rassurer contre un retour des armées autrichiennes et contre la vengeance de l'empereur ; que le concours de ses forces et de sa marine rendrait ce retour encore plus impossible ; que la neutralité au contraire ne lui ferait aucun ami, la laisserait sans protecteur, et l'exposerait peut-être à servir de moyen d'accommodement entre les puissances belligérantes. Venise, pleine de haine contre les Français, faisant des armements évidemment destinés contre eux, puisqu'elle consultait le ministère autrichien sur le choix d'un général, refusa pour la seconde fois l'alliance qu'on lui proposait. Elle voyait bien le danger de l'ambition autrichienne ; mais le danger des principes français était le plus pressant, le plus grand à ses yeux, et elle répondit qu'elle persistait dans la neutralité désarmée, ce qui était faux, car elle armait de tous côtés. La Porte, ébranlée par le refus de Venise, par les suggestions de Vienne et de l'Angleterre, n'avait point accédé au projet d'alliance. Il ne restait donc que la France et l'Espagne, dont l'union pouvait contribuer à faire perdre la Méditerranée aux Anglais, mais pouvait aussi compromettre les colonies espagnoles. Pitt, en effet, songeait à les faire insurger contre la métropole, et il avait déjà noué des intrigues dans le Mexique. Les négociations avec Gênes n'étaient point terminées; car il s'agissait de convenir avec elle à la fois d'une somme d'argent, de l'expulsion de quelques familles, et du rappel de quelques autres. Elles ne l'étaient pas davantage avec Naples, parce que le directoire aurait voulu une contribution, et que la reine de Naples, qui traitait avec désespoir, refusait d'y consentir. La paix avec Rome n'était pas faite, à cause d'un article exigé par le directoire; il voulait que le Saint-Siége révoquât tous les brefs rendus contre la France depuis le commencement de la révolution, ce qui blessait cruellement l'orgueil du vieux pontife. Il convoqua un concile de cardinaux, qui décidèrent que la révocation ne pouvait pas avoir lieu. Les négociations furent rompues. Elles recommencèrent à Florence; un congrès s'ouvrit. Les envoyés du pape ayant répété que les brefs rendus ne pouvaient pas être révoqués, les commissaires français ayant répondu de leur côté que la révocation était la condition *sine quâ non*, on se sépara après quelques minutes. L'espoir d'un secours du roi de Naples et de l'Angleterre soutenait le pontife dans ses refus. Il venait d'envoyer le cardinal Albani à Vienne, pour implorer le secours de l'Autriche, et se concerter avec elle dans sa résistance.

Tels étaient les rapports de la France avec l'Europe. Ses ennemis, de leur côté, étaient fort épuisés. L'Autriche se sentait rassurée, il est vrai, par la retraite de nos armées qui avaient poussé jusqu'au Danube; mais elle était fort inquiète pour l'Italie, et faisait de nouveaux préparatifs pour la recouvrer. L'Angleterre était réduite à une situation fort triste : son établissement en Corse était précaire, et elle se voyait exposée à perdre bientôt cette île. On voulait lui fermer tous les ports d'Italie, et il suffisait d'une nouvelle victoire du général Bonaparte pour décider son entière expulsion de cette contrée. La guerre avec l'Espagne allait lui interdire la Méditerranée, et menacer le Portugal. Tout le littoral de l'Océan lui était fermé jusqu'au Texel. L'expédition que Hoche préparait en Bretagne l'effrayait pour l'Irlande; ses finances étaient en péril, sa banque était ébranlée, et le peuple voulait la paix; l'opposition était devenue plus forte par les élections nouvelles. C'étaient là des raisons assez pressantes de songer à la paix, et de profiter des derniers revers de la France pour la lui faire accepter. Mais la famille royale et l'aristocratie avaient une grande répugnance à traiter avec la France, parce que c'était à leurs yeux traiter avec la révolution. Pitt, beaucoup moins attaché aux principes aristocratiques, et uniquement préoccupé des intérêts de la puissance anglaise, aurait bien voulu la paix, mais à une condition, indispensable pour lui et inadmissible pour la république, la restitution des Pays-Bas à l'Autriche. Pitt, comme nous l'avons déjà remarqué, était tout Anglais par l'orgueil, l'ambition et les préjugés. Le plus grand crime de la révolution était moins à ses yeux l'enfantement d'une république colossale, que la réunion des Pays-Bas à la France.

Les Pays-Bas étaient en effet une acquisition importante pour notre patrie. Cette acquisition lui procurait d'abord la possession des provinces les plus fertiles et les plus riches du continent, et surtout des provinces manufacturières; elle lui donnait l'embouchure des fleuves les plus importants au commerce du Nord, l'Escaut, la Meuse et le Rhin; une augmentation considérable de côtes, et par conséquent de marine; des ports d'une haute importance, celui d'Anvers surtout; enfin un prolongement de notre frontière maritime, dans la partie la plus dangereuse pour la frontière anglaise, vis-à-vis les rivages sans défense d'Essex, de Suffolk, de Norfolk, d'Yorkshire. Outre cette acquisition positive, les Pays-Bas avaient pour nous un autre avantage : la Hollande tombait sous l'influence immédiate de la France, dès qu'elle n'en était plus séparée par des provinces autrichiennes. Alors la ligne française s'étendait, non pas seulement jusqu'à Anvers, mais jusqu'au Texel, et les rivages de l'Angleterre étaient enveloppés par une ceinture de rivages ennemis. Si à cela on ajoute un pacte de famille avec l'Espagne, alors puissante et bien organisée, on comprendra que Pitt eût des inquiétudes pour la puissance maritime de l'Angleterre. Il est de principe, en effet, pour tout Anglais bien nourri de ses idées nationales, que l'Angleterre doit dominer à Naples, à Lisbonne, à Amsterdam, pour avoir pied sur le continent, et pour rompre la longue ligne des côtes qui lui pourraient être opposées. Ce principe était aussi enraciné en 1796, que celui qui faisait considérer tout dommage causé à la France comme un bien fait à l'Angleterre. En conséquence, Pitt, pour procurer un moment de répit à ses finances, aurait bien consenti à une paix passagère, mais à condition que les Pays-Bas seraient restitués à l'Autriche. Il songea donc à ouvrir une négociation sur cette base. Il ne pouvait guère espérer que la France admît une pareille condition, car les Pays-Bas étaient l'acquisition principale de la révolution, et la constitution ne permettait même pas au directoire de traiter de leur aliénation. Mais Pitt connaissait peu le continent; il croyait sincèrement la France ruinée, et il était de bonne foi quand il venait, tous les ans, annoncer l'épuisement et la chute de notre république. Il pensait que si jamais la France avait été disposée à la paix, c'était dans le moment actuel, soit à cause de la chute des mandats, soit à cause de la retraite des armées d'Allemagne. Du reste, soit qu'il crût la condition admissible ou non, il avait une raison majeure d'ouvrir une négociation. C'était la nécessité de satisfaire l'opinion publique, qui demandait hautement la paix. Pour obtenir en effet la levée de soixante mille hommes de milice, et de quinze mille marins, il lui fallait prouver, par une démarche éclatante, qu'il avait fait son possible pour traiter. Il avait encore un autre motif non moins important; en prenant l'initiative, et en ouvrant à Paris une négociation solennelle, il avait l'avantage d'y ramener la discussion de tous les intérêts européens, et d'empêcher l'ouverture d'une négociation particulière avec l'Autriche. Cette dernière puissance en effet tenait beaucoup moins à recouvrer les Pays-Bas, que l'Angleterre ne tenait à les lui rendre. Les Pays-Bas étaient pour elle une province lointaine, qui était détachée du centre de son empire, exposée à de continuelles invasions de la France, et profondément imbue des idées révolutionnaires; une province que plusieurs fois elle avait songé à échanger contre d'autres possessions en Allemagne ou en Italie, et qu'elle n'avait gardée que parce que la Prusse s'était toujours opposée à son agrandissement en Allemagne, et qu'il ne s'était pas présenté de combinaisons qui permissent son agrandissement en Italie. Pitt pensait qu'une négociation solennelle, ouverte à Paris pour le compte de tous les alliés, empêcherait les combinaisons particulières, et préviendrait tout arrangement relatif aux Pays-Bas. Il voulait enfin avoir un agent en France, qui pût la juger de près, et avoir des renseignements certains sur l'expédition qui se préparait à Brest. Telles étaient les raisons qui, même sans l'espoir d'obtenir la paix, décidaient Pitt à faire une démarche auprès du directoire. Il ne se borna pas, comme l'année précédente, à une communication insignifiante de Wickam à Barthélemy; il fit demander des passe-ports pour un envoyé revêtu des pouvoirs de la Grande-Bretagne. Cette éclatante démarche du plus implacable ennemi de notre république, avait quelque chose de glorieux pour elle. L'aristocratie anglaise était ainsi réduite à demander la paix à la république régicide. Les passe-ports furent aussitôt accordés. Pitt fit choix de lord Malmesbury, autrefois sir Harris, et fils de l'auteur d'Hermès. Ce personnage n'était pas connu pour ami des républiques; il avait contribué à l'oppression de la Hollande en 1787. Il arriva à Paris avec une nombreuse suite, le 2 brumaire (23 octobre 1796).

Le directoire se fit représenter par le ministre Delacroix. Les deux négociateurs se virent à l'hôtel des Affaires-Étrangères, le 3 brumaire an V (24 octobre 1796). Le ministre de France exhiba ses pouvoirs. Lord Malmesbury s'annonça comme envoyé de la Grande-Bretagne et de ses alliés, afin de traiter de la paix générale. Il exhiba ensuite ses pouvoirs, qui n'étaient signés que par l'Angleterre. Le ministre français lui demanda alors s'il avait mission des alliés de la Grande-Bretagne, pour traiter en leur nom. Lord Malmesbury répondit qu'aussitôt la négociation ouverte, et le principe sur lequel elle pouvait être basée, admis, le roi de la Grande-Bretagne était assuré d'obtenir le concours et les pouvoirs de ses alliés. Le lord remit ensuite à Delacroix une note de sa cour, dans laquelle il annonçait le principe sur lequel devait être basée la négociation. Ce principe était celui des compensations de conquêtes entre les puissances. L'Angleterre avait fait, disait cette note, des conquêtes dans les colonies; la France en avait fait sur le continent aux alliés de l'Angleterre; il y avait donc matière à restitutions de part et d'autre. Mais il fallait convenir d'abord du principe des compensations, avant de s'expliquer sur les objets qui seraient compensés. On voit que le cabinet anglais évitait de s'expliquer positivement sur la restitution des Pays-Bas, et énonçait un principe général pour ne pas faire rompre la négociation dès son ouverture. Le ministre Delacroix répondit qu'il allait en référer au directoire.

Le directoire ne pouvait pas abandonner les

Pays-Bas; ce n'était pas dans ses pouvoirs, et l'aurait-il pu, il ne le devait pas. La France avait envers ces provinces des engagements d'honneur, et ne pouvait pas les exposer aux vengeances de l'Autriche en les lui restituant. D'ailleurs, elle avait droit à des indemnités pour la guerre inique qu'on lui faisait depuis si long-temps; elle avait droit à des compensations pour les agrandissements de l'Autriche, la Prusse et la Russie en Pologne, par les suites d'un attentat; elle devait enfin tendre toujours à se donner sa limite naturelle, et, par toutes ces raisons, elle devait ne jamais se départir des Pays-Bas, et maintenir les dispositions de la constitution. Le directoire, bien résolu à remplir son devoir à cet égard, pouvait rompre sur-le-champ une négociation, dont le but évident était de nous proposer l'abandon des Pays-Bas, et de prévenir un arrangement avec l'Autriche; mais il aurait ainsi donné lieu de dire qu'il ne voulait pas la paix, il aurait rempli l'une des principales intentions de Pitt, et lui aurait fourni d'excellentes raisons pour demander au peuple anglais de nouveaux sacrifices. Il répondit le lendemain même. — La France, dit-il, avait déjà traité isolément avec la plupart des puissances de la coalition, sans qu'elles invoquassent le concours de tous les alliés; rendre la négociation générale, c'était la rendre interminable, c'était donner lieu de croire que la négociation actuelle n'était pas plus sincère que l'ouverture faite l'année précédente, par l'intermédiaire du ministre Wickam. Du reste, le ministre anglais n'avait pas de pouvoir des alliés, au nom desquels il parlait. Enfin, le principe des compensations était énoncé d'une manière trop générale et trop vague, pour qu'on pût l'admettre ou le rejeter. L'application de ce principe dépendait toujours de la nature des conquêtes, et de la force qui restait aux puissances belligérantes pour les conserver. Ainsi, ajoutait le directoire, le gouvernement français pourrait se dispenser de répondre; mais pour prouver son désir de la paix, il déclare qu'il sera prêt à écouter toutes les propositions, dès que le lord Malmesbury sera muni des pouvoirs de toutes les puissances, au nom desquelles il prétend traiter.

Le directoire qui, dans cette négociation, n'avait rien à cacher, et qui pouvait agir avec la plus grande franchise, résolut de rendre la négociation publique, et de faire imprimer dans les journaux les notes du ministre anglais et les réponses du ministre français. Il fit imprimer en effet sur-le-champ le mémoire de lord Malmesbury, et la réponse qu'il y avait faite. Cette manière d'agir était de nature à déconcerter un peu la politique tortueuse du cabinet anglais, mais elle ne dérogeait nullement aux convenances, en dérogeant aux usages. Lord Malmesbury répondit qu'il allait en référer à son gouvernement. C'était un singulier plénipotentiaire que celui qui n'avait que des pouvoirs aussi insuffisants, et qui, à chaque difficulté, était obligé d'en référer à sa cour. Le directoire aurait pu voir là un leurre, et l'intention de traîner en longueur pour se donner l'air de négocier; il aurait pu surtout ne pas voir avec plaisir le séjour d'un étranger dont les intrigues pouvaient être dangereuses, et qui venait pour découvrir le secret de nos armements; il ne manifesta néanmoins aucun mécontentement; il permit à lord Malmesbury d'attendre les réponses de sa cour, et, en attendant, d'observer Paris, les partis, leur force et celle du gouvernement. Le directoire n'avait du reste qu'à y gagner.

Pendant ce temps, notre situation devenait périlleuse en Italie, malgré les récents triomphes de Roveredo, de Bassano, et de Saint-George. L'Autriche redoublait d'efforts pour recouvrer la Lombardie. Graces aux garanties données par Catherine à l'empereur, pour la conservation des Gallicies, les troupes qui étaient en Pologne avaient été transportées vers les Alpes. Graces encore à l'espérance de conserver la paix avec la Porte, les frontières de la Turquie avaient été dégarnies, et toutes les réserves de la monarchie autrichienne dirigées vers l'Italie. Une population nombreuse et dévouée fournissait en outre de puissants moyens de recrutement. L'administration autrichienne déployait un zèle et une activité extraordinaires pour enrôler de nouveaux soldats, les encadrer dans les vieilles troupes, les armer et les équiper. Une belle armée se préparait ainsi dans le Frioul, avec les débris de Wurmser, avec les troupes venues de Pologne et de Turquie, avec les détachements du Rhin, et les recrues. Le maréchal Alvinzy était chargé d'en prendre le commandement. On espérait que cette troisième armée serait plus heureuse que les deux précédentes, et qu'elle finirait par arracher l'Italie à son jeune conquérant.

Dans cet intervalle, Bonaparte ne cessait de demander des secours, et de conseiller des négociations avec les puissances italiennes qui étaient sur ses derrières. Il pressait le directoire de traiter avec Naples, de renouer les négociations avec Rome, de conclure avec Gênes, et de négocier une alliance offensive et défensive avec le roi de Piémont, pour lui procurer des secours en Italie, si on ne pouvait pas lui en envoyer de France. Il voulait qu'on lui permît de proclamer l'indépendance de la Lombardie, et celle des états du duc de Modène, pour se faire des partisans et des auxiliaires fortement attachés à sa cause. Ses vues étaient justes, et la détresse de son armée légitimait ses vives instances. La rupture des négociations avec le pape avait fait rétrograder une seconde fois la contribution imposée par l'armistice de Bologne. Il n'y avait eu qu'un paiement d'exécuté. Les contributions frappées sur Parme, Modène, Milan, étaient épuisées, soit par les dépenses de l'armée, soit par les envois faits au gouvernement. Venise fournissait bien des vivres; mais le prêt était arriéré. Les valeurs à prendre sur le commerce étranger à Livourne étaient encore en contestation. Au milieu des plus riches pays de la terre, l'armée commençait à éprouver des privations. Mais son plus grand malheur était le vide de ses rangs, éclaircis par le canon autrichien. Ce n'était pas sans de grandes pertes qu'elle avait détruit tant d'ennemis. On l'avait renforcée de neuf à dix mille hommes depuis l'ouverture de la campagne, ce qui avait porté à cinquante mille à peu près le nombre des

Français entrés en Italie; mais elle en avait tout au plus trente et quelques mille dans le moment; le feu et les maladies l'avaient réduite à ce petit nombre. Une douzaine de bataillons de la Vendée venaient d'arriver, mais singulièrement diminués par les désertions; les autres détachements promis n'arrivaient pas. Le général Willot, qui commandait dans le Midi, et qui était chargé de diriger sur les Alpes plusieurs régiments, les retenait pour apaiser les troubles que sa maladresse et son mauvais esprit provoquaient dans les provinces de son commandement. Kellermann ne pouvait guère dégarnir sa ligne, car il devait toujours être prêt à contenir Lyon et les environs, où les compagnies de Jésus commettaient des assassinats. Bonaparte demandait la quatre-vingt-troisième et la quarantième brigade, formant à peu près six mille hommes de bonnes troupes, et répondait de tout si elles arrivaient à temps.

Il se plaignait qu'on ne l'eût pas chargé de négocier avec Rome, parce qu'il aurait attendu, pour signifier l'ultimatum, le paiement de la contribution. « Tant que votre général, disait-« il, ne sera pas le centre de tout en Italie, « tout ira mal. Il serait facile de m'accuser « d'ambition; mais je n'ai que trop d'honneur;

« je suis malade, je puis à peine me tenir à
« cheval; il ne me reste que du courage, ce
« qui est insuffisant pour le poste que j'occupe.
« On nous compte, ajoutait-il; le prestige de
« nos forces disparait. Des troupes, ou l'Italie est
« perdue! »

Le directoire, sentant la nécessité de priver
Rome de l'appui de Naples, et d'assurer les
derrières de Bonaparte, conclut enfin son traité
avec la cour des Deux-Siciles. Il se désista de
toute demande particulière, et de son côté,
cette cour, que nos dernières victoires sur la
Brenta avaient intimidée, qui voyait l'Espagne
faire cause commune avec la France, et qui
craignait de voir les Anglais chassés de la Méditerranée, accéda au traité. La paix fut signée
le 19 vendémiaire (10 octobre). Il fut convenu
que le roi de Naples retirerait toute espèce de
secours aux ennemis de la France, et qu'il
fermerait ses ports aux vaisseaux armés des
puissances belligérantes. Le directoire conclut
ensuite son traité avec Gênes. Une circonstance
particulière en hâta la conclusion : Nelson enleva un vaisseau français à la vue des batteries
génoises; cette violation de la neutralité compromit singulièrement la république de Gênes;
le parti français qui était chez elle se montra plus
hardi, le parti de la coalition plus timide; il fut

arrêté qu'on s'allierait à la France. Les ports de Gênes furent fermés aux Anglais. Deux millions nous furent payés en indemnité pour la frégate *la Modeste*, et deux autres millions fournis en prêt. Les familles feudataires ne furent pas exilées, mais tous les partisans de la France expulsés du territoire et du sénat furent rappelés et réintégrés. Le Piémont fut de nouveau sollicité de conclure une alliance offensive et défensive. Le roi actuel venait de mourir; son jeune successeur Charles Emmanuel montrait d'assez bonnes dispositions pour la France, mais il ne se contentait pas des avantages qu'elle lui offrait pour prix de son alliance. Le directoire lui offrait de garantir ses états, que rien ne lui garantissait dans cette conflagration générale, et au milieu de toutes les républiques qui se préparaient. Mais le nouveau roi, comme le précédent, voulait qu'on lui donnât la Lombardie, ce que le directoire ne pouvait pas promettre, ayant à se ménager des équivalents pour traiter avec l'Autriche. Le directoire permit ensuite à Bonaparte de renouer les négociations avec Rome, et lui donna ses pleins pouvoirs à cet égard.

Rome avait envoyé le cardinal Albani à Vienne; elle avait compté sur Naples, et dans son comportement elle avait offensé la légation espagnole. Naples lui manquant, l'Espagne lui manifestant son mécontentement, elle était dans l'alarme, et le moment était convenable pour renouer avec elle. Bonaparte voulait d'abord son argent; ensuite, quoiqu'il ne craignît pas sa puissance temporelle, il redoutait son influence morale sur les peuples. Les deux partis italiens, enfantés par la révolution française, et développés par la présence de nos armées, s'exaspéraient chaque jour davantage. Si Milan, Modène, Reggio, Bologne, Ferrare, étaient le siége du parti patriote, Rome était celui du parti monacal et aristocrate. Elle pouvait exciter les fureurs fanatiques, et nous nuire beaucoup, dans un moment surtout où la question n'était pas résolue avec les armées autrichiennes. Bonaparte pensa qu'il fallait temporiser encore. Esprit libre et indépendant, il méprisait tous les fanatismes qui restreignent l'intelligence humaine; mais, homme d'exécution, il redoutait les puissances qui échappent à la force, et il aimait mieux éluder que lutter avec elles. D'ailleurs, quoique élevé en France, il était né au milieu de la superstition italienne; il ne partageait pas ce dégoût de la religion catholique, si profond et si commun chez nous à la suite du dix-huitième siècle; et il n'avait pas, pour traiter avec le Saint-Siége,

la même répugnance qu'on avait à Paris. Il songea donc à gagner du temps, pour s'éviter une marche rétrograde sur la péninsule, pour s'épargner des prédications fanatiques, et, s'il était possible, pour regagner les 16 millions ramenés à Rome. Il chargea le ministre Cacault de désavouer les exigences du directoire en matière de foi, et de n'insister que sur les conditions purement matérielles. Il choisit le cardinal Mattei, qu'il avait enfermé dans un couvent, pour l'envoyer à Rome; il le délivra, et le chargea d'aller parler au pape. « La cour
« de Rome, lui écrivit-il, veut la guerre, elle
« l'aura; mais avant, je dois à ma nation et à
« l'humanité de faire un dernier effort pour
« ramener le pape à la raison. Vous connais-
« sez, monsieur le cardinal, les forces de l'ar-
« mée que je commande : pour détruire la
« puissance temporelle du pape, il ne me fau-
« drait que le vouloir. Allez à Rome, voyez le
« Saint-Père, éclairez-le sur ses vrais intérêts;
« arrachez-le aux intrigants qui l'environnent,
« qui veulent sa perte et celle de la cour de
« Rome. Le gouvernement français permet que
« j'écoute encore des paroles de paix. Tout peut
« s'arranger. La guerre, si cruelle pour les
« peuples, a des résultats terribles pour les
« vaincus. Évitez de grands malheurs au pape.

« Vous savez combien je désire finir par la paix
« une lutte que la guerre terminerait pour moi
« sans gloire comme sans péril. »

Pendant qu'il employait ces moyens pour *tromper*, disait-il, *le vieux renard*, et se garantir des fureurs du fanatisme, il songeait à exciter l'esprit de liberté dans la Haute-Italie, afin d'opposer le patriotisme à la superstition. Toute la Haute-Italie était fort exaltée : le Milanez, arraché à l'Autriche, les provinces de Modène et de Reggio, impatientes du joug que faisait peser sur elles leur vieux duc absent, les légations de Bologne et Ferrare, soustraites au pape, demandaient à grands cris leur indépendance, et leur organisation en républiques. Bonaparte ne pouvait pas déclarer l'indépendance de la Lombardie, car la victoire n'avait pas encore assez positivement décidé de son sort ; mais il lui donnait toujours des espérances et des encouragements. Quant aux provinces de Modène et de Reggio, elles touchaient immédiatement les derrières de son armée, et confinaient avec Mantoue. Il avait à se plaindre de la régence, qui avait fait passer des vivres à la garnison ; il avait recommandé au directoire de ne pas donner la paix au duc de Modène, et de s'en tenir à l'armistice, afin de pouvoir le punir au besoin. Les circonstances devenant chaque jour plus difficiles, il se décida, sans en prévenir le directoire, à un coup de vigueur. Il était constant que la régence venait récemment encore de se mettre en faute, et de manquer à l'armistice en fournissant des vivres à Wurmser, et en donnant asile à un de ses détachements : sur-le-champ il déclara l'armistice violé; et en vertu du droit de conquête, il chassa la régence, déclara le duc de Modène déchu, et les provinces de Reggio et de Modène libres. L'enthousiasme des Reggiens et des Modénois fut extraordinaire. Bonaparte organisa un gouvernement municipal pour administrer provisoirement le pays, en attendant qu'il fût constitué. Bologne et Ferrare s'étaient déjà constituées en république, et commençaient à lever des troupes. Bonaparte voulait réunir ces deux légations aux états du duc de Modène, pour en faire une seule république, qui, située tout entière en-deçà du Pô, s'appellerait *République cispadane*. Il pensait que si, à la paix, on était obligé de rendre la Lombardie à l'Autriche, on pourrait éviter de rendre, au duc de Modène et au pape, le Modénois et les légations; qu'on pourrait ériger ainsi une république, fille et amie de la république française, qui serait au-delà des Alpes le foyer des principes français, l'asile des patriotes compromis, et d'où la liberté pourrait s'étendre un jour sur toute l'Italie. Il ne croyait pas que l'affranchissement de l'Italie pût se faire d'un seul coup; il croyait le gouvernement français trop épuisé pour l'opérer maintenant, et il pensait qu'il fallait au moins déposer les germes de la liberté dans cette première campagne. Pour cela il fallait réunir Bologne et Ferrare à Modène et Reggio. L'esprit de localité s'y opposait, mais il espérait vaincre cette opposition par son influence toute-puissante. Il se rendit dans ces villes, y fut reçu avec enthousiasme, et les décida à envoyer à Modène cent députés de toutes les parties de leur territoire, pour y former une assemblée nationale, qui serait chargée de constituer la république cispadane. Cette réunion eut lieu le 25 vendémiaire (16 octobre) à Modène. Elle se composait d'avocats, de propriétaires, de commerçants. Contenue par la présence de Bonaparte, dirigée par ses conseils, elle montra la plus grande sagesse. Elle vota la réunion en une seule république des deux légations et du duché de Modène; elle abolit la féodalité, et décréta l'égalité civile; elle nomma un commissaire chargé d'organiser une légion de quatre mille hommes, et arrêta la formation d'une seconde assemblée, qui devait se réunir le 5 nivôse (25 décembre), pour délibérer une constitution. Les Reggiens montrèrent le plus grand dévouement. Un détachement autrichien étant sorti de Mantoue, ils coururent aux armes, l'entourèrent, le firent prisonnier, et l'amenèrent à Bonaparte. Deux Reggiens furent tués dans l'action, et furent les premiers martyrs de l'indépendance italienne.

La Lombardie était jalouse et alarmée des faveurs accordées à la Cispadane, et crut y voir pour elle un sinistre présage. Elle se dit que puisque les Français constituaient les légations et le duché sans la constituer elle-même, ils avaient le projet de la rendre à l'Autriche. Bonaparte rassura de nouveau les Lombards, leur fit sentir les difficultés de sa position, et leur répéta qu'il fallait gagner l'indépendance en le secondant dans cette terrible lutte. Ils décidèrent de porter à douze mille hommes les deux légions italienne et polonaise, dont ils avaient déjà commencé l'organisation.

Bonaparte s'était ménagé ainsi autour de lui des gouvernements amis, qui allaient faire tous leurs efforts pour l'appuyer. Leurs troupes sans doute ne pouvaient pas grand'chose ; mais elles étaient capables de faire la police du pays conquis, et de cette manière elles rendaient disponibles les détachements qu'il y employait.

Elles pouvaient, appuyées de quelques centaines de Français, résister à une première tentative du pape, s'il avait la folie d'en faire une. Bonaparte s'efforça en même temps de rassurer le duc de Parme, dont les états confinaient à la nouvelle république; son amitié pouvait être utile, et sa parenté avec l'Espagne commandait des ménagements. Il lui laissa entrevoir la possibilité de gagner quelques villes, au milieu de ces démembrements de territoires. Il usait ainsi de toutes les ressources de la politique, pour suppléer aux forces que son gouvernement ne pouvait pas lui fournir; et, en cela, il faisait son devoir envers la France et l'Italie, et le faisait avec toute l'habileté d'un vieux diplomate.

La Corse venait d'être affranchie par ses soins. Il avait réuni les principaux réfugiés à Livourne, leur avait donné des armes et des officiers, et les avait jetés hardiment dans l'île pour seconder la rébellion des habitants contre les Anglais. L'expédition réussit; sa patrie était délivrée du joug anglais, et la Méditerranée allait bientôt l'être. On pouvait espérer qu'à l'avenir les escadres espagnoles, réunies aux escadres françaises, fermeraient le détroit de Gibraltar aux flottes de l'Angleterre, et domineraient dans toute la Méditerranée.

Il avait donc employé le temps écoulé depuis les événements de la Brenta à améliorer sa position en Italie; mais s'il avait un peu moins à craindre les princes de cette contrée, le danger du côté de l'Autriche ne faisait que s'accroître, et ses forces pour y parer étaient toujours aussi insuffisantes. La quatre-vingt-troisième demi-brigade et la quarantième étaient toujours retenues dans le Midi. Il avait douze mille hommes dans le Tyrol sous Vaubois, rangés en avant de Trente sur le bord du Lavis; seize ou dix-sept mille à peu près sous Masséna et Augereau, sur la Brenta et l'Adige; huit ou neuf mille enfin devant Mantoue; ce qui portait son armée à trente-six ou trente-huit mille hommes environ. Davidovich, qui était resté dans le Tyrol après le désastre de Wurmser, avec quelques mille hommes, en avait maintenant dix-huit mille. Alvinzy s'avançait du Frioul sur la Piave avec environ quarante mille. Bonaparte était donc fort compromis; car, pour résister à soixante mille hommes, il n'en avait que trente-six mille, fatigués par une triple campagne, et diminués tous les jours par les fièvres qu'ils gagnaient dans les rivières de la Lombardie. Il l'écrivait avec chagrin au directoire, et lui disait qu'il allait perdre l'Italie.

Le directoire, voyant le péril de Bonaparte,

et ne pouvant pas arriver assez tôt à son secours, songea à suspendre sur-le-champ les hostilités par le moyen d'une négociation. Malmesbury était à Paris, comme on vient de le voir. Il attendait la réponse de son gouvernement aux communications du directoire, qui avait exigé qu'il eût des pouvoirs de toutes les puissances, et qu'il s'exprimât plus clairement sur le principe des compensations de conquêtes. Le ministère anglais, après dix-neuf jours, venait enfin de répondre le 24 brumaire (14 novembre) que les prétentions de la France étaient inusitées, qu'il était permis à un allié de demander à traiter au nom de ses alliés, avant d'avoir leur autorisation en forme; que l'Angleterre était assurée de l'obtenir, mais qu'auparavant il fallait que la France s'expliquât nettement sur le principe des compensations, principe qui était la seule base sur laquelle la négociation pût s'ouvrir. Le cabinet anglais ajoutait que la réponse du directoire était pleine d'insinuations peu décentes sur les intentions de sa majesté britannique, qu'il était au-dessous d'elle d'y répondre, et qu'elle voulait ne pas s'y arrêter, pour ne pas entraver la négociation. Le jour même, le directoire, qui voulait être prompt et catégorique, répondit à lord Malmesbury qu'il admettait le principe des compensations, mais qu'il eût à désigner sur-le-champ les objets sur lesquels porterait ce principe.

Le directoire pouvait faire cette réponse sans se trop engager, puisqu'en refusant de céder la Belgique et le Luxembourg, il avait à sa disposition la Lombardie et plusieurs autres petits territoires. Du reste, cette négociation était évidemment illusoire; le directoire ne pouvait rien en attendre, et il résolut de déjouer les finesses de l'Angleterre, en envoyant directement un négociateur à Vienne, chargé de conclure un arrangement particulier avec l'empereur. La première proposition que le négociateur devait faire était celle d'un armistice en Allemagne et en Italie, qui durerait six mois au moins. Le Rhin et l'Adige sépareraient les armées des deux puissances. Les siéges de Kehl et de Mantoue seraient suspendus. On ferait entrer chaque jour dans Mantoue les vivres nécessaires pour remplacer la consommation journalière, de manière à replacer les deux partis dans leur état actuel à la fin de l'armistice. La France gagnait ainsi la conservation de Kehl, et l'Autriche celle de Mantoue. Une négociation devait s'ouvrir immédiatement pour traiter de la paix. Les conditions offertes par la France étaient les suivantes:

l'Autriche cédait la Belgique et le Luxembourg à la France ; la France restituait la Lombardie à l'Autriche, et le Palatinat à l'Empire ; elle renonçait ainsi, sur ce dernier point, à la ligne du Rhin ; elle consentait en outre, pour dédommager l'Autriche de la perte des Pays-Bas, à la sécularisation de plusieurs évêchés de l'Empire. L'empereur ne devait nullement se mêler des affaires de la France avec le pape, et devait prêter son entremise en Allemagne pour procurer des indemnités au stathouder. C'était une condition indispensable pour assurer le repos de la Hollande, et pour satisfaire le roi de Prusse, dont la sœur était épouse du stathouder. Ces conditions étaient fort modérées, et prouvaient le désir qu'avait le directoire de faire cesser les horreurs de la guerre, et ses inquiétudes pour l'armée d'Italie.

Le directoire choisit pour porter ces propositions le général Clarke, qui était employé dans les bureaux de la guerre auprès de Carnot. Ses instructions furent signées le 26 brumaire (16 novembre). Mais il fallait du temps pour qu'il se mît en route, qu'il arrivât, qu'il fût reçu et écouté ; et, pendant ce temps, les événements se succédaient en Italie avec une singulière rapidité.

Le 11 brumaire (1ᵉʳ novembre) le maréchal

Alvinzy ayant jeté des ponts sur la Piave, s'était avancé sur la Brenta. Le plan des Autrichiens, cette fois, était d'attaquer à la fois par les montagnes du Tyrol et par la plaine. Davidovich devait chasser Vaubois de ses positions, et descendre le long des deux rives de l'Adige jusqu'à Vérone. Alvinzy, de son côté, devait passer la Piave et la Brenta, s'avancer sur l'Adige, entrer à Vérone avec le gros de l'armée, et s'y réunir à Davidovich. Les deux armées autrichiennes devaient partir de ce point, pour marcher de concert au déblocus de Mantoue et à la délivrance de Wurmser.

Alvinzy, après avoir passé la Piave, s'avança sur la Brenta, où Masséna était posté avec sa division; celui-ci ayant reconnu la force de l'ennemi se replia. Bonaparte marcha à son appui avec la division Augereau. Il prescrivit en même temps à Vaubois de contenir Davidovich dans la vallée du Haut-Adige, et de lui enlever s'il le pouvait sa position du Lavis. Il marcha lui-même sur Alvinzy, résolu, malgré la disproportion des forces, de l'attaquer impétueusement, et de le rompre dès l'ouverture même de cette nouvelle campagne. Il arriva le 16 brumaire au matin (6 novembre) à la vue de l'ennemi. Les Autrichiens avaient pris position en avant de la Brenta, depuis Carmignano jusqu'à

Bassano; leurs réserves étaient restées en arrière, au-delà de la Brenta. Bonaparte porta sur eux toutes ses forces. Masséna attaqua Liptai et Provera devant Carmignano; Augereau attaqua Quasdanovich devant Bassano. L'affaire fut chaude et sanglante; les troupes déployèrent une grande bravoure. Liptai et Provera furent rejetés au-delà de la Brenta par Masséna; Quasdanovich fut repoussé sur Bassano par Augereau. Bonaparte aurait voulu entrer le jour même dans Bassano, mais l'arrivée des réserves autrichiennes l'en empêcha. Il fallut remettre l'attaque au lendemain. Malheureusement il apprit dans la nuit que Vaubois venait d'essuyer un revers sur le Haut-Adige. Ce général avait bravement attaqué les positions de Davidovich, et avait obtenu un commencement de succès; mais une terreur panique s'était emparée de ses troupes malgré leur bravoure éprouvée, et elles avaient fui en désordre. Il les avait enfin ralliées dans ce fameux défilé de Calliano, où l'armée avait déployé tant d'audace dans l'invasion du Tyrol; il espérait s'y maintenir, lorsque Davidovich, dirigeant un corps sur l'autre rive de l'Adige, avait débordé Calliano, et tourné la position. Vaubois annonçait qu'il se retirait pour n'être pas coupé, et exprimait la crainte que Davidovich ne l'eût devancé aux importantes positions de la Corona et de Rivoli, qui couvrent la route du Tyrol, entre l'Adige et le lac de Garda.

Bonaparte sentit dès lors le danger de s'engager davantage contre Alvinzy, lorsque Vaubois, qui était avec sa gauche dans le Tyrol, pouvait perdre la Corona, Rivoli, et même Vérone, et être rejeté dans la plaine. Bonaparte eût alors été coupé de son aile principale, et placé avec quinze ou seize mille hommes entre Davidovich et Alvinzy. En conséquence il résolut de se replier sur-le-champ. Il ordonna à un officier de confiance de voler à Vérone, d'y réunir tout ce qu'il pourrait trouver de troupes, de les porter à Rivoli et à la Corona, afin d'y prévenir Davidovich, et de donner à Vaubois le temps de s'y retirer.

Le lendemain 17 brumaire (7 novembre), il rebroussa chemin, et traversa la ville de Vicence, qui fut étonnée de voir l'armée française se retirer après le succès de la veille. Il se rendit à Vérone, où il laissa toute son armée. Il remonta seul à Rivoli et à la Corona, où très-heureusement il trouva les troupes de Vaubois ralliées, et en mesure de tenir tête à une nouvelle attaque de Davidovich. Il voulut donner une leçon aux trente-neuvième et quatre-vingt-cinquième demi-brigades, qui avaient cédé à une terreur panique. Il fit assembler toute la division, et, s'adressant à ces deux demi-brigades, il leur reprocha leur indiscipline et leur fuite. Il dit ensuite au chef d'état-major : « Faites écrire « sur les drapeaux que la trente-neuvième et la « quatre-vingt-cinquième ne font plus partie de « l'armée d'Italie. » Ces expressions causèrent aux soldats de ces deux demi-brigades le plus violent chagrin ; ils entourèrent Bonaparte, lui dirent qu'ils s'étaient battus un contre trois, et lui demandèrent à être envoyés à son avant-garde, pour faire voir s'ils n'étaient plus de l'armée d'Italie. Bonaparte les dédommagea de sa sévérité par quelques paroles bienveillantes, qui les transportèrent, et les laissa disposés à venger leur honneur par une bravoure désespérée.

Il ne restait plus à Vaubois que huit mille hommes, sur les douze mille qu'il avait avant cette échauffourée. Bonaparte les distribua le mieux qu'il put dans les positions de la Corona et de Rivoli, et, après s'être assuré que Vaubois pourrait tenir là quelques jours, et couvrir notre gauche et nos derrières, il retourna à Vérone pour opérer contre Alvinzy. La chaussée qui conduit de la Brenta à Vérone, en suivant le pied des montagnes, passe par Vicence, Montebello, Villa-Nova et Caldiero. Alvinzy, étonné de voir Bonaparte se replier le lendemain d'un succès, l'avait suivi de loin en loin, se doutant que les progrès de Davidovich avaient pu seuls le ramener en arrière. Il espérait que son plan de jonction à Vérone allait se réaliser. Il s'arrêta à trois lieues à peu près de Vérone, sur les hauteurs de Caldiero, qui en dominent la route. Ces hauteurs présentaient une excellente position pour tenir tête à l'armée qui sortait de Vérone. Alvinzy s'y établit, y plaça des batteries, et n'oublia rien pour s'y rendre inexpugnable. Bonaparte en fit la reconnaissance, et résolut de les attaquer sur-le-champ; car la situation de Vaubois à Rivoli était très-précaire, et ne lui laissait pas beaucoup de temps pour agir sur Alvinzy. Il marcha contre lui le 21 au soir (11 novembre), repoussa son avant-garde, et bivouaqua avec les divisions Masséna et Augereau au pied de Caldiero. A la pointe du jour, il s'aperçut qu'Alvinzy, fortement retranché, acceptait la bataille. La position était abordable d'un côté, celui qui appuyait aux montagnes, et qui n'avait pas été assez soigneusement défendu par Alvinzy. Bonaparte y dirigea Masséna, et chargea Augereau d'attaquer le reste de la ligne. L'action fut vive. Mais la pluie tombait par torrents, ce qui donnait un grand avantage à l'ennemi, dont l'artillerie était placée d'avance sur de bonnes positions, tandis que la nôtre, obligée de se mouvoir dans des chemins devenus impraticables, ne pouvait pas être portée sur les points convenables, et manquait tout son effet. Néanmoins Masséna parvint à gravir la hauteur négligée par Alvinzy. Mais tout-à-coup la pluie se changea en une grelasse froide, qu'un vent violent portait dans le visage de nos soldats. Au même instant, Alvinzy fit marcher sa réserve sur la position que Masséna lui avait enlevée, et reprit tous ses avantages. Bonaparte voulut en vain renouveler ses efforts, il ne put réussir. Les deux armées passèrent la nuit en présence. La pluie ne cessa pas de tomber, et de mettre nos soldats dans l'état le plus pénible. Le lendemain 23 brumaire (13 novembre), Bonaparte rentra dans Vérone.

La situation de l'armée devenait désespérante. Après avoir inutilement poussé l'ennemi au-delà de la Brenta, et sacrifié sans fruit une foule de braves; après avoir perdu à la gauche le Tyrol et quatre mille hommes; après avoir livré une bataille malheureuse à Caldiero, pour éloigner Alvinzy de Vérone, et s'être encore affaibli sans succès, toute ressource semblait perdue. La gauche, qui n'était plus que de huit mille hommes, pouvait à chaque instant être culbutée de la Corona et de Rivoli, et alors Bonaparte se trouvait enveloppé à Vérone. Les deux divisions Masséna et Augereau, qui formaient l'armée active opposée à Alvinzy, étaient réduites, par deux batailles, à quatorze ou quinze mille hommes. Que pouvaient quatorze ou quinze mille soldats contre près de quarante mille? L'artillerie, qui nous avait toujours servi à contre-balancer la supériorité de l'ennemi, ne pouvait plus se mouvoir au milieu des boues; il n'y avait donc aucun espoir de lutter avec quelque chance de succès. L'armée était dans la consternation. Ces braves soldats, éprouvés par tant de fatigues et de dangers, commençaient à murmurer. Comme tous les soldats intelligents, ils étaient sujets à de l'humeur, parce qu'ils étaient capables de juger. —Après avoir détruit, disaient-ils, deux armées dirigées contre nous, il nous a fallu détruire encore celles qui étaient opposées aux troupes du Rhin. A Beaulieu a succédé Wurmser; à Wurmser succède Alvinzy : la lutte se renouvelle chaque jour. Nous ne pouvons pas faire la tâche de tous. Ce n'est pas à nous à combattre Alvinzy, ce n'était pas à nous à combattre Wurmser. Si chacun avait fait sa tâche comme nous, la guerre serait finie. Encore,

ajoutaient-ils, si on nous donnait des secours proportionnés à nos périls! mais on nous abandonne au fond de l'Italie, on nous laisse seuls aux prises avec deux armées innombrables. Et quand, après avoir versé notre sang dans des milliers de combats, nous serons ramenés sur les Alpes, nous reviendrons sans honneur et sans gloire, comme des fugitifs qui n'auraient pas fait leur devoir. — C'étaient là les discours des soldats dans leurs bivouacs. Bonaparte, qui partageait leur humeur et leur mécontentement, écrivait au directoire le même jour 24 brumaire (14 novembre) : « Tous nos officiers
« supérieurs, tous nos généraux d'élite sont
« hors de combat; l'armée d'Italie, réduite à
« une poignée de monde, est épuisée. Les hé-
« ros de Millesimo, de Lodi, de Castiglione,
« de Bassano, sont morts pour leur patrie, ou
« sont à l'hôpital. Il ne reste plus aux corps
« que leur réputation et leur orgueil. Joubert,
« Lannes, Lamare, Victor, Murat, Charlot,
« Dupuis, Rampon, Pigeon, Ménard, Châ-
« brand, sont blessés. Nous sommes abandon-
« nés au fond de l'Italie : ce qui me reste de
« braves voit la mort infaillible, au milieu de
« chances si continuelles, et avec des forces si
« inférieures. Peut-être l'heure du brave Au-
« gereau, de l'intrépide Masséna, est près de

« sonner..... Alors! alors que deviendront ces
« braves gens? Cette idée me rend réservé; je
« n'ose plus affronter la mort, qui serait un
« sujet de découragement pour qui est l'objet
« de mes sollicitudes. Si j'avais reçu la quatre-
« vingt-troisième, forte de trois mille cinq cents
« hommes connus à l'armée, j'aurais répondu
« de tout! Peut-être, sous peu de jours, ne
« sera-ce pas assez de quarante mille hommes!
« — Aujourd'hui, ajoutait Bonaparte, repos
« aux troupes; demain, selon les mouvements
« de l'ennemi, nous agirons. »

Cependant, tandis qu'il adressait ces plaintes amères au gouvernement, il affectait la plus grande sécurité aux yeux de ses soldats; il leur faisait répéter, par ses officiers, qu'il fallait faire un effort, et que cet effort serait le dernier; qu'Alvinzy détruit, les moyens de l'Autriche seraient épuisés pour jamais, l'Italie conquise, la paix assurée, et la gloire de l'armée immortelle. Sa présence, ses paroles relevaient les courages. Les malades, dévorés par la fièvre, en apprenant que l'armée était en péril, sortaient en foule des hôpitaux, et accouraient prendre leur place dans les rangs. La plus vive et la plus profonde émotion était dans tous les cœurs. Les Autrichiens s'étaient approchés le jour même de Vérone, et montraient les échelles qu'ils avaient préparées pour escalader les murs. Les Véronais laissaient éclater leur joie en croyant voir, sous quelques heures, Alvinzy réuni dans leur ville à Davidovich, et les Français détruits. Quelques-uns d'entre eux, compromis pour leur attachement à notre cause, se promenaient tristement en comptant le petit nombre de nos braves.

L'armée attendait avec anxiété les ordres du général, et espérait à chaque instant qu'il commanderait un mouvement. Cependant la journée du 24 s'était écoulée, et, contre l'usage, l'ordre du jour n'avait rien annoncé. Mais Bonaparte n'avait point perdu de temps; et, après avoir médité sur le champ de bataille, il venait de prendre une de ces résolutions que le désespoir inspire au génie. Vers la nuit, l'ordre est donné à toute l'armée de prendre les armes; le plus grand silence est recommandé; on se met en marche; mais au lieu de se porter en avant, on rétrograde, on repasse l'Adige sur les ponts de Vérone, et on sort de la ville par la porte qui conduit à Milan. L'armée croit qu'on bat en retraite, et qu'on renonce à garder l'Italie : la tristesse règne dans les rangs. Cependant, à quelque distance de Vérone, on fait un à-gauche; au lieu de continuer à s'éloigner de l'Adige, on se met à le longer, et à descendre son cours. On le suit pendant quatre lieues. Enfin, après quelques heures de marche, on arrive à Ronco, où un pont de bateaux avait été jeté par les soins du général; on repasse le fleuve; et, à la pointe du jour, on se trouve de nouveau au-delà de l'Adige, qu'on croyait avoir abandonné pour toujours. Le plan du général était extraordinaire; il allait étonner les deux armées. L'Adige, en sortant de Vérone, cesse un instant de couler perpendiculairement des montagnes à la mer, et il oblique vers le levant : dans ce mouvement oblique, il se rapproche de la route de Vérone à la Brenta, sur laquelle était campé Alvinzy. Bonaparte, arrivé à Ronco, se trouvait donc ramené sur les flancs, et presque sur les derrières des Autrichiens. Au moyen de ce pont, il se trouvait placé au milieu de vastes marais. Ces marais étaient traversés par deux chaussées, dont l'une à gauche, remontant l'Adige par Porcil et Gombione, allait rejoindre Vérone; dont l'autre, à droite, passait sur une petite rivière, qu'on appelle l'Alpon, au village d'Arcole, et allait rejoindre la route de Vérone vers Villa-Nova sur les derrières de Caldiero.

Bonaparte tenait donc à Ronco deux chaussées, qui toutes deux allaient rejoindre la grande route occupée par les Autrichiens, l'une entre

Caldiero et Vérone, l'autre entre Caldiero et Villa-Nova. Voici quel avait été son calcul : au milieu de ces marais, l'avantage du nombre était tout-à-fait annulé; on ne pouvait se déployer que sur les chaussées, et sur les chaussées le courage des têtes de colonnes devait décider de tout. Par la chaussée de gauche, qui allait rejoindre la route entre Vérone et Caldiero, il pouvait tomber sur les Autrichiens, s'ils tentaient d'escalader Vérone. Par celle de droite, qui passe l'Alpon au pont d'Arcole, et aboutit à Villa-Nova, il débouchait sur les derrières d'Alvinzy, il pouvait enlever ses parcs et ses bagages, et intercepter sa retraite. Il était donc inattaquable à Ronco, et il étendait ses deux bras autour de l'ennemi. Il avait fait fermer les portes de Vérone, et y avait laissé Kilmaine avec quinze cents hommes, pour résister à un premier assaut. Cette combinaison si audacieuse et si profonde frappa l'armée, qui sur-le-champ en devina l'intention, et en fut remplie d'espérance.

Bonaparte plaça Masséna sur la digue de gauche pour remonter sur Gombione et Porcil, et prendre l'ennemi en queue, s'il marchait sur Vérone. Il dirigea Augereau à droite pour déboucher sur Villa-Nova. On était à la pointe du jour. Masséna se mit en observation sur la digue de gauche; Augereau, pour parcourir celle de droite, avait à franchir l'Alpon sur le pont d'Arcole. Quelques bataillons croates s'y trouvaient détachés pour surveiller le pays. Ils bordaient la rivière, et avaient leur canon braqué sur le pont. Ils accueillirent l'avant-garde d'Augereau par une vive fusillade, et la forcèrent à se replier. Augereau accourut et ramena ses troupes en avant; mais le feu du pont et de la rive opposée les arrêta de nouveau. Il fut obligé de céder devant cet obstacle, et de faire halte.

Pendant ce temps, Alvinzy, qui avait les yeux fixés sur Vérone, et qui croyait que l'armée française s'y trouvait encore, était surpris d'entendre un feu très-vif au milieu des marais. Il ne supposait pas que le général Bonaparte pût choisir un pareil terrain, et il croyait que c'était un corps détaché de troupes légères. Mais bientôt sa cavalerie revient l'informer que l'engagement est grave, et que des coups de fusil sont partis de tous les côtés. Sans être éclairci encore, il envoie deux divisions; l'une sous Provera suit la digue de gauche, l'autre sous Mitrouski suit la digue de droite, et s'avance sur Arcole. Masséna voyant approcher les Autrichiens, les laisse avancer sur cette digue étroite, et quand il les juge assez engagés, il fond sur eux au pas de course, les refoule, les rejette dans les marais, en tue, en noie un grand nombre. La division Mitrouski arrive à Arcole, débouche par le pont et suit la digue comme celle de Provera. Augereau fond sur elle, l'enfonce et en jette une partie dans les marais. Il la poursuit, et veut passer le pont après elle; mais le pont était encore mieux gardé que le matin; une nombreuse artillerie en défendait l'approche, et tout le reste de la ligne autrichienne était déployé sur la rive de l'Alpon, fusillant sur la digue, et la prenant en travers. Augereau saisit un drapeau et le porte sur le pont; ses soldats le suivent, mais un feu épouvantable les ramène en arrière. Les généraux Lannes, Verne, Bon, Verdier, sont gravement blessés. La colonne se replie, et les soldats descendent à côté de la digue, pour se mettre à couvert du feu.

Bonaparte voyait de Ronco s'ébranler toute l'armée ennemie, qui, avertie enfin du danger, se hâtait de quitter Caldiero pour n'être pas prise par derrière à Villa-Nova. Il voyait avec douleur de grands résultats lui échapper. Il avait bien envoyé Guyeux avec une brigade, pour essayer de passer l'Alpon au-dessous d'Arcole; mais il fallait plusieurs heures pour l'exécution de cette tentative; et cependant il était de la dernière importance de franchir Arcole sur-le-champ, afin d'arriver à temps sur les derrières d'Alvinzy, et d'obtenir un triomphe complet : le sort de l'Italie en dépendait. Il n'hésite pas, il s'élance au galop, arrive près du pont, se jette à bas de cheval, s'approche des soldats qui s'étaient tapis sur le bord de la digue, leur demande s'ils sont encore les vainqueurs de Lodi, les ranime par ses paroles, et, saisissant un drapeau, leur crie : — Suivez votre général! A sa voix, un certain nombre de soldats remontent sur la chaussée, et le suivent; malheureusement le mouvement ne peut pas se communiquer à toute la colonne, dont le reste demeure derrière la digue. Bonaparte s'avance, le drapeau à la main, au milieu d'une grêle de balles et de mitraille. Tous ses généraux l'entourent. Lannes, blessé déjà de deux coups de feu dans la journée, est atteint d'un troisième. Le jeune Muiron, aide-de-camp du général, veut le couvrir de son corps, et tombe mort à ses pieds. Cependant la colonne est près de franchir le pont, lorsqu'une dernière décharge l'arrête, et la rejette en arrière. La queue abandonne la tête. Alors les soldats restés auprès du général, le saisissent, l'emportent au milieu du feu et de la fumée, et veulent le faire remonter à cheval. Une colonne autrichienne, qui débouche sur eux, les pousse en désordre dans le marais. Bonaparte y tombe, et y enfonce jusqu'au milieu du corps. Aussitôt les soldats s'aperçoivent de son danger : En avant ! s'écrient-ils, pour sauver le général. Ils courent à la suite de Béliard et Vignolles, pour le délivrer. On l'arrache du milieu de la fange, on le remet à cheval, et il revient à Ronco.

Dans ce moment, Guyeux était parvenu à passer au-dessous d'Arcole, et à enlever le village par l'autre rive. Mais il était trop tard. Alvinzy avait déjà fait filer ses parcs et ses bagages ; il était déployé dans la plaine, et en mesure de prévenir les desseins de Bonaparte. Tant d'héroïsme et de génie étaient donc devenus inutiles. Bonaparte aurait bien pu s'éviter l'obstacle d'Arcole, en jetant un pont sur l'Adige un peu au-dessous de Ronco, c'est-à-dire à Albaredo, point où l'Alpon est réuni à l'Adige. Mais alors il débouchait en plaine, ce qu'il importait d'éviter ; et il n'était pas en mesure de voler par la digue gauche au secours de Vérone*. Il avait donc eu raison de faire ce qu'il avait fait ; et, quoique le succès

* Je rapporte ici une critique souvent adressée à Bonaparte sur cette célèbre bataille, et la réponse qu'il y a faite lui-même dans ses Mémoires.

ne fût pas complet, d'importants résultats étaient obtenus. Alvinzy avait quitté sa redoutable position de Caldiero; il était redescendu dans la plaine; il ne menaçait plus Vérone; il avait perdu beaucoup de monde dans les marais. Les deux digues étaient devenues le seul champ de bataille intermédiaire entre les deux armées, ce qui assurait l'avantage à la bravoure et l'enlevait au nombre. Enfin les soldats français, animés par la lutte, avaient recouvré toute leur confiance.

Bonaparte, qui avait à songer à tous les périls à la fois, devait s'occuper de sa gauche, laissée à la Corona et à Rivoli. Comme à chaque instant elle pouvait être culbutée, il voulait être en mesure de voler à son secours. Il pensa donc qu'il fallait se replier de Gombione et d'Arcole, repasser l'Adige à Ronco, et bivouaquer en deçà du fleuve, pour être à portée de secourir Vaubois, si, dans la nuit, on apprenait sa défaite. Telle fut cette première journée du 25 brumaire (15 novembre).

La nuit se passa sans mauvaise nouvelle. On sut que Vaubois tenait encore à Rivoli. Les exploits de Castiglione couvraient Bonaparte de ce côté. Davidovich, qui commandait un corps dans l'affaire de Castiglione, avait reçu une telle impression de cet événement, qu'il n'osait avancer avant d'avoir des nouvelles certaines d'Alvinzy. Ainsi le prestige du génie de Bonaparte était là où il n'était pas lui-même. La journée du 26 (16 novembre) commence; on se rencontre sur les deux digues. Les Français chargent à la baïonnette, enfoncent les Autrichiens, en jettent un grand nombre dans les marais, et font beaucoup de prisonniers. Ils prennent des drapeaux et du canon. Bonaparte fait tirailler encore sur la rive de l'Alpon, mais ne tente aucun effort décisif pour le passer. La nuit arrivée, il replie encore ses colonnes, les ramène de dessus les digues, et les rallie sur l'autre rive de l'Adige, content d'avoir épuisé l'ennemi toute la journée, en attendant des nouvelles plus certaines de Vaubois. La seconde nuit se passe encore de même : les nouvelles de Vaubois sont rassurantes. On peut consacrer une troisième journée à lutter définitivement contre Alvinzy. Enfin le soleil se lève pour la troisième fois sur cet épouvantable théâtre de carnage. C'était le 27 (17 novembre 1796). Bonaparte calcule que l'ennemi, en morts, blessés, noyés ou prisonniers, doit avoir perdu près d'un tiers de son armée. Il le juge harassé, découragé, et il voit ses soldats pleins d'enthousiasme; il se décide alors à quitter ces digues, et à porter le champ de bataille dans la plaine, au-delà de l'Alpon. Comme les jours précédents, les Français débouchant de Ronco, rencontrent les Autrichiens sur les digues. Masséna occupe toujours la digue gauche; sur celle de droite, c'est le général Robert qui est chargé d'attaquer, tandis qu'Augereau va passer l'Alpon près de son embouchure dans l'Adige. Masséna éprouve d'abord une vive résistance, mais il met son chapeau à la pointe de son épée, et marche ainsi à la tête des soldats. Comme les jours précédents, beaucoup d'ennemis sont tués, noyés ou pris. Sur la digue de droite, le général Robert s'avance d'abord avec succès; mais il est tué, sa colonne est repoussée presque jusque sur le pont de Ronco.

Bonaparte qui voit le danger place la trente-deuxième dans un bois de saules, qui longe la digue. Tandis que la colonne ennemie, victorieuse de Robert, s'avance, la trente-deuxième sort tout-à-coup de son embuscade, la prend en flanc, et la jette dans un désordre épouvantable. C'étaient trois mille Croates; le plus grand nombre sont tués ou prisonniers. Les digues ainsi balayées, Bonaparte se décide à franchir l'Alpon : Augereau l'avait passé à l'extrême droite. Bonaparte ramène Masséna de la digue gauche sur la digue droite, le dirige sur Arcole, qui était évacué, et porte ainsi toute son armée en plaine devant celle d'Alvinzy. Bonaparte, avant d'ordonner la charge, veut semer l'épouvante au moyen d'un stratagème. Un marais, plein de roseaux, couvrait l'aile gauche de l'ennemi : il ordonne au chef de bataillon Hercule de prendre avec lui vingt-cinq de ses guides, de filer à travers les roseaux et de charger à l'improviste avec un grand bruit de trompettes. Ces vingt-cinq braves s'apprêtent à exécuter l'ordre. Bonaparte donne alors le signal à Masséna et à Augereau. Ceux-ci chargent vigoureusement la ligne autrichienne, qui résiste ; mais tout-à-coup on entend un grand bruit de trompettes ; les Autrichiens, croyant être chargés par toute une division de cavalerie, cèdent le terrain. Au même instant, la garnison de Legnago, que Bonaparte avait fait sortir pour circuler sur leurs derrières, se montre au loin, et ajoute à leurs inquiétudes. Alors ils se retirent ; et, après soixante-douze heures de cet épouvantable combat, découragés, accablés de fatigue, ils cèdent la victoire à l'héroïsme de quelques mille braves, et au génie d'un grand capitaine.

Les deux armées, épuisées de leurs efforts, passèrent la nuit dans la plaine. Dès le lendemain matin, Bonaparte fit recommencer la poursuite sur Vicence. Arrivé à la hauteur de la chaussée qui mène de la Brenta à Vérone, en passant par Villa-Nova, il laissa à la cavalerie seule le soin de poursuivre l'ennemi, et songea à rentrer à Vérone par la route de Villa-Nova et de Caldiero, afin de venir au secours de Vaubois. Bonaparte apprit en route que Vaubois avait été obligé d'abandonner la Corona et Rivoli, et de se replier à Castel-Novo. Il redoubla de célérité, et arriva le soir même à Vérone, en passant sur le champ de bataille qu'avait occupé Alvinzy. Il entra dans la ville, par la porte opposée à celle par laquelle il en était sorti. Quand les Véronais virent cette poignée d'hommes, qui étaient sortis en fugitifs par la porte de Milan, rentrer en vainqueurs par la porte de Venise, ils furent saisis de surprise. Amis et ennemis ne purent contenir leur admiration pour le général et les soldats qui venaient de changer si glorieusement le destin de la guerre. Dès ce moment, il n'entra plus dans les craintes ni dans les espérances de personne, qu'on pût chasser les Français de l'Italie. Bonaparte fit marcher sur-le-champ Masséna à Castel-Novo, et Augereau sur Dolce, par la rive gauche de l'Adige. Davidovich, attaqué de toutes parts, fut promptement ramené dans le Tyrol, avec perte de beaucoup de prisonniers. Bonaparte se contenta de faire réoccuper les positions de la Corona et de Rivoli, sans vouloir remonter jusqu'à Trente, et rentrer en possession du Tyrol. L'armée française était singulièrement affaiblie par cette dernière lutte. L'armée autrichienne avait perdu cinq mille prisonniers, huit ou dix mille morts et blessés, et se trouvait encore forte de plus de quarante mille hommes, compris le corps de Davidovich. Elle se retirait dans le Tyrol et sur la Brenta pour s'y reposer; elle était loin d'avoir souffert comme les armées de Wurmser et de Beaulieu. Les Français, épuisés, n'avaient pu que la repousser sans la détruire. Il fallait donc renoncer à la poursuivre, tant que les renforts promis ne seraient pas arrivés. Bonaparte se contenta d'occuper l'Adige de Dolce à la mer.

Cette nouvelle victoire causa en Italie et en France une joie extrême. On admirait de toutes parts ce génie opiniâtre qui, avec quatorze ou quinze mille hommes, devant quarante mille, n'avait pas songé à se retirer; ce génie inventif et profond, qui avait su découvrir dans les digues de Ronco un champ de bataille tout nouveau qui annulait le nombre, et donnait dans les flancs de l'ennemi. On célébrait surtout l'héroïsme déployé au pont d'Arcole, et partout on représentait le jeune général, un drapeau à la main, au milieu du feu et de la fumée. Les deux conseils, en déclarant, suivant l'usage, que l'armée d'Italie avait encore bien mérité de la patrie, décidèrent de plus que les drapeaux, pris par les généraux Bonaparte et Augereau sur le pont d'Arcole, leur seraient donnés pour être conservés dans leurs familles : belle et noble récompense, digne d'un âge héroïque, et bien plus glorieuse que le diadème décerné plus tard par la faiblesse au génie tout-puissant !

CHAPITRE VII.

Clarke au quartier-général de l'armée d'Italie. — Rupture des négociations avec le cabinet anglais. Départ de Malmesbury. — Expédition d'Irlande. — Travaux administratifs du directoire dans l'hiver de l'an V. État des finances. Recettes et dépenses. — Capitulation de Kehl. — Dernière tentative de l'Autriche sur l'Italie. Victoires de Rivoli et de la Favorite; prise de Mantoue. — Fin de la mémorable campagne de 1796.

Le général Clarke venait d'arriver au quartier-général de l'armée d'Italie, d'où il devait partir pour se rendre à Vienne. Sa mission avait perdu son objet essentiel, car la bataille d'Arcole rendait l'armistice inutile. Bonaparte, que le général Clarke avait ordre de consulter, désapprouvait tout-à-fait l'armistice et ses conditions.

Les raisons qu'il donnait étaient excellentes. L'armistice ne pouvait plus avoir qu'un objet, celui de sauver le fort de Kehl sur le Rhin, que l'archiduc Charles assiégeait avec une grande vigueur; et pour cet objet très-accessoire, il sacrifiait Mantoue. Kehl n'offrait qu'une tête de pont qui n'était point indispensable pour déboucher en Allemagne. La prise de Mantoue au contraire entraînait la conquête définitive de l'Italie, et permettait d'exiger en retour Mayence et toute la ligne du Rhin. L'armistice compromettait évidemment cette conquête; car Mantoue, remplie de malades, et réduite à la demi-ration, ne pouvait pas différer plus d'un mois d'ouvrir ses portes. Les vivres qu'on y ferait entrer rendraient à la garnison la santé et les forces. La quantité n'en pourrait pas être exactement fixée, et Wurmser, en faisant des économies, se ménagerait des approvisionnements pour recommencer sa résistance, en cas d'une reprise d'hostilités. La suite de batailles livrées pour couvrir le blocus de Mantoue, deviendraient donc inutiles, et il faudrait recommencer sur nouveaux frais. Ce n'était pas tout. Le pape ne pouvait manquer d'être compris dans l'armistice par l'Autriche, et alors on perdait le moyen de le punir, et de lui arracher vingt ou trente millions, dont on avait besoin pour l'armée, et qui serviraient à faire une nouvelle campagne. Bonaparte enfin, perçant dans l'avenir, conseillait, au lieu de suspendre les hostilités, de les continuer au contraire avec vigueur, mais de porter la guerre sur son véritable théâtre, et d'envoyer en Italie un renfort de trente mille hommes. Il promettait à ce prix de marcher sur Vienne, et d'avoir en deux mois la paix, la ligne du Rhin, et une république en Italie. Sans doute, cette combinaison plaçait dans ses mains toutes les opérations militaires et politiques de la guerre; mais, qu'elle fût intéressée ou non, elle était juste et profonde, et l'avenir en prouva la sagesse.

Cependant, par obéissance pour le directoire, on écrivit aux généraux autrichiens sur le Rhin et l'Adige, pour leur proposer l'armistice, et pour obtenir à Clarke des passeports. L'archiduc Charles répondit à Moreau qu'il ne pouvait entendre aucune proposition d'armistice, que ses pouvoirs ne le lui permettaient pas, et qu'il fallait en référer au conseil aulique. Alvinzy répondit de même, et fit partir un courrier pour Vienne. Le ministère autrichien, secrètement dévoué à l'Angleterre, était peu disposé à écouter les propositions de la France. Le cabinet de Londres lui avait fait part de la mission de lord Malmesbury; il s'était efforcé de lui persuader que l'empereur obtiendrait bien plus d'avantages en prenant part à la négociation ouverte à Paris, qu'en faisant des conquêtes séparées, puisque les conquêtes anglaises dans les deux Indes étaient sacrifiées pour lui procurer la restitution des Pays-Bas. Outre les insinuations de l'Angleterre, le cabinet de Vienne avait d'autres raisons de repousser les propositions du directoire. Il se flattait de s'emparer du fort de Kehl sous très-peu de temps; les Français, contenus le long du Rhin, ne pourraient plus alors le franchir; on pourrait donc sans danger en retirer de nouveaux détachements, pour les porter sur l'Adige. Ces détachements, joints à de nouvelles levées qui se faisaient dans toute l'Autriche avec une merveilleuse activité, permettraient encore un effort sur l'Italie; et peut-être cette terrible armée, qui avait tant anéanti de bataillons autrichiens, finirait par succomber sous des efforts réitérés.

La constance allemande ne se démentait donc pas ici, et, malgré tant de revers, elle ne renonçait pas encore à la belle Italie. En conséquence, il fut résolu de refuser l'entrée de Vienne à Clarke. On craignait d'ailleurs un observateur au milieu de la capitale de l'empire, et on ne voulait pas de négociation directe. Quant à l'armistice, on aurait consenti à l'admettre sur l'Adige, mais non sur le Rhin. On répondit à Clarke, que, s'il voulait se rendre à Vicence, il y trouverait le baron de Vincent, et qu'il pourrait y conférer avec lui. La réunion eut lieu en effet à Vicence. Le ministre autrichien prétendit que l'empereur ne pouvait recevoir un envoyé de la république, parce que c'était la reconnaître; et, quant à l'armistice, il déclara qu'on ne pouvait l'admettre qu'en Italie. Cette proposition était ridicule, et on ne conçoit pas que le ministère autrichien pût la faire, car elle sauvait Mantoue sans sauver Kehl, et il fallait supposer les Français bien sots pour l'accepter. Cependant le ministère autrichien, qui voulait au besoin se ménager le moyen d'une négociation séparée, fit déclarer par son envoyé que si le commissaire français avait des propositions à faire relativement à la paix, il n'avait qu'à se rendre à Turin, et les communiquer à l'ambassadeur autrichien auprès du Piémont. Ainsi, grace aux suggestions de l'Angleterre, et aux folles espérances de la cour de Vienne, ce dangereux projet d'armistice fut écarté. Clarke s'en alla à Turin, pour profiter au besoin de l'intermédiaire qui lui était offert auprès de la cour de Sardaigne. Il avait encore une autre mission : c'était celle d'observer le général Bonaparte. Le génie de ce jeune homme avait paru si extraordinaire, son caractère si absolu, si énergique, que sans aucun motif précis, on lui supposa de l'ambition. Il avait voulu conduire la guerre à son gré, et avait offert sa démission quand on lui traça un plan qui n'était pas le sien; il avait agi souverainement en Italie, accordant aux princes la paix ou la guerre, sous prétexte des armistices; il s'était plaint avec hauteur de ce que les négociations avec le pape n'avaient pas été conduites par lui seul, et il avait exigé qu'on lui en remît le soin; il traitait fort durement les commissaires Garau et Salicetti, quand ils se permettaient des mesures qui lui déplaisaient, et il les avait obligés de quitter le quartier-général; il s'était permis d'envoyer des fonds aux différentes armées sans se faire autoriser par le gouvernement, et sans l'intermédiaire indispensable de la trésorerie. Tous ces faits annonçaient un homme qui aimait à faire seul ce qu'il croyait être seul capable de bien faire. Ce n'était encore que l'impatience du génie, qui n'aime pas à être contrarié dans ses œuvres; mais c'est par cette impatience que commence à se manifester une

volonté despotique. En le voyant soulever la
Haute-Italie contre ses anciens maîtres, et créer
ou détruire des états, on disait qu'il voulait se
faire duc de Milan. On pressentait son ambition, et il en pressentait lui-même le reproche. Il se plaignait d'être accusé, puis se jus-
tifiait lui-même, sans qu'un seul mot du directoire lui en eût fourni l'occasion.

Clarke avait donc, outre la mission de négocier, celle de l'observer. Bonaparte en fut
averti, et, agissant ici avec la hauteur et l'a-
dresse qui lui étaient ordinaires, il lui laissa
voir qu'il connaissait l'objet de sa mission, le
subjugua bientôt par son ascendant et sa grace,
aussi puissante, dit-on, que son génie, et en fit
un homme dévoué. Clarke avait de l'esprit,
trop de vanité pour être un espion adroit et
souple. Il resta en Italie, tantôt à Turin, tantôt au quartier-général, et bientôt il appartint
plus à Bonaparte qu'au directoire.

A Paris, le cabinet anglais faisait, autant qu'il
le pouvait, trainer en longueur la négociation ;
mais le cabinet français, par des réponses
promptes et claires, obligea enfin lord Malmesbury à s'expliquer. Ce ministre, comme on
l'a vu, avait posé d'abord le principe d'une négociation générale, et de la compensation des
conquêtes ; de son côté, le directoire avait

exigé des pouvoirs de tous les alliés, et une explication plus claire du principe des compensations. Le ministre anglais avait mis dix-neuf jours à répondre ; il avait répondu enfin que les pouvoirs étaient demandés, mais qu'avant de les obtenir, il fallait que le gouvernement français admît positivement le principe des compensations. Le directoire avait alors demandé qu'on lui énonçât sur-le-champ les objets sur lesquels porteraient les compensations. Tel est le point où la négociation en était restée. Lord Malmesbury écrivit de nouveau à Londres, et après douze jours, répondit le 6 frimaire (26 novembre) que sa cour n'avait rien à ajouter à ce qu'elle avait dit, et qu'elle ne pouvait pas s'expliquer davantage, tant que le gouvernement français n'admettrait pas formellement le principe proposé. C'était là une subtilité ; car, en demandant l'énonciation des objets qui seraient compensés, la France admettait évidemment le principe des compensations. Écrire à Londres, et employer encore douze jours pour cette subtilité, c'était se jouer du directoire. Il répondit, comme il faisait toujours, le lendemain même, et par une note de quatre lignes il dit que sa précédente note impliquait nécessairement l'admission du principe des compensations, mais que du reste il l'admettait formellement, et demandait sur-le-champ la désignation des objets sur lesquels ce principe devait porter. Le directoire s'informait en outre si à chaque question, lord Malmesbury serait obligé d'écrire à Londres. Lord Malmesbury répondit vaguement qu'il serait obligé d'écrire toutes les fois que la question exigerait des instructions nouvelles. Il écrivit encore, et resta vingt jours avant de répondre. Il était évident cette fois qu'il fallait sortir du vague où l'on s'était enfermé, et aborder enfin la redoutable question des Pays-Bas. S'expliquer sur cet objet, c'était rompre la négociation, et on conçoit que le cabinet anglais mit les plus longs délais possibles à la rompre. Enfin, le 28 frimaire (18 décembre), lord Malmesbury eut une entrevue avec le ministre Delacroix, et lui remit une note dans laquelle les prétentions du cabinet anglais étaient exposées. Il voulait que la France restituât aux puissances du continent tout ce qu'elle avait conquis; qu'elle rendît à l'Autriche la Belgique et le Luxembourg, à l'Empire les états allemands de la rive gauche; qu'elle évacuât toute l'Italie, et la replaçât dans le *statu quo ante bellum*; qu'elle restituât à la Hollande certaines portions de territoire, telles que la Flandre maritime, par exemple, afin de la rendre indépendante; et enfin, que des changements fussent faits à sa constitution actuelle. Le cabinet anglais ne promettait de rendre les colonies de la Hollande que dans le cas du rétablissement du stathoudérat; encore ne les rendrait-il jamais toutes: il devait en garder quelques-unes comme indemnité de guerre; le Cap était du nombre. Pour tous ces sacrifices, il offrait de rendre deux ou trois îles que la guerre nous avait fait perdre dans les Antilles, la Martinique, Sainte-Lucie, Tabago, et à condition encore que Saint-Domingue ne nous resterait pas en entier. Ainsi la France, après une guerre inique, où elle avait eu toute justice de son côté, où elle avait dépensé des sommes énormes, et dont elle était sortie victorieuse, la France n'aurait pas gagné une seule province, tandis que les puissances du Nord venaient de se partager un royaume, et que l'Angleterre venait de faire dans l'Inde des acquisitions immenses! La France, qui occupait encore la ligne du Rhin, et qui était maîtresse de l'Italie, aurait évacué le Rhin et l'Italie sur la simple sommation de l'Angleterre! De pareilles conditions étaient absurdes et inadmissibles; la seule proposition en était offensante, et elles ne devaient pas être écoutées. Le ministre Delacroix les écouta cependant avec une politesse qui frappa le ministre anglais, et qui lui fit même espérer qu'on pourrait poursuivre la négociation.

Delacroix donna une raison qui était mauvaise, c'est que les Pays-Bas étaient déclarés territoire national par la constitution; et le ministre anglais lui répondit par une raison qui ne valait pas mieux, c'est que le traité d'Utrecht les attribuait à l'Autriche. La constitution pouvait être obligatoire pour la nation française, mais elle ne concernait ni n'obligeait les nations étrangères. Le traité d'Utrecht était, comme tous les traités du monde, un arrangement de la force, que la force pouvait changer. La seule raison que le ministre français devait donner, c'est que la réunion des Pays-Bas à la France était juste, fondée sur toutes les convenances naturelles et politiques, et légitimée par la victoire. Après une longue discussion sur tous les points accessoires de la négociation, les deux ministres se séparèrent. Le ministre Delacroix vint en référer au directoire, qui, s'irritant à bon droit, résolut de répondre au ministre anglais comme il le méritait. La note du ministre anglais n'était pas signée, elle était seulement contenue dans une lettre signée. Le directoire exigea, le jour même, qu'elle fût revêtue des formes nécessaires, et lui demanda son *ultimatum* sous vingt-quatre heures. Lord Malmesbury, embarrassé, répondit que la note était suffisamment authentique, puisqu'elle était contenue dans une lettre signée, et que quant à un *ultimatum*, il était contre tous les usages de l'exiger aussi brusquement. Le lendemain, 29 frimaire (19 décembre), le directoire lui fit déclarer qu'il n'écouterait jamais aucune proposition contraire aux lois et aux traités qui liaient la république; il fit ajouter que lord Malmesbury ayant besoin de recourir à chaque instant à son gouvernement, et remplissant un rôle purement passif dans la négociation, sa présence à Paris était inutile; qu'en conséquence il avait ordre de se retirer, lui et toute sa suite, sous quarante-huit heures; que d'ailleurs des courriers suffiraient pour négocier, si le gouvernement anglais adoptait les bases posées par la république française.

Ainsi finit cette négociation, dans laquelle le directoire, loin de manquer aux formes, comme on l'a dit, donna un véritable exemple de franchise dans ses rapports avec les puissances ennemies. Il n'y eut point ici d'usage violé. Les communications des puissances portent, comme toutes les relations entre les hommes, le caractère du temps, de la situation, des individus qui gouvernent. Un gouvernement fort et victorieux parle autrement qu'un gouvernement faible et vaincu ; et il convenait à une république, appuyée sur la justice et la victoire, de rendre son langage prompt, net, et public.

Pendant cet intervalle, le grand projet de Hoche sur l'Irlande s'effectuait. C'était là ce que redoutait l'Angleterre, et ce qui pouvait, en effet, la mettre dans un grand péril. Malgré les bruits adroitement semés d'une expédition en Portugal ou en Amérique, l'Angleterre avait bien compris l'objet des préparatifs qui se faisaient à Brest. Pitt avait fait lever les milices, armer les côtes, et donner l'ordre de tout évacuer dans l'intérieur, si les Français débarquaient.

L'Irlande, à laquelle on destinait l'expédition, était dans une situation propre à inspirer de graves inquiétudes. Les partisans de la réforme parlementaire et les catholiques présentaient dans cette île une masse suffisante pour opérer un soulèvement. Ils auraient volontiers adopté un gouvernement républicain, sous la garantie de la France, et ils avaient envoyé des agents secrets à Paris pour s'entendre avec le directoire. Ainsi tout présageait qu'une expédition pourrait causer de cruels embarras à l'Angleterre, et la réduire à accepter une tout autre paix que celle qu'elle venait d'offrir.

Hoche, qui avait consumé les deux plus belles années de sa vie dans la Vendée, et qui voyait les grands théâtres de la guerre occupés par Bonaparte, Moreau et Jourdan, brûlait de s'en ouvrir un en Irlande. L'Angleterre était un aussi noble adversaire que l'Autriche, et il n'y avait pas moins d'honneur à la combattre et à la vaincre. Une république nouvelle s'élevait en Italie, et allait y devenir le foyer de la liberté. Hoche croyait beau et possible d'en élever une pareille en Irlande, à côté de l'aristocratie anglaise. Il s'était lié beaucoup avec l'amiral Truguet, ministre de la marine, et ministre à grandes vues. Ils s'étaient promis tous deux de donner une haute importance à la marine, et de faire de grandes choses; car alors toutes les têtes étaient en travail, toutes méditaient des prodiges pour la gloire et la félicité de leur patrie. L'alliance offensive et défensive conclue avec l'Espagne à Saint-Ildefonse, offrait de grandes ressources, et permettait de vastes projets. En réunissant la flotte de Toulon aux flottes de l'Espagne, en les concentrant dans la Manche avec celles que la France avait dans l'Océan, on pouvait rassembler des forces formidables, et tenter de délivrer les mers par une bataille décisive; on pouvait du moins jeter un incendie en Irlande, et aller interrompre les succès de l'Angleterre dans l'Inde. L'amiral Truguet, qui sentait l'importance de porter de rapides secours dans l'Inde, voulait que l'escadre de Brest, sans attendre la réunion des flottes française et espagnole dans la Manche, mît à la voile sur-le-champ, jetât l'armée de Hoche en Irlande, gardât quelques mille hommes à bord, fît voile ensuite pour l'Ile-de-France, allât y prendre les bataillons de noirs qu'on y organisait, et transportât ces secours dans l'Inde pour soutenir Tippo-Saïb. Cette grande expédition avait l'inconvénient de ne porter en Irlande qu'une partie de l'armée d'expédition, et de la laisser exposée à de grandes chances, en attendant la réunion très-éventuelle de l'escadre de l'amiral Villeneuve qui devait partir de Toulon, de l'escadre espagnole qui était dispersée dans les ports d'Espagne, et de l'escadre de Richery qui revenait d'Amérique. Cette expédition ne fut pas exécutée. On attendit l'arrivée d'Amérique de Richery, et on fit, malgré l'état des finances, des efforts extraordinaires pour achever l'armement de l'escadre de Brest. Elle se trouva en frimaire (décembre) en état de mettre à la voile. Elle se composait de quinze vaisseaux de haut bord, de vingt frégates, de six gabares, et cinquante bâtiments de transport. Elle pouvait porter vingt-deux mille hommes. Hoche, ne pouvant s'entendre avec l'amiral Villaret-Joyeuse, on remplaça ce dernier par Morard-de-Galles. L'expédition dut débarquer dans la baie de Bantry. On assigna à chaque capitaine de vaisseau, dans un ordre cacheté, la direction qu'il devait suivre, et le mouillage qu'il devait choisir en cas d'accident.

L'expédition mit à la voile le 26 frimaire (16 décembre). Hoche et Morard-de-Galles étaient montés sur une frégate. L'escadre française, grace à une brume épaisse, échappa aux croisières anglaises, et traversa la mer sans être aperçue. Mais, dans la nuit du 26 au 27, une tempête affreuse la dispersa. Un vaisseau fut englouti. Cependant le contre-amiral Bouvet manœuvra pour rallier l'escadre, et après deux jours, parvint à la réunir tout entière, à l'exception d'un vaisseau et de trois frégates. Malheureusement la frégate qui portait Hoche et Morard-de-Galles était du nombre de ces dernières. L'escadre cingla vers le cap Clear, et manœuvra là plusieurs jours pour attendre les deux chefs. Enfin, le 4 nivôse (24 décembre), elle entra dans la baie de Bantry. Un conseil de guerre décida le débarquement; mais il devint impossible par l'effet du mauvais temps ; l'escadre fut de nouveau éloignée des côtes d'Irlande. Le contre-amiral Bouvet, effrayé par tant d'obstacles, craignant de manquer de vivres, et séparé de ses chefs, crut devoir regagner les côtes de France. Hoche et Morard-de-Galles arrivèrent enfin dans la baie de Bantry, et apprirent là le retour de l'escadre française. Ils revinrent à travers des périls inouïs. Battus par la mer, poursuivis par les Anglais, ils ne furent rendus aux rivages de France que par une espèce de miracle. Le vaisseau *les Droits de l'Homme*, capitaine La Crosse, se trouva séparé de l'escadre, et fit des prodiges : attaqué par deux vaisseaux anglais, il en détruisit un, échappa à l'autre; mais, tout mutilé, privé de mâts et de voiles, il succomba à la violence de la mer. Une partie de l'équipage fut engloutie, l'autre fut sauvée à grand'-peine.

Ainsi finit cette expédition, qui jeta une grande alarme en Angleterre, et qui révéla son point vulnérable. Le directoire ne renonça pas à revenir plus tard à ce projet, et tourna dans le moment toutes ses idées du côté du continent, pour se hâter de faire déposer les armes à l'Autriche. Les troupes de l'expédition avaient peu souffert; elles furent débarquées. On laissa sur les côtes les forces nécessaires pour faire la police du pays, et on achemina vers le Rhin la majeure partie de l'armée qui avait porté le titre d'Armée de l'Océan. Les deux Vendées et la Bretagne étaient, du reste, tout-à-fait soumises, par les soins et la présence continuelle de Hoche. On préparait à ce général un grand commandement, pour le récompenser de ses ingrats et pénibles travaux. La démission de Jourdan, que la mauvaise issue de la campagne avait dégoûté, et qu'on avait provisoirement remplacé par Beurnonville, permettait d'offrir à Hoche un dédommagement qui, depuis long-temps, était dû à son patriotisme et à ses talents.

L'hiver, déja fort avancé (on était en nivôse, —janvier 1797), n'avait point interrompu cette campagne mémorable. Sur le Rhin, l'archiduc Charles assiégeait Kehl et la tête de pont d'Huningue; sur l'Adige, Alvinzy préparait un nouvel et dernier effort contre Bonaparte. L'intérieur de la république était assez calme : les partis avaient les yeux fixés sur les différents théâtres de la guerre. La considération et la force du gouvernement augmentaient ou diminuaient selon les chances de la campagne. La dernière victoire d'Arcole avait répandu un grand éclat et réparé le mauvais effet produit par la retraite des armées du Rhin. Mais cependant cet effort d'une bravoure désespérée ne rassurait pas entièrement sur la possession de l'Italie. On savait qu'Alvinzy se renforçait, et que le pape faisait des armements; les malveillants disaient que l'armée d'Italie était épuisée; que son général, accablé par les travaux d'une campagne sans exemple, et consumé par une maladie extraordinaire, ne pouvait plus tenir à cheval. Mantoue n'était pas encore prise, et on pouvait concevoir des inquiétudes pour le mois de nivôse (janvier).

Les journaux des deux partis, profitant sans mesure de la liberté de la presse, continuaient à se déchaîner. Ceux de la contre-révolution, voyant approcher le printemps, époque des élections, tâchaient de remuer l'opinion, et de la disposer en leur faveur. Depuis les désastres des royalistes de la Vendée, il devenait clair que leur dernière ressource était de se servir de la liberté elle-même pour la détruire, et d'envahir la république en s'emparant des élections. Le directoire, en voyant leur déchaînement, était saisi de ces mouvements d'impatience dont le pouvoir même le plus éclairé ne peut pas toujours se défendre. Quoique fort habitué à la liberté, il s'effrayait du langage qu'elle prenait dans certains journaux; il ne comprenait pas encore assez qu'il faut laisser tout dire, que le mensonge n'est jamais à redouter, quelque publicité qu'il acquière, qu'il s'use par sa violence, et qu'un gouvernement périt par la vérité seule, et surtout par la vérité comprimée. Il demanda aux deux conseils des lois sur les abus de la presse. On se récria; on prétendit que, les élections approchant, il voulait en gêner la liberté; on lui refusa les lois qu'il demandait. On accorda seulement deux dispositions : l'une, relative à la répression de la calomnie privée; l'autre, aux crieurs de journaux, qui, dans les rues, au lieu de les annoncer par leur titre, les annonçaient par des phrases détachées, et souvent fort inconvenantes. Ainsi on vendait un pamphlet, en criant dans les rues : *Rendez-nous nos myriagrammes, et f......-nous le camp, si vous ne pouvez faire le bonheur du peuple*. Il fut décidé, pour éviter ce scandale, qu'on ne pourrait plus crier les journaux et les écrits que par un simple titre. Le directoire aurait voulu l'établissement d'un journal officiel du gouvernement. Les cinq-cents y consentirent; les anciens s'y opposèrent. La loi du 3 brumaire, mise une seconde fois en discussion en vendémiaire, et devenue le prétexte de la ridicule attaque des patriotes sur le camp de Grenelle, avait été maintenue après une discussion solennelle. Elle était en quelque sorte le poste autour duquel ne cessaient de se rencontrer les deux partis. C'était surtout la disposition qui excluait les parents des émigrés des fonctions publiques, que le côté droit voulait détruire, et que les républicains voulaient conserver. Après une troisième attaque, il fut décidé que cette disposition serait maintenue. On ne fit qu'un seul changement à cette loi. Elle excluait de l'amnistie générale, accordée aux délits révolutionnaires, les délits qui se rattachaient au 13 vendémiaire; cet événement était déjà trop loin pour ne pas amnistier les individus qui avaient pu y prendre part, et qui, d'ailleurs, étaient tous impunis de fait : l'amnistie fut donc appliquée aux délits de vendémiaire, comme à tous les autres faits purement révolutionnaires.

Ainsi le directoire, et tous ceux qui voulaient la république directoriale, conservaient la majorité dans les conseils, malgré les cris de quelques patriotes follement emportés, et de quelques intrigants vendus à la contre-révolution.

L'état des finances avait l'effet ordinaire de la misère dans les familles, il troublait l'union domestique du directoire avec le corps législatif. Le directoire se plaignait de ne pas voir ses mesures toujours accueillies par les conseils; il leur adressa un message alarmant, et il le pu-

blia, comme pour faire retomber sur eux les malheurs publics, s'ils ne s'empressaient d'adopter ses propositions. Ce message du 25 frimaire (15 décembre) était conçu en ces termes :
« Toutes les parties du service sont en souf-
« france. La solde des troupes est arriérée ; les
« défenseurs de la patrie sont livrés aux hor-
« reurs de la nudité ; leur courage est énervé
« par le sentiment douloureux de leurs be-
« soins ; le dégoût, qui en est la suite, entraine
« la désertion. Les hôpitaux manquent de
« fournitures, de feu, de médicaments. Les
« établissements de bienfaisance, en proie au
« même dénûment, repoussent l'indigent et
« l'infirme dont ils étaient la seule ressource.
« Les créanciers de l'état, les entrepreneurs
« qui, chaque jour, contribuent à fournir aux
« besoins des armées, n'arrachent que de faibles
« parcelles des sommes qui leur sont dues ;
« leur détresse écarte des hommes qui pour-
« raient faire les mêmes services avec plus
« d'exactitude, ou à de moindres bénéfices. Les
« routes sont bouleversées, les communications
« interrompues. Les fonctionnaires publics sont
« sans salaires ; d'un bout à l'autre de la répu-
« blique, on voit les juges, les administra-
« teurs, réduits à l'horrible alternative, ou de
« traîner dans la misère leur existence et celle

« de leur famille, ou de se déshonorer en se
« vendant à l'intrigue. Partout la malveillance
« s'agite; dans bien des lieux l'assassinat s'or-
« ganise, et la police sans activité, sans force,
« parce qu'elle est dénuée de moyens pécu-
« niaires, ne peut arrêter ce désordre. »

Les conseils furent irrités de la publication de ce message, qui semblait faire retomber sur eux les malheurs de l'état, et censurèrent vivement l'indiscrétion du directoire. Cependant ils se mirent à examiner sur-le-champ ses propositions. Le numéraire abondait partout, excepté dans les coffres de l'état. L'impôt actuellement percevable en numéraire ou en papier au cours, ne rentrait que lentement. Les biens nationaux soumissionnés étaient payés en partie; les paiements restant à faire n'étaient pas échus. On vivait d'expédients, on donnait aux fournisseurs des ordonnances de ministres, des bordereaux de liquidation, espèces de valeurs d'attente, qui n'étaient reçues que pour une valeur inférieure, et qui faisaient monter considérablement le prix des marchés. C'était donc toujours la même situation que nous avons déjà exposée si souvent.

De grandes améliorations furent apportées aux finances pour l'an V. On divisa le budget en deux parties, comme on a déjà vu : la dépense ordinaire de 450 millions, et la dépense extraordinaire de 550. La contribution foncière, portée à 250 millions, la contribution somptuaire et personnelle à 50, les douanes, le timbre, l'enregistrement à 150, durent fournir les 450 millions de la dépense ordinaire. L'extraordinaire dut être couvert par l'arriéré de l'impôt et par le produit des biens nationaux. L'impôt était désormais entièrement exigible en numéraire. Il restait encore quelques mandats et quelques assignats, qui furent annulés sur-le-champ, et reçus au cours pour le paiement de l'arriéré. De cette manière on fit cesser totalement les désordres du papier-monnaie. L'emprunt forcé fut définitivement fermé. Il avait produit à peine 400 millions valeur effective. Les impositions arriérées durent être entièrement acquittées avant le 15 frimaire de l'année actuelle (5 décembre). Les garnisaires furent institués pour hâter la perception. On ordonna la confection des rôles, pour percevoir sur-le-champ le quart des impôts de l'an V. Restait à savoir comment on userait de la valeur des biens nationaux, n'ayant plus le papier-monnaie, pour la mettre d'avance en circulation. On avait encore à toucher le dernier sixième sur les biens soumissionnés. On décida que, pour devancer ce dernier paiement, on exigerait des acquéreurs des obligations payables en numéraire, échéant à l'époque même à laquelle la loi les obligeait de s'acquitter, et entraînant, en cas de protêt, l'expropriation du bien vendu. Cette mesure pouvait faire rentrer quatre-vingts et quelques millions d'obligations, dont les fournisseurs annonçaient qu'ils se paieraient volontiers. On n'avait plus de confiance dans l'état, mais on en avait dans les particuliers; et les 80 millions de ce papier personnel avaient une valeur que n'aurait pas eue un papier émis et garanti par la république. On décida que les biens vendus à l'avenir se paieraient comme il suit : un dixième comptant en numéraire, cinq dixièmes comptant, en ordonnances des ministres, ou en bordereaux de liquidation délivrés aux fournisseurs; quatre dixièmes enfin, en quatre obligations, payables une par an.

Ainsi, n'ayant plus de crédit public, on se servait du crédit privé; ne pouvant plus émettre du papier-monnaie hypothéqué sur les biens, on exigeait des acquéreurs de ces biens une espèce de papier qui, portant leur signature, avait une valeur individuelle; enfin on permettait aux fournisseurs de se payer de leurs services sur les biens eux-mêmes.

Ces dispositions faisaient donc espérer un peu d'ordre et quelques rentrées. Pour suffire aux besoins pressants du ministère de la guerre, on lui adjugea sur-le-champ, pour les mois de nivôse, pluviôse, ventôse et germinal, mois consacrés aux préparatifs de la nouvelle campagne, la somme de 120 millions, dont 33 millions devaient être pris sur l'ordinaire, et 87 sur l'extraordinaire. L'enregistrement, les postes, les douanes, les patentes, la contribution foncière allaient fournir ces 33 millions : les 87 de l'extraordinaire devaient se composer du produit des bois, de l'arriéré des contributions militaires, et des obligations des acquéreurs de biens nationaux. Ces valeurs étaient assurées, et allaient rentrer sur-le-champ. On paya tous les fonctionnaires publics en numéraire. On décida de payer les rentiers de la même manière; mais ne pouvant encore leur donner de l'argent, on leur donna des billets au porteur, recevables en paiement des biens nationaux, comme les ordonnances des ministres et les bordereaux de liquidation délivrés aux fournisseurs.

Tels furent les travaux administratifs du directoire pendant l'hiver de l'an V (1796 à 1797), et les moyens qu'il se prépara pour suffire à la campagne suivante. La campagne actuelle n'était pas terminée, et tout annonçait que malgré dix mois de combats acharnés, malgré les glaces et les neiges, on allait voir encore de nouvelles batailles. L'archiduc Charles s'opiniâtrait à enlever les têtes de pont de Kehl et d'Huningue, comme si, en les enlevant, il eût à jamais interdit aux Français le retour sur la rive droite. Le directoire avait une excellente raison de l'y occuper, c'était de l'empêcher de se porter en Italie. Il passa près de trois mois devant le fort de Kehl. De part et d'autre, les troupes s'illustrèrent par un courage héroïque, et les généraux divisionnaires déployèrent un grand talent d'exécution. Desaix surtout s'immortalisa par sa bravoure, son sang-froid, et ses savantes dispositions autour de ce fort misérablement retranché. La conduite des deux généraux en chef fut loin d'être aussi approuvée que celle de leurs lieutenants. On reprocha à Moreau de n'avoir pas su profiter de la force de son armée, et de n'avoir pas débouché sur la rive droite pour tomber sur l'armée de siége. On blâma l'archiduc d'avoir dépensé tant d'efforts contre une tête de pont. Moreau rendit Kehl le 20 nivôse an V (9 janvier 1797); c'était une légère perte. Notre longue résistance prouvait la solidité de la ligue du Rhin. Les troupes avaient peu souffert; Moreau avait employé le temps à perfectionner leur organisation; son armée présentait un aspect superbe. Celle de Sambre-et-Meuse, passée sous les ordres de Beurnonville, n'avait pas été employée utilement pendant ces derniers mois, mais elle s'était reposée, et renforcée de détachements nombreux venus de la Vendée; elle avait reçu un chef illustre, Hoche, qui était enfin appelé à une guerre digne de ses talents. Ainsi, quoiqu'il ne possédât pas encore Mayence, et qu'il fût privé de Kehl, le directoire pouvait se regarder comme puissant sur le Rhin. Les Autrichiens, de leur côté, étaient fiers d'avoir pris Kehl, et ils dirigeaient maintenant tous leurs efforts sur la tête de pont d'Huningue. Mais tous les vœux de l'empereur et de ses ministres se portaient sur l'Italie. Les travaux de l'administration pour renforcer l'armée d'Alvinzy, et pour essayer une dernière lutte, étaient extraordinaires. On avait fait partir les troupes en poste. Toute la garnison de Vienne avait été acheminée sur le Tyrol. Les habitants de la capitale, pleins de dévouement pour la maison impériale, avaient fourni quatre mille volontaires, qui furent enrégimentés, sous le nom de *volontaires de Vienne*. L'impératrice leur donna des drapeaux brodés de ses mains. On avait fait une nouvelle levée en Hongrie, et on avait tiré du Rhin quelques mille hommes des meilleures troupes de l'empire. Grace à cette activité, digne des plus grands éloges, l'armée d'Alvinzy se trouva renforcée d'une vingtaine de mille hommes, et portée à plus de soixante mille. Elle était reposée et réorganisée; et quoique renfermant quelques recrues, elle se composait en majeure partie de troupes aguerries. Le bataillon des volontaires de Vienne était formé de jeunes gens, étrangers, il est vrai, à la guerre, mais appartenant à de bonnes familles, animés de sentiments élevés, très-dévoués à la maison impériale, et prêts à déployer la plus grande bravoure.

Les ministres autrichiens s'étaient entendus avec le pape, et l'avaient engagé à résister aux menaces de Bonaparte. Ils lui avaient envoyé Colli et quelques officiers pour commander son armée, en lui recommandant de la porter le plus près possible de Bologne et de Mantoue. Ils avaient annoncé à Wurmser un prochain secours, avec ordre de ne pas se rendre, et, s'il était réduit à l'extrémité, de sortir de Mantoue avec tout ce qu'il aurait de troupes, et surtout d'officiers, de se jeter à travers le Bolonais et le Ferrarais dans les états romains, pour se réunir à l'armée papale, qu'il organiserait et porterait sur les derrières de Bonaparte. Ce plan, fort bien conçu, pouvait réussir avec un général aussi brave que Wurmser. Ce vieux maréchal tenait toujours dans Mantoue avec une grande fermeté, quoique sa garnison n'eût plus à manger que de la viande de cheval salé et de la *poulenta*.

Bonaparte s'attendait à cette dernière lutte, qui allait décider pour jamais du sort de l'Italie, et il s'y préparait. Comme le répandaient à Paris les malveillants qui souhaitaient l'humiliation de nos armes, il était malade d'une gale mal traitée, et prise devant Toulon, en chargeant un canon de ses propres mains. Cette maladie, mal connue, jointe aux fatigues inouies de cette campagne, l'avait singulièrement affaibli. Il pouvait à peine se tenir à cheval; ses joues étaient caves et livides; sa personne paraissait chétive; ses yeux seuls, toujours aussi vifs et aussi perçants, annonçaient que le feu de son ame n'était pas éteint. Ses proportions physiques formaient même avec son génie et sa renommée un contraste singulier et piquant pour des soldats à la fois gais et enthousiastes. Malgré le délabrement de ses forces, ses passions extraordinaires le soutenaient, et lui communiquaient une activité qui se portait sur tous les objets à la fois. Il avait commencé ce qu'il appelait *la guerre aux voleurs*. Les intrigants de toute espèce étaient accourus en

Italie, pour s'introduire dans l'administration des armées, et y profiter de la richesse de cette belle contrée. Tandis que la simplicité et l'indigence régnaient dans les armées du Rhin, le luxe s'était introduit dans celle d'Italie; il y était aussi grand que la gloire. Les soldats, bien vêtus, bien nourris, bien accueillis par les belles Italiennes, y vivaient dans les plaisirs et l'abondance. Les officiers, les généraux participaient à l'opulence générale, et commençaient leur fortune. Quant aux fournisseurs, ils déployaient un faste scandaleux, et ils achetaient avec le prix de leurs exactions les faveurs des plus belles actrices de l'Italie. Bonaparte, qui avait en lui toutes les passions, mais qui, dans le moment, était livré à une seule, la gloire, vivait d'une manière simple et sévère, ne cherchait de délassement qu'auprès de sa femme, qu'il aimait avec tendresse, et qu'il avait fait venir à son quartier-général. Indigné des désordres de l'administration, il portait un regard sévère sur les moindres détails, vérifiait lui-même la gestion des compagnies, faisait poursuivre les administrateurs infidèles, et les dénonçait impitoyablement. Il leur reprochait surtout de manquer de courage, et d'abandonner l'armée les jours de péril. Il recommandait au directoire de choisir des hommes d'une énergie éprouvée; il voulait l'institution d'un syndicat, qui, jugeant comme un jury, pût, sur sa simple conviction, punir des délits qui n'étaient jamais prouvables matériellement. Il pardonnait volontiers à ses soldats et à ses généraux des jouissances qui n'étaient pas pour eux les délices de Capoue; mais il avait une haine implacable pour tous ceux qui s'enrichissaient aux dépens de l'armée, sans la servir de leurs exploits ou de leurs soins.

Il avait apporté la même attention et la même activité dans ses relations avec les puissances italiennes. Dissimulant toujours avec Venise, dont il voyait les armements dans les lagunes et les montagnes du Bergamasc, il différa toute explication jusqu'après la reddition de Mantoue. Provisoirement il fit occuper par ses troupes le château de Bergame, qui avait garnison vénitienne, et donna pour raison qu'il ne le croyait pas assez bien gardé, pour résister à un coup de main des Autrichiens. Il se mit ainsi à l'abri d'une perfidie, et imposa aux nombreux ennemis qu'il avait dans Bergame. Dans la Lombardie et la Cispadane, il continua à favoriser l'esprit de liberté, réprimant le parti autrichien et papal, et modérant le parti démocratique, qui, dans tous les pays, a besoin d'être contenu. Il se maintint en amitié avec le roi de Piémont et le duc de Parme. Il se transporta de sa personne à Bologne, pour terminer une négociation avec le duc de Toscane, et imposer à la cour de Rome. Le duc de Toscane était incommodé par la présence des Français à Livourne; de vives discussions s'étaient élevées avec le commerce livournais sur les marchandises appartenant aux négociants ennemis de la France. Ces contestations produisaient beaucoup d'animosité; d'ailleurs les marchandises, qu'on arrachait avec peine, étaient ensuite mal vendues, et par une compagnie qui venait de voler cinq à six millions à l'armée. Bonaparte aima mieux transiger avec le grand-duc. Il fut convenu que, moyennant deux millions, il évacuerait Livourne. Il y trouva de plus l'avantage de rendre disponible la garnison de cette ville. Son projet était de prendre les deux légions formées par la Cispadane, de les réunir à la garnison de Livourne, d'y ajouter trois mille hommes de ses troupes, et d'acheminer cette petite armée vers la Romagne et la Marche d'Ancône. Il voulait s'emparer encore de deux provinces de l'état romain, y mettre la main sur les propriétés du pape, y arrêter les impôts, se payer par ce moyen de la contribution qui n'avait pas été acquittée, prendre des otages choisis dans le parti ennemi de la France, et établir ainsi une barrière entre les états de l'Église et Mantoue. Par là, il rendait impossible le projet de jonction entre Wurmser et l'armée papale; il pouvait imposer au pape, et l'obliger enfin à se soumettre aux conditions de la république. Dans son humeur contre le Saint-Siége, il ne songeait même plus à lui pardonner, et voulait faire une division toute nouvelle de l'Italie. On aurait rendu la Lombardie à l'Autriche; on aurait composé une république puissante, en ajoutant au Modénois, au Bolonais et au Ferrarais, la Romagne, la Marche d'Ancône, le duché de Parme, et on aurait donné Rome au duc de Parme, ce qui aurait fait grand plaisir à l'Espagne, et aurait compromis la plus catholique de toutes les puissances. Déja il avait commencé à exécuter son projet; il s'était porté à Bologne avec trois mille hommes de troupes, et de là il menaçait le Saint-Siége, qui avait déja formé un noyau d'armée. Mais le pape, certain maintenant d'une nouvelle expédition autrichienne, espérant communiquer par le Bas-Pô avec Wurmser, bravait les menaces du général français, et témoignait même le désir de le voir s'avancer encore davantage dans ses provinces. Le saint père, disait-on au Vatican, quittera Rome, s'il le faut, pour se réfugier à l'extrémité de ses états. Plus Bonaparte s'avancera, et s'éloignera de l'Adige, plus il se mettra en danger, et plus les chances deviendront favorables à la cause sainte. Bonaparte, qui était tout aussi prévoyant que le Vatican, n'avait garde de marcher sur Rome; il ne voulait que menacer, et il avait toujours l'œil sur l'Adige, s'attendant à chaque instant à une nouvelle attaque. Le 19 nivôse (8 janvier 1797), en effet, il apprit qu'un engagement avait eu lieu sur tous ses avant-postes; il repassa le Pô sur-le-champ avec deux mille hommes, et courut de sa personne à Vérone.

Son armée avait reçu depuis Arcole les renforts qu'elle aurait dû recevoir avant cette bataille. Ses malades étaient sortis des hôpitaux avec l'hiver; il avait environ quarante-cinq mille hommes présents sous les armes. Leur distribution était toujours la même. Dix mille hommes à peu près bloquaient Mantoue sous Serrurier; trente mille étaient en observation sur l'Adige. Augereau gardait Legnago, Masséna Vérone; Joubert, qui avait succédé à Vaubois, gardait Rivoli et la Corona. Rey, avec une division de réserve, était à Dezenzano, au bord du lac de Garda. Les quatre à cinq mille hommes restants étaient, soit dans les châteaux de Bergame et de Milan, soit dans la Cispadane. Les Autrichiens s'avançaient avec soixante et quelques mille hommes, et en avaient vingt dans Mantoue, dont douze mille au moins sous les armes. Ainsi, dans cette lutte, comme dans les précédentes, la proportion de l'ennemi était du double. Les Autrichiens avaient cette fois un nouveau projet. Ils avaient essayé de toutes les routes, pour attaquer la double ligne du Mincio et de l'Adige. Lors de Castiglione, ils étaient descendus le long des deux rives du lac de Garda, par les deux vallées de la Chiesa et de l'Adige. Plus tard, ils avaient débouché par la vallée de l'Adige et par celle de la Brenta, attaquant par Rivoli et Vérone. Maintenant ils avaient modifié leur plan conformément à leurs projets avec le pape. L'attaque principale devait se faire par le Haut-Adige, avec quarante-cinq mille hommes sous les ordres d'Alvinzy. Une attaque accessoire, et indépendante de la première, devait se faire avec vingt mille hommes à peu près, sous les ordres de Provera, par le Bas-Adige, dans le but de communiquer avec Mantoue, avec la Romagne, avec l'armée du pape.

L'attaque d'Alvinzy était la principale; elle était assez forte pour faire espérer un succès sur ce point, et elle devait être poussée sans aucune considération de ce qui arriverait à

Provera. Nous avons décrit ailleurs les trois routes qui sortent des montagnes du Tyrol. Celle qui tournait derrière le lac de Garda avait été négligée depuis l'affaire de Castiglione ; on suivait maintenant les deux autres. L'une, circulant entre l'Adige et le lac de Garda, passait à travers les montagnes qui séparent le lac du fleuve, et y rencontrait la position de Rivoli ; l'autre longeait extérieurement le fleuve, et allait déboucher dans la plaine de Vérone, en dehors de la ligne française. Alvinzy choisit celle qui passait entre le fleuve et le lac, et qui pénétrait dans la ligne française. C'est donc sur Rivoli que devaient se diriger ses coups. Voici quelle est cette position à jamais célèbre. La chaîne du Monte-Baldo sépare le lac de Garda et l'Adige. La grande route circule entre l'Adige et le pied des montagnes, dans l'étendue de quelques lieues. A Incanale, l'Adige vient baigner le pied même des montagnes, et ne laisse plus de place pour longer sa rive. La route alors abandonne les bords du fleuve, s'élève par une espèce d'escalier tournant dans les flancs de la montagne, et débouche sur un vaste plateau, qui est celui de Rivoli. Il domine l'Adige d'un côté, et de l'autre il est entouré par l'amphithéâtre du Monte-Baldo. L'armée, qui est en position sur ce plateau, menace le chemin tournant par lequel on y monte, et balaie au loin de son feu les deux rives de l'Adige. Ce plateau est difficile à emporter de front, puisqu'il faut gravir un escalier étroit pour y arriver. Aussi ne cherche-t-on pas à l'attaquer par cette seule voie. Avant de parvenir à Incanale, d'autres routes conduisent sur le Monte-Baldo, et gravissant ses croupes escarpées, viennent aboutir au plateau de Rivoli. Elles ne sont praticables ni à la cavalerie ni à l'artillerie, mais elles donnent un facile accès aux troupes à pied, et peuvent servir à porter des forces considérables d'infanterie sur les flancs et les derrières du corps qui défend le plateau. Le plan d'Alvinzy était d'attaquer la position par toutes les issues à la fois.

Le 23 nivôse (12 janvier), il attaqua Joubert, qui tenait toutes les positions avancées, et le resserra sur Rivoli. Le même jour Provera poussait deux avant-gardes, l'une sur Vérone, l'autre sur Legnago, par Caldiero et Bevilaqua. Masséna, qui était à Vérone, en sortit, culbuta l'avant-garde qui s'était présentée à lui, et fit neuf cents prisonniers. Bonaparte y arrivait de Bologne dans le moment même. Il fit replier toute la division dans Vérone, pour la tenir prête à marcher. Dans la nuit, il apprit que

Joubert était attaqué et forcé à Rivoli, qu'Augereau avait vu, devant Legnago, des forces considérables. Il ne pouvait pas juger encore le point sur lequel l'ennemi dirigeait sa principale masse. Il tint toujours la division Masséna prête à marcher, et ordonna à la division Rey, qui était à Dezenzano, et qui n'avait vu déboucher aucun ennemi par derrière le lac de Garda, de se porter à Castel-Novo, point le plus central, entre le Haut et le Bas-Adige. Le lendemain 24 (13 janvier), les courriers se succédèrent avec rapidité. Bonaparte apprit que Joubert, attaqué par des forces immenses, allait être enveloppé, et qu'il devait, à l'opiniâtreté et au bonheur de sa résistance, de conserver encore le plateau de Rivoli. Augereau lui mandait du Bas-Adige qu'on se fusillait le long des deux rives, sans qu'il se passât aucun événement important. Bonaparte n'avait guère devant lui à Vérone que deux mille Autrichiens. Dès cet instant, il devina le projet de l'ennemi, et vit bien que l'attaque principale se dirigeait sur Rivoli. Il pensait qu'Augereau suffisait pour défendre le Bas-Adige; il le renforça d'un corps de cavalerie, détaché de la division Masséna. Il ordonna à Serrurier, qui bloquait Mantoue, de porter sa réserve à Villa-Franca, pour qu'elle fût placée intermédiairement à tous les points.

Il laissa à Vérone un régiment d'infanterie et un de cavalerie; et il partit, dans la nuit du 24 au 25 (13 à 14 janvier), avec les dix-huitième, trente-deuxième, soixante-quinzième demi-brigades de la division Masséna, et deux escadrons de cavalerie. Il manda à Rey de ne pas s'arrêter à Castel-Novo, et de monter tout de suite sur Rivoli. Il devança ses divisions, et arriva de sa personne à Rivoli à deux heures du matin. Le temps, qui était pluvieux les jours précédents, s'était éclairci. Le ciel était pur, le clair de lune éclatant, le froid vif. En arrivant, Bonaparte vit l'horizon embrasé des feux de l'ennemi. Il lui supposa quarante-cinq mille hommes; Joubert en avait dix mille au plus : il était temps qu'un secours arrivât. L'ennemi s'était partagé en plusieurs corps. Le principal, composé d'une grosse colonne de grenadiers, de toute la cavalerie, de toute l'artillerie, des bagages, suivait sous Quasdanovich la grande route, entre le fleuve et le Monte-Baldo, et devait déboucher par l'escalier d'Incanale. Trois autres corps, sous les ordres d'Ocskay, de Koblos et de Liptai, composés d'infanterie seulement, avaient gravi les croupes des montagnes, et devaient arriver sur le champ de bataille, en descendant les degrés de l'amphithéâtre que le Monte-Baldo forme autour du plateau de Rivoli. Un quatrième corps, sous les ordres de Lusignan, circulant sur le côté du plateau, devait venir se placer sur les derrières de l'armée française, pour la couper de la route de Vérone. Alvinzy avait enfin détaché un sixième corps, qui, par sa position, était tout-à-fait en dehors de l'opération. Il marchait de l'autre côté de l'Adige, et suivait la route qui, par Roveredo, Dolce et Vérone, longe le fleuve extérieurement. Ce corps, commandé par Wukassovich, pouvait tout au plus envoyer quelques boulets sur le champ de bataille, en tirant d'une rive à l'autre.

Bonaparte sentit sur-le-champ qu'il fallait garder le plateau à tout prix. Il avait en face l'infanterie autrichienne, descendant l'amphithéâtre, sans une seule pièce de canon; il avait à sa droite les grenadiers, l'artillerie, la cavalerie, longeant la route du fleuve, et venant déboucher par l'escalier d'Incanale sur son flanc droit. A sa gauche, Lusignan tournait Rivoli. Les boulets de Wukassovich, lancés de l'autre rive de l'Adige, arrivaient sur sa tête. Placé sur le plateau, il empêchait la jonction des différentes armes; il foudroyait l'infanterie privée de ses canons; il refoulait la cavalerie et l'artillerie, engagées dans un chemin étroit et tournant. Peu lui importait alors que Lusignan fit effort pour le tourner, et que Wukassovich lui lançât quelques boulets.

Son plan arrêté avec sa promptitude accoutumée, il commença l'opération avant le jour. Joubert avait été obligé de se resserrer pour n'occuper qu'une étendue proportionnée à ses forces; et il était à craindre que l'infanterie descendant les degrés du Monte-Baldo, ne vînt faire sa jonction avec la tête de la colonne gravissant par Incanale. Bonaparte, bien avant le jour, donna l'éveil aux troupes de Joubert, qui, après quarante-huit heures de combat, prenaient un peu de repos. Il fit attaquer les postes avancés de l'infanterie autrichienne, les replia, et s'étendit plus largement sur le plateau.

L'action devint extrêmement vive. L'infanterie autrichienne, sans canons, plia devant la nôtre, qui était armée de sa formidable artillerie, et recula en demi-cercle vers l'amphithéâtre du Monte-Baldo. Mais un événement fâcheux arrive dans l'instant à notre gauche. Le corps de Liptai, qui tenait l'extrémité du demi-cercle ennemi, donne sur la gauche de Joubert, composée des quatre-vingt-neuvième et vingt-cinquième demi-brigades, les surprend, les rompt, et les oblige à se retirer en désordre. La quatorzième, venant immédiatement après ces deux demi-brigades, se forme en crochet pour couvrir le reste de la ligne, et résiste avec un admirable courage. Les Autrichiens se réunissent contre elle, et sont près de l'accabler. Ils veulent surtout lui enlever ses canons, dont les chevaux ont été tués. Déjà ils arrivent sur les pièces, lorsqu'un officier s'écrie : « Grenadiers de la quatorzième, laisserez-vous enlever vos pièces? » Sur-le-champ cinquante hommes s'élancent à la suite du brave officier, repoussent les Autrichiens, s'attellent aux pièces, et les ramènent.

Bonaparte, voyant le danger, laisse Berthier sur le point menacé, et part au galop pour Rivoli, afin d'aller chercher du secours. Les premières troupes de Masséna arrivaient à peine, après avoir marché toute la nuit. Bonaparte se saisit de la trente-deuxième, devenue fameuse par ses exploits durant la campagne, et la porte à la gauche, pour rallier les deux demi-brigades qui avaient plié. L'intrépide Masséna s'avance à sa tête, rallie derrière lui les troupes rompues, et renverse tout ce qui se présente à sa rencontre. Il repousse les Autrichiens, et vient se placer à côté de la quatorzième, qui n'avait cessé de faire des prodiges de valeur. Le combat se trouve ainsi rétabli sur ce point, et l'armée occupe le demi-cercle du plateau. Mais l'échec momentané de la gauche avait obligé Joubert à se replier avec la droite; il cédait du terrain, et déjà l'infanterie autrichienne se rapprochait une seconde fois du point que Bonaparte avait mis tant d'intérêt à lui faire abandonner; elle allait joindre le débouché par lequel le chemin tournant d'Incanale aboutissait sur le plateau. Dans ce même instant, la colonne composée d'artillerie et de cavalerie, et précédée de plusieurs bataillons de grenadiers, gravissait le chemin tournant, et, avec des efforts incroyables de bravoure, en repoussait la trente-neuvième. Wukassovich, de l'autre rive de l'Adige, lançait une grêle de boulets pour protéger cette espèce d'escalade. Déjà les grenadiers avaient gravi le sommet du défilé, et la cavalerie débouchait à leur suite sur le plateau. Ce n'était pas tout : la colonne de Lusignan, dont on avait vu au loin les feux, et qu'on avait aperçue à la gauche tournant la position des Français, venait se mettre sur leurs derrières, intercepter la route de Vérone, et barrer le chemin à Rey, qui arrivait de Castel-Novo avec la division de réserve. Déjà les soldats de Lusignan, se voyant sur les derrières de l'armée française, battaient des mains, et la croyaient prise. Ainsi sur ce plateau, serré de front par un demi-cercle d'infanterie, tourné à gauche par une forte colonne, escaladé à droite par le gros de l'armée autrichienne, et labouré par les boulets qui partaient de la rive opposée de l'Adige, sur ce plateau, Bonaparte était isolé avec les seules divisions Joubert et Masséna, au milieu d'une nuée d'ennemis. Il était avec seize mille hommes, enveloppé par quarante au moins.

Dans ce moment si redoutable, il n'est pas ébranlé. Il conserve toute la chaleur et toute la promptitude de l'inspiration. En voyant les Autrichiens de Lusignan, il dit : *Ceux-là sont à nous*, et il les laisse s'engager sans s'inquiéter de leur mouvement. Les soldats, devinant leur général, partagent sa confiance, et se disent aussi : *Ils sont à nous*.

Dans cet instant, Bonaparte ne s'occupe que de ce qui se passe devant lui. Sa gauche est couverte par l'héroïsme de la quatorzième et de la trente-deuxième; sa droite est menacée à la fois par l'infanterie qui a repris l'offensive, et par la colonne qui escalade le plateau. Il ordonne sur-le-champ des mouvements décisifs. Une batterie d'artillerie légère, deux escadrons, sous deux braves officiers, Leclerc et Lasalle, sont dirigés sur le débouché envahi. Joubert, qui, avec l'extrême droite, avait ce débouché à dos, fait volte-face avec un corps d'infanterie légère. Tous chargent à la fois. L'artillerie mitraille d'abord tout ce qui a débouché; la cavalerie et l'infanterie légère chargent ensuite avec vigueur. Joubert a son cheval tué; il se relève plus terrible, et s'élance sur l'ennemi un fusil à la main. Tout ce qui a débouché, grenadiers, cavalerie, artillerie, tout est précipité pêle-mêle dans l'escalier tournant d'Incanale. Un désordre horrible s'y répand; quelques pièces, plongeant dans le défilé, y augmentent l'épouvante et la confusion. A chaque pas on tue, on fait des prisonniers. Après avoir délivré le plateau des assaillants qui l'avaient escaladé, Bonaparte reporte ses coups sur l'infanterie, qui était rangée en demi-cercle devant lui, et jette sur elle Joubert avec l'infanterie légère, Lasalle avec deux cents hussards. A cette nouvelle attaque, l'épouvante se répand dans cette infanterie, privée maintenant de tout espoir de jonction; elle fuit en désordre. Alors toute notre ligne demi-circulaire s'ébranle de la droite à la gauche, jette les Autrichiens contre l'amphithéâtre du Monte-Baldo, et les poursuit à outrance dans les montagnes. Bonaparte se reporte ensuite sur ses derrières, et vient réaliser sa prédiction sur le corps de Lusignan. Ce corps, en voyant les désastres de l'armée autrichienne, s'aperçoit bientôt de son sort. Bonaparte, après l'avoir mitraillé, ordonne à la dix-huitième et à la soixante-quinzième demi-brigades de le charger. Ces braves demi-brigades s'ébranlent en entonnant *le Chant du départ*, et poussent Lusignan sur la route de Vérone, par laquelle arrivait Rey avec la division de réserve. Le corps autrichien résiste d'abord, puis se retire, et vient donner contre la tête de la division Rey. Épouvanté à cette vue, il invoque la clémence du vainqueur, et met bas les armes, au nombre de quatre mille soldats. On en avait pris déjà deux mille dans le défilé de l'Adige.

Il était cinq heures, et on peut dire que l'armée autrichienne était anéantie. Lusignan était pris; l'infanterie, qui était venue par les montagnes, fuyait à travers des rochers affreux; la colonne principale était engouffrée sur le bord du fleuve; le corps accessoire de Wukassovich assistait inutilement à ce désastre, séparé par l'Adige du champ de bataille. Cette admirable victoire n'étourdit point la pensée de Bonaparte; il songe au Bas-Adige qu'il a laissé menacé; il juge que Joubert, avec sa brave division, et Rey avec la division de réserve, suffiront pour porter les derniers coups à l'ennemi, et pour lui enlever des milliers de prisonniers. Il rallie la division Masséna, qui s'était battue le jour précédent à Vérone, qui avait ensuite marché toute la nuit, s'était battue tout le jour du 25 (14), et il part avec elle pour marcher encore toute la nuit qui va suivre, et voler à de nouveaux combats. Ces braves soldats, le visage joyeux, et comptant sur de nouvelles victoires, semblent ne pas sentir les fatigues. Ils volent plutôt qu'ils ne marchent pour aller couvrir Mantoue, dont quatorze lieues les séparent.

Bonaparte apprend en route ce qui s'est passé sur le Bas-Adige. Provera, se dérobant à Augereau, a jeté un pont à Anghiari, un peu au-dessus de Legnago; il a laissé Hoënzolern au-delà de l'Adige, et a marché sur Mantoue avec neuf ou dix mille hommes. Augereau, averti trop tard, s'est jeté cependant à sa suite, l'a pris en queue, et lui a fait deux mille prisonniers. Mais avec sept à huit mille soldats, Provera marche sur Mantoue pour se joindre à la garnison. Bonaparte apprend ces détails à Castel-Novo. Il craint que la garnison avertie ne sorte pour donner la main au corps qui arrive, et ne prenne le corps de blocus entre deux feux. Il a marché toute la nuit du 25 au 26 (14—15) avec la division Masséna, il la fait marcher encore tout le jour du 26 (15), pour qu'elle arrive le soir devant Mantoue. Il y dirige en outre les réserves qu'il avait laissées intermédiairement à Villa-Franca, et y vole de sa personne pour y faire ses dispositions.

Ce jour même du 26 (15), Provera était arrivé devant Mantoue. Il se présente au faubourg de Saint-George, dans lequel était placé Miollis avec tout au plus quinze cents hommes. Provera le somme de se rendre. Le brave Miollis lui répond à coups de canon. Provera, repoussé, se porte du côté de la citadelle, espérant une sortie de Wurmser; mais il trouve Serrurier devant lui. Il s'arrête au palais de la Favorite, entre Saint-George et la citadelle, et lance une barque à travers le lac, pour faire dire à Wurmser de déboucher de la place le lendemain matin. Bonaparte arrive dans la soirée, dispose Augereau sur les derrières de Provera, Victor et Masséna sur ses flancs, de manière à le séparer de la citadelle par laquelle Wurmser doit essayer de déboucher. Il oppose Serrurier à Wurmser. Le lendemain 27 nivôse (16 janvier) à la pointe du jour, la bataille s'engage. Wurmser débouche de la place, et attaque Serrurier avec furie; celui-ci lui résiste avec une bravoure égale, et le contient le long des lignes de circonvallation. Victor, à la tête de la cinquante-septième, qui dans ce jour reçut le nom de *la Terrible*, s'élance sur Provera, et renverse tout ce qui se présente devant lui. Après un combat opiniâtre, Wurmser est rejeté dans Mantoue. Provera, traqué comme un cerf, enveloppé par Victor, Masséna, Augereau, inquiété par une sortie de Miollis, met bas les armes avec six mille hommes. Les jeunes volontaires de Vienne en font partie. Après une défense honorable, ils rendent leurs armes, et le drapeau brodé par les mains de l'impératrice.

Tel fut le dernier acte de cette immortelle opération, jugée par les militaires une des plus belles et des plus extraordinaires dont l'histoire fasse mention. On apprit que Joubert, poursuivant Alvinzy, lui avait enlevé encore sept mille prisonniers. On en avait pris six, le jour même de la bataille de Rivoli, ce qui faisait treize; Augereau en avait fait deux mille; Provera en livrait six mille; on en avait recueilli mille devant Vérone, et encore quelques centaines ailleurs; ce qui portait le nombre, en trois jours, à vingt-deux ou vingt-trois mille. La division Masséna avait marché et combattu sans relâche, depuis quatre journées, marchant la nuit, combattant le jour. Aussi Bonaparte écrivait-il avec orgueil que ses soldats avaient surpassé la rapidité tant vantée des légions de César. On comprend pourquoi il attacha plus tard au nom de Masséna celui de Rivoli. L'action du 25 (14 janvier) s'appela bataille de Rivoli, celle du 27 (16), devant Mantoue, s'appela de la Favorite.

Ainsi, en trois jours encore, Bonaparte avait pris ou tué une moitié de l'armée ennemie, et l'avait comme frappée d'un coup de foudre. L'Autriche avait fait son dernier effort, et maintenant l'Italie était à nous. Wurmser, rejeté dans Mantoue, était sans espoir; il avait mangé tous ses chevaux, et les maladies se joignaient à la famine pour détruire sa garnison. Une plus longue résistance eût été inutile et contraire à l'humanité. Le vieux maréchal avait fait preuve d'un noble courage et d'une rare opiniâtreté, il pouvait songer à se rendre. Il envoya un de ses officiers à Serrurier pour parlementer; c'était Klenau. Serrurier en référa au général en chef, qui se rendit à la conférence. Bonaparte, enveloppé dans son manteau, et ne se faisant pas connaître, écouta les pourparlers entre Klenau et Serrurier. L'officier autrichien dissertait longuement sur les ressources qui restaient à son général, et assurait qu'il avait encore pour trois mois de vivres. Bonaparte, toujours enveloppé, s'approche de la table auprès de laquelle avait lieu cette conférence, saisit le papier sur lequel étaient écrites les

propositions de Wurmser, et se met à tracer quelques lignes sur les marges, sans mot dire, et au grand étonnement de Klenau, qui ne comprenait pas l'action de l'inconnu. Puis se levant et se découvrant, Bonaparte s'approche de Klenau : « Tenez, lui dit-il, voilà les con-
« ditions que j'accorde à votre maréchal. S'il
« avait seulement pour quinze jours de vivres,
« et qu'il parlât de se rendre, il ne mériterait
« aucune capitulation honorable. Puisqu'il vous
« envoie, c'est qu'il est réduit à l'extrémité. Je
« respecte son âge, sa bravoure et ses mal-
« heurs. Portez-lui les conditions que je lui
« accorde; qu'il sorte de la place demain, dans
« un mois ou dans six, il n'aura des conditions
« ni meilleures, ni pires. Il peut rester tant
« qu'il conviendra à son honneur. »

A ce langage, à ce ton, Klenau reconnut l'illustre capitaine, et courut porter à Wurmser les conditions qu'il lui avait faites. Le vieux maréchal fut plein de reconnaissance, en voyant la générosité dont usait envers lui son jeune adversaire. Il lui accordait la permission de sortir librement de la place avec tout son état-major; il lui accordait même deux cents cavaliers, cinq cents hommes à son choix, et six pièces de canon, pour que sa sortie fût moins humiliante. La garnison dut être conduite à

Trieste, pour y être échangée contre des prisonniers français. Wurmser se hâta d'accepter ces conditions; et pour témoigner sa gratitude au général français, il l'instruisit d'un projet d'empoisonnement tramé contre lui dans les États du pape. Il dut sortir de Mantoue le 14 pluviôse (2 février). Sa consolation, en quittant Mantoue, était de remettre son épée au vainqueur lui-même; mais il ne trouva que le brave Serrurier, devant lequel il fut obligé de défiler avec tout son état-major; Bonaparte était déjà parti pour la Romagne, pour aller châtier le pape et punir le Vatican. Sa vanité, aussi profonde que son génie, avait calculé autrement que les vanités vulgaires : il aimait mieux être absent que présent sur le lieu du triomphe.

Mantoue rendue, l'Italie était définitivement conquise, et cette campagne terminée.

Quand on en considère l'ensemble, l'imagination est saisie par la multitude des batailles, la fécondité des conceptions et l'immensité des résultats. Entré en Italie avec trente et quelques mille hommes, Bonaparte sépare d'abord les Piémontais des Autrichiens à Montenote et Millesimo, achève de détruire les premiers à Mondovi, puis court après les seconds, passe devant eux le Pô à Plaisance, l'Adda à Lodi, s'empare de la Lombardie, s'y arrête un instant, se remet bientôt en marche, trouve les Autrichiens renforcés sur le Mincio, et achève de les détruire à la bataille de Borghetto. Là, il saisit d'un coup d'œil le plan de ses opérations futures : c'est sur l'Adige qu'il doit s'établir, pour faire front aux Autrichiens; quant aux princes qui sont sur ses derrières, il se contentera de les contenir par des négociations et des menaces. On lui envoie une seconde armée sous Wurmser; il ne peut la battre qu'en se concentrant rapidement, et en frappant alternativement chacune de ses masses isolées; en homme résolu, il sacrifie le blocus de Mantoue, écrase Wurmser à Lonato, Castiglione, et le rejette dans le Tyrol. Wurmser est renforcé de nouveau, comme l'avait été Beaulieu; Bonaparte le prévient dans le Tyrol, remonte l'Adige, culbute tout devant lui à Roveredo, se jette à travers la vallée de la Brenta, coupe Wurmser qui croyait le couper lui-même, le terrasse à Bassano, et l'enferme dans Mantoue. C'est la seconde armée autrichienne détruite après avoir été renforcée.

Bonaparte, toujours négociant, menaçant des bords de l'Adige, attend la troisième armée. Elle est formidable; elle arrive avant qu'il ait reçu des renforts, il est forcé de céder devant elle, il est réduit au désespoir, il va succomber, lorsqu'il trouve, au milieu d'un marais impraticable, deux lignes débouchant dans les flancs de l'ennemi, et s'y jette avec une incroyable audace. Il est vainqueur encore à Arcole. Mais l'ennemi est arrêté, et n'est pas détruit; il revient une dernière fois, et plus puissant que les premières. D'une part, il descend des montagnes; de l'autre, il longe le Bas-Adige. Bonaparte découvre le seul point où les colonnes autrichiennes, circulant dans un pays montagneux, peuvent se réunir, s'élance sur le célèbre plateau de Rivoli, et, de ce plateau, foudroie la principale armée d'Alvinzy; puis, reprenant son vol vers le Bas-Adige, enveloppe tout entière la colonne qui l'avait franchi. Sa dernière opération est la plus belle, car ici, le bonheur est uni au génie. Ainsi, en dix mois, outre l'armée piémontaise, trois armées formidables, trois fois renforcées, avaient été détruites par une armée qui, forte de trente et quelques mille hommes à l'entrée de la campagne, n'en avait guère reçu que vingt pour réparer ses pertes. Ainsi, cinquante-cinq mille Français avaient battu plus de deux cent mille Autrichiens, en avaient pris plus de quatre-vingt mille, tué ou blessé plus de vingt mille; ils avaient livré douze batailles rangées, plus de soixante combats, passé plusieurs fleuves, en bravant les flots et les feux ennemis. Quand la guerre est une routine purement mécanique, consistant à pousser et à tuer l'ennemi qu'on a devant soi, elle est peu digne de l'histoire; mais quand une de ces rencontres se présente, où l'on voit une masse d'hommes mue par une seule et vaste pensée, qui se développe au milieu des éclats de la foudre avec autant de netteté que celle d'un Newton ou d'un Descartes dans le silence du cabinet, alors le spectacle est digne du philosophe, autant que de l'homme d'état et du militaire : et, si cette identification de la multitude avec un seul individu, qui produit la force à son plus haut degré, sert à protéger, à défendre une noble cause, celle de la liberté, alors la scène devient aussi morale qu'elle est grande.

Bonaparte courait maintenant à de nouveaux projets; il se dirigeait vers Rome, pour terminer les tracasseries de cette cour de prêtres, et pour revenir, non plus sur l'Adige, mais sur Vienne. Il avait, par ses succès, ramené la guerre sur son véritable théâtre, celui de l'Italie, d'où l'on pouvait fondre sur les états héréditaires de l'empereur. Le gouvernement, éclairé par ses exploits, lui envoyait des renforts, avec lesquels il pouvait aller à Vienne dicter une paix glorieuse, au nom de la république française. La fin de la campagne avait relevé toutes les espérances que son commencement avait fait naître.

Les triomphes de Rivoli mirent le comble à la joie des patriotes. On parlait de tous côtés de ces vingt-deux mille prisonniers, et on citait le témoignage des autorités de Milan, qui les avaient passés en revue, et qui en avaient certifié le nombre, pour répondre à tous les doutes de la malveillance. La reddition de Mantoue vint mettre le comble à la satisfaction. Dès cet instant, on crut la conquête de l'Italie définitive. Le courrier qui portait ces nouvelles arriva le soir à Paris. On assembla sur-le-champ la garnison, et on les publia à la lueur des torches, au son des fanfares, au milieu des cris de joie de tous les Français attachés à leur pays. Jours à jamais célèbres et à jamais regrettables pour nous! A quelle époque notre patrie fut-elle plus belle et plus grande! Les orages de la révolution paraissaient calmés; les murmures des partis retentissaient comme les derniers bruits de la tempête. On regardait ces restes d'agitation comme la vie d'un état libre. Le commerce et les finances sortaient d'une crise épouvantable;

le sol entier, restitué à des mains industrieuses, allait être fécondé. Un gouvernement composé de bourgeois, nos égaux, régissait la république avec modération; les meilleurs étaient appelés à leur succéder. Toutes les voix étaient libres. La France, au comble de la puissance, était maîtresse de tout le sol qui s'étend du Rhin aux Pyrénées, de la mer aux Alpes. La Hollande, l'Espagne allaient unir leurs vaisseaux aux siens, et attaquer de concert le despotisme maritime. Elle était resplendissante d'une gloire immortelle. D'admirables armées faisaient flotter ses trois couleurs à la face des rois qui avaient voulu l'anéantir. Vingt héros, divers de caractère et de talent, pareils seulement par l'âge et le courage, conduisaient ses soldats à la victoire. Hoche, Kléber, Desaix, Moreau, Joubert, Masséna, Bonaparte, et une foule d'autres encore, s'avançaient ensemble. On pesait leurs mérites divers; mais aucun œil encore, si perçant qu'il pût être, ne voyait dans cette génération de héros les malheureux ou les coupables; aucun œil ne voyait celui qui allait expirer à la fleur de l'âge, atteint d'un mal inconnu, celui qui mourrait sous le poignard musulman, ou sous le feu ennemi, celui qui opprimerait la liberté, celui qui trahirait sa patrie: tous paraissaient grands, purs, heureux, pleins d'avenir! Ce ne fut là qu'un moment; mais il n'y a que des moments dans la vie des peuples, comme dans celle des individus. Nous allions retrouver l'opulence avec le repos; quant à la liberté et à la gloire, nous les avions !.... « Il faut, a dit un ancien, « que la patrie soit non-seulement heureuse, « mais suffisamment glorieuse. » Ce vœu était accompli. Français, qui avons vu depuis notre liberté étouffée, notre patrie envahie, nos héros fusillés ou infidèles à leur gloire, n'oublions jamais ces jours immortels de liberté, de grandeur, et d'espérance!

FIN DU TOME HUITIÈME.

TABLE

DES CHAPITRES

CONTENUS DANS LE TOME HUITIÈME.

CHAPITRE PREMIER.

Menées du parti royaliste dans les sections. — Rentrée des émigrés. — Persécution des patriotes. — Constitution directoriale, dite de l'an III, et décrets des 5 et 13 fructidor. — Acceptation de la constitution et des décrets par les assemblées primaires de la France. — Révolte des sections de Paris contre les décrets de fructidor et contre la convention. Journée du 13 vendémiaire; défaite des sections insurgées. — Clôture de la convention nationale........ 1

CHAPITRE II.

Nomination des cinq directeurs. — Installation du corps législatif et du directoire. — Position difficile du nouveau gouvernement. Détresse des finances; discrédit du papier-monnaie. — Premiers travaux du directoire. — Perte des lignes de Mayence. — Reprise des hostilités en Bretagne et en Vendée. Approche d'une nouvelle escadre anglaise sur les côtes de l'Ouest. — Plan de finances proposé par le directoire; nouvel emprunt forcé. — Condamnation de quelques agents royalistes. — La fille de Louis XVI est rendue aux Autrichiens en échange des représentants livrés par Dumouriez. — Situation des partis à la fin de 1795. — Armistice conclu sur le Rhin. — Opérations de l'armée d'Italie. Bataille de Loano. — Expédition de l'Ile-Dieu. Départ de l'escadre anglaise. Derniers efforts de Charette; mesures du général Hoche pour opérer la pacification de la Vendée. — Résultats de la campagne de 1795.................... 73

CHAPITRE III.

Continuation des travaux administratifs du directoire. — Les partis se prononcent dans le sein du corps législatif. — Institution d'une fête anniversaire du 21 janvier. — Retour de l'ex-ministre de la guerre Beurnonville et des représentants Quinette, Camus, Bancal, Lamarque et Drouet, livrés à l'ennemi par Dumouriez. — Mécontentement des jacobins. Journal de Babœuf. — Institution du ministère de la police. — Nouvelles mœurs. — Embarras financiers; création des mandats. — Conspiration de Babœuf. — Situation militaire. Plans du directoire. — Pacification de la Vendée; mort de Stofflet et de Charette........................... 161

CHAPITRE IV.

Campagne de 1796. Conquête du Piémont et de la Lombardie par le général Bonaparte. Batailles de Montenotte, Millesimo. Passage du pont de Lodi. — Établissement et politique des Français en Italie. — Opérations militaires dans le Nord. — Passage du Rhin par les généraux Jourdan et Moreau. Batailles de Radstadt et d'Ettlingen. — L'armée d'Italie prend ses positions sur l'Adige et sur le Danube. 223

CHAPITRE V.

État intérieur de la France vers le milieu de l'année 1796 (an IV).

— Embarras financiers du gouvernement. Chute des mandats et du papier-monnaie. — Attaque du camp de Grenelle par les jacobins. — Renouvellement du pacte de famille avec l'Espagne, et projet de quadruple alliance. — Projet d'une expédition en Irlande. — Négociations en Italie. — Continuation des hostilités; arrivée de Wurmser sur l'Adige; victoires de Lonato et de Castiglione. — Opérations sur le Danube; bataille de Neresheim; marche de l'archiduc Charles contre Jourdan. — Marche de Bonaparte sur la Brenta; batailles de Roveredo, Bassano et Saint-George; retraite de Wurmser dans Mantoue. — Retour de Jourdan sur le Mein; bataille de Wurtzbourg; retraite de Moreau... 335

CHAPITRE VI.

Situation intérieure et extérieure de la France après la retraite des armées d'Allemagne au commencement de l'an V. — Combinaisons de Pitt; ouverture d'une négociation avec le directoire; arrivée de lord Malmesbury à Paris. — Paix avec Naples et avec Gênes; négociations infructueuses avec le pape; déchéance du duc de Modène; fondation de la république cispadane. — Mission de Clarke à Vienne. — Nouveaux efforts de l'Autriche en Italie; arrivée d'Alvinzy; extrêmes dangers de l'armée française; bataille d'Arcole. 431

CHAPITRE VII.

Clarke au quartier-général de l'armée d'Italie. — Rupture des négociations avec le cabinet anglais. Départ de Malmesbury. — Expédition d'Irlande. — Travaux administratifs du directoire dans l'hiver de l'an V. État des finances. Recettes et dépenses. — Capitulation de Kehl. — Dernière tentative de l'Autriche sur l'Italie. Victoires de Rivoli et de la Favorite; prise de Mantoue. — Fin de la mémorable campagne de 1796.. 487

FIN DE LA TABLE.

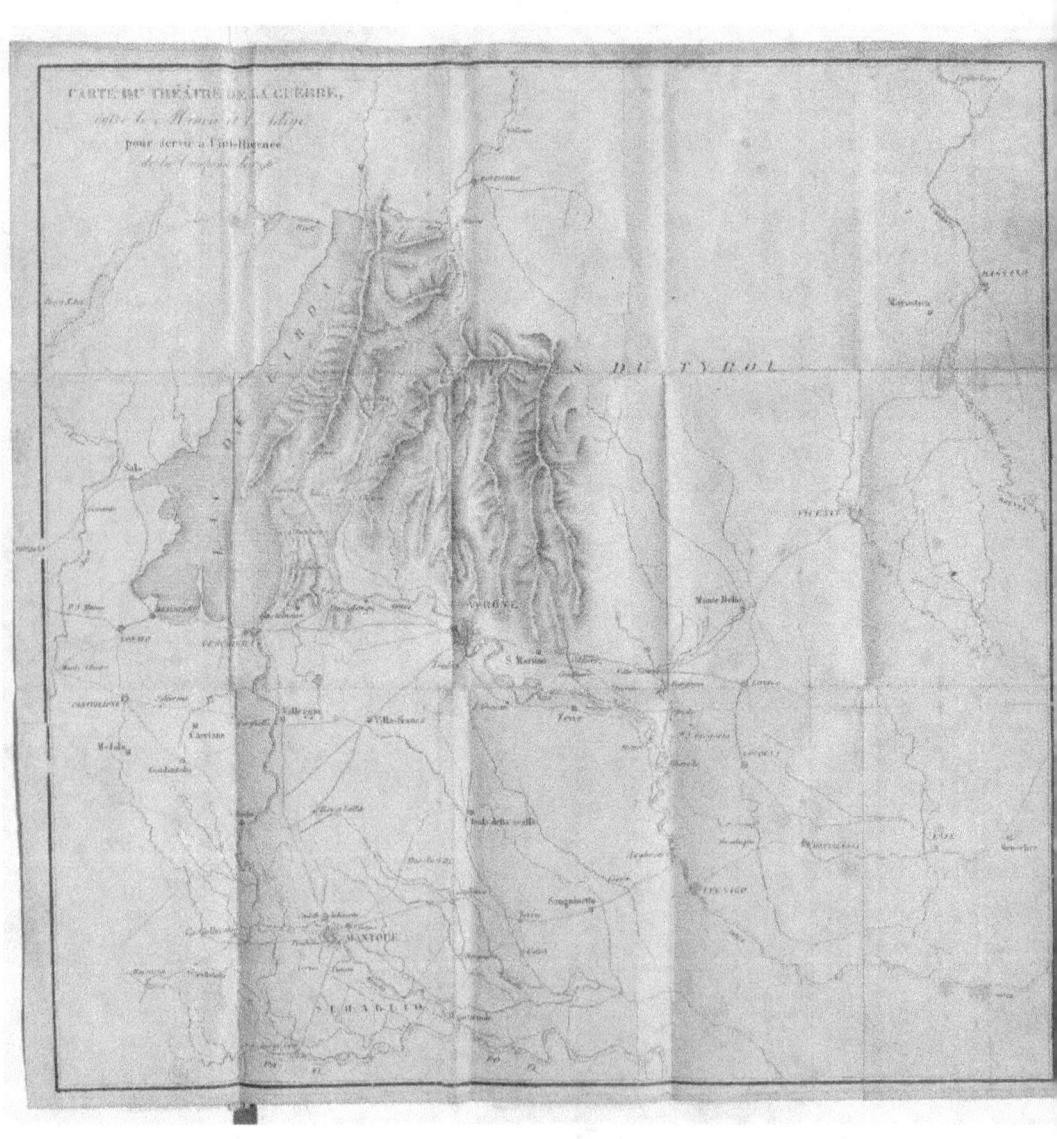

www.ingramcontent.com/pod-product-compliance
Lightning Source LLC
Chambersburg PA
CBHW071015240426
43661CB00073B/2247